历史人物的N个结局

曲昌春 著

中国文史出版社
CHINA CULTURAL AND HISTORICAL PRESS

图书在版编目（CIP）数据

历史人物的N个结局 / 曲昌春著. -- 北京 : 中国文史出版社, 2021.5

ISBN 978-7-5205-2928-0

Ⅰ. ①历… Ⅱ. ①曲… Ⅲ. ①历史人物–列传–中国–古代–通俗读物 Ⅳ. ① K820.2-49

中国版本图书馆CIP数据核字 (2021) 第079155号

责任编辑： 梁玉梅

出版发行： **中国文史出版社**

社　　址： 北京市海淀区西八里庄路69号院　**邮编：** 100142

电　　话： 010-81136606　81136602　81136603（发行部）

传　　真： 010-81136655

印　　装： 北京新华印刷有限公司

经　　销： 全国新华书店

开　　本： 16开

印　　张： 20.5

字　　数： 351千字

版　　次： 2022年3月北京第1版

印　　次： 2023年11月第2次印刷

定　　价： 58.00元

人生是场马拉松
——隐藏在历史深处的人物结局（代序）

列宁曾经打碎姨妈家的花瓶，华盛顿曾经砍伐过家里的樱桃树，孔融曾经让过梨，司马光曾经砸过缸，我们的历史教育，便是从这些名人的趣闻逸事中开始。

然而列宁真的打碎过姨妈家的花瓶吗？

华盛顿真的砍伐过家里的樱桃树吗？

前者或许是真的，后者或许是假的。

我们所了解的历史，就是由这些真真假假的故事组成。

对于很多历史名人，我们或多或少听说过他们的名字，对于那些名字我们保持着天然的第一印象，我们只记得孔融让过梨，司马光砸过缸，班超曾经投笔从戎，祖逖曾经闻鸡起舞，苏秦曾经身挂六国相印，林则徐曾经虎门销烟。不管我们承不承认，对于历史人物，我们更多的是一知半解，很多人物，我们只知道他们人生的某个横断面，至于他的人生结局，则不甚了了。

人生不仅仅是横断面，人生注定是一场马拉松。

让过梨的孔融后来结局是什么呢？

砸过缸的司马光又在自己的人生中遭遇过什么呢？

投笔从戎的班超是怎样走完自己人生路的呢？

闻鸡起舞的祖逖实现自己的人生梦想了吗？

荣耀一时的苏秦又是如何落得车裂的结局?

虎门销烟的林则徐又有过怎样的落寞时光?

对于历史人物，人生辉煌的横断面固然重要，然而人生的马拉松历程更加重要。

我们曾经习惯于童话式的结尾:

从此，王子与公主过上了幸福的生活;

从此，发愤图强，终于成为一代名臣。

这样的结尾糊弄小朋友是可以的，然而，我们注定要由小朋友的时期走出来，走向青年、中年，直至老年。

别让曾经的一知半解左右你的人生，别让想当然的第一印象蒙蔽你明亮的双眼，睁开眼，一起看一看那些隐藏在历史深处的人物结局。

或惊讶，或感慨，或唏嘘，或欣慰，无论作何感想，你都得知了一干历史人物的人生结局。

有人曾经创造过“别针换别墅”的奇迹，奇迹之所以能够成功，是因为在不断的交换中找到了彼此的共同点，这才形成了有效的物物交换。历史人物之间也有很多共同点，从这些共同点就能不断延伸下去，就像这个网络时代，通过不断延伸的关键词就能不断分层链接下去，链接到最后，或许你已经找不到延伸的源头，但无论怎样，这个世界是平的，这个世界是永远联系的。

通过历史人物之间的联系，经过一百次传递，从陈子昂就到了奥巴马，这是历史中的一次“别针换别墅”，也是历史人物之间的一场串联之旅。

从陈子昂到奥巴马，看上去是两条永远不相交的平行线，然而在隐藏在历史深处的人物结局里，终究能够实现陈子昂与奥巴马的第一次握手!

目录

陈子昂

前不见古人，后不见来者

前不见古人，
后不见来者。
念天地之悠悠，
独怆然而涕下！
——[唐] 陈子昂《登幽州台歌》

人们记住陈子昂，多数是因为他的《登幽州台歌》，这首诗语言苍劲奔放，意境简而深远，诗人怀才不遇的感慨跃然纸上，隔着一千多年，依然能感受到陈子昂内心的凄凉。

陈子昂究竟是怎样一个人？他为什么会在那个时刻，那个地点，写下那样的千古诗篇？他的人生结局又是怎样的呢？

简而言之，这个天下文宗，终其一生，是一个悲剧英雄。

18 岁之前的陈子昂是个不着调的人，是个拿钱不当回事的富家子，最愿意做的事情便是行侠仗义，他的朋友卢藏用在《陈氏别传》中称其“奇杰过人，姿状岳立，始以豪家子，驰侠使气”，《全唐诗》诗人小传里则说他“少以富家子，尚气决，好弋博”，如此看来，18 岁之前的陈子昂是个问题青年。（《旧唐书·陈子昂传》则说，“家世富豪，子昂独苦节读书，尤善属文”。）

女大十八变，男大也会十八变，过了 18 岁，问题青年陈子昂突然脱胎换骨，完全变了一个人，“女大十八变”变的是容貌，“男大十八变”的陈子昂变的则是人生境界，陈子昂不再四处游荡，而是集中精力发奋读书。

几年后，陈子昂来到了举世闻名的大城市——长安。

长安米贵，白居不易，长安不是陈子昂的家乡射洪（今四川省射洪县），在射洪，连条狗都认识陈子昂，在长安，连条狗都不认识陈子昂。

难道就这样籍籍无名一辈子？不，这不是陈子昂的选择。

不久，陈子昂为自己做了一个超级策划，这个超级策划让他一夜成名。

据《全唐诗》诗人小传，陈子昂是这样炒作自己的。

某年某月某一天，在长安寄居的陈子昂看到有人在卖胡琴，开价百万。陈子昂观察了一会儿，胡琴有价无市，问询者多，真正想买的却一个也没有。他回头吩咐手下跟班，回去运来一百万钱将胡琴当场买了下来。

一掷千金的豪举惊动了在场的人。什么人，如此大的手笔，这么昂贵的胡琴买回去他会弹奏吗？价值百万的胡琴弹奏出来的，该是何等的天籁之音呢？

面对大家的质疑，陈子昂昂首回应道：“余善此！”（我擅长这个东西！）

众人问：“可得闻乎？”（我们能听你弹琴吗？）

陈子昂回应道：“明日可人宣阳里！”

激动人心的时刻到了，众人相约来到了陈子昂的住所，这里已经准备就绪，令大家惊喜的是，陈子昂还为大家准备好了美酒佳肴。

陈子昂出场，抱着那把价值百万的胡琴，大家以为他要说一段演奏前的开场白，没想到他一开口，就震惊了众人。

“蜀人陈子昂，有文百轴，不为人知。此贱工之伎，岂宜留心？”举而碎之。

上百万的胡琴，就这样被陈子昂砸碎了。

乘兴而来的众人没有听到陈子昂演奏的天籁之音，却有幸看到了陈子昂笔下的天籁之音。

陈子昂把自己的诗篇赠送给那些本来还有些失落的音乐发烧友，胡琴演奏出来的天籁之音不见了，陈子昂笔下的天籁之音从这一天为世人所知。一日之内，陈子昂名满长安。后来京兆司功（长安主管官员考察以及祭祀的官员）同时也是著名诗人的王适见而惊曰：“此子必为天下文宗矣！”

对于陈子昂的成就，《全唐诗》如是评价："唐兴，文章承徐庾余风，骈俪秾缛，子昂横制颓波，始归雅正。李杜以下，咸推宗之。"

同行韩愈如是说："国朝盛文章，子昂始高蹈。"

白居易如是说："杜甫陈子昂，才名括天地。"

情场得意，赌场失意，人生终究难求十全十美。

诗坛上的陈子昂是辉煌的，政坛上的陈子昂却是命途多舛的。

陈子昂举进士的那一年，唐朝发生了一件大事，那个生活在父亲与妻子阴影下的皇帝李治驾崩于洛阳，从此注定陈子昂要活在武则天（严格来说应该称武曌，遵从习惯称武则天）的统治之下。

李治的驾崩给了陈子昂一个上书的机会，武则天准备将李治的灵柩运回长安安葬，陈子昂上书叫停，理由是"东都洛阳形胜，可以安置山陵，关中旱俭，灵驾西行不便"。

陈子昂的奏章洋洋洒洒，引经据典，打动了武则天，武则天召见了陈子昂。这次召见，陈子昂对答如流，举止从容，武则天非常满意，当场便任命陈子昂为麟台正字（相当于皇家图书院图书抄写员），品级正九品，相当于正股级干部。

起步麟台正字，正九品，止步右拾遗（言官），正八品（相当于正科级），这就是政坛上的陈子昂。

在右拾遗任上，陈子昂倒是给世间留下了一个经典判例。

同州下邽人徐元庆，其父为县尉赵师韫所杀。后赵师韫升任御史，徐元庆便隐姓埋名潜伏在一家驿站之中，以伙计的身份做掩护。苦心人，天不负，徐元庆终于等来了上任途中下榻驿站的赵师韫，手刃杀之。

这起"血亲复仇"引起了广泛的议论，很多人认为徐元庆孝烈，为父报仇，应该宽大处理，无罪释放。

陈子昂却有不同的看法，他建议道："按照律法，杀人者应该被处死，因此应该判处徐元庆死刑，不过因为他是孝子，还是应该在他的墓碑上体现出来，以褒奖他的孝义。"此言一出，当时的人都认为陈子昂说得对。

一百多年后，有一个人对陈子昂的建议提出了异议，他试图推翻这个判例，然而却发现，这个判例已经深入人心，只能无奈放弃，这个人就是著名诗人柳宗元。

除了这个经典判例，政坛上的陈子昂留下更多的是华丽的奏章，然而这些华丽的奏章多数是做了一次从陈子昂到武则天的定向旅行，如同一阵风，刮过了，也就过去了，没有留下丝毫痕迹。即使陈子昂那封叫停高宗灵柩西迁的奏章，结局也是一场旅行，武则天器重陈子昂这个人，却不认同陈子昂的奏章，高宗的灵柩依然西行，后来就有了今天西安附近的乾陵。

政坛上的陈子昂注定是失意的，他一度因批评朝政被当成“逆党”关进监狱，幸好，在武则天统治时期，被关进监狱对官员来说是家常便饭，如果没被关进去过，走到大街上都不好意思跟人家打招呼，即便在武则天面前颇为得宠的狄仁杰也有过被打入死牢的经历。

出狱之后的陈子昂继续着自己的一腔热情，一年后，他得到了一个机会，追随武则天的侄子武攸宜统军北讨契丹，陈子昂为管记，军中文翰皆由陈子昂负责。

陈子昂以为这将是一次建功立业的机会，没想到，这次北伐竟然无功而返，原因在于武攸宜是个棒槌，一个百无一用的棒槌。

当陈子昂与武攸宜率军抵达渔阳（今天津蓟州区）时，前方传来先锋部队溃败的消息，棒槌武攸宜不懂军事，不知如何应对，索性下令全军原地待命，是进，是退，是走，是留，没谱。陈子昂连忙进言，请求派出一万精兵作为先锋，火速进军，他自己愿意跟随一万精兵充当先驱。

武攸宜悠悠地看了陈子昂一眼，儒者，懂军事吗？下去！

不久，陈子昂又来献计，再次建议出兵，没想到这次献计触怒了武攸宜。武攸宜认为这不是献计，而是对自己权威的冒犯，他有些烦了，这个陈子昂，不知好歹，降职！一边待着去！

纵有满腔抱负，说给谁人听？

机缘巧合，武攸宜停留不前的渔阳不远处便有一处名胜，叫蓟北楼，也就是幽州台。

幽州台相传是燕昭王所建，燕昭王千金市骨，表达自己对千里马的渴望，又在幽州台上置金，延请天下奇士良将为燕国效力，名将乐毅就是这样被燕昭王收入帐下。

然而，当陈子昂登幽州台时，早已物是人非，幽州台还在，却再也不见当年燕昭王，苦闷的陈子昂找不到燕昭王的足迹，也看不到自己未来的伯乐在哪里，一腔悲愤喷涌而出：“前不见古人，后不见来者。念天地之悠悠，独怆然而涕下！”

写得尽的诗篇，写不尽的怀才不遇，写不完的壮志难酬！

两年后，陈子昂意兴阑珊，以父老多病为由上表请辞还乡，武则天特批：

带官取给而归。也就是保留官职，保留待遇，回乡安养。

此时的陈子昂无意仕途，他计划静下心来研究历史，甚至想写一部《后史记》，记录从汉武帝开始到初唐时期的历史。遗憾的是，因为父亲去世，陈子昂搁笔，从此再也没有续写的机会。

不久，陈子昂的家产被射洪县令段简盯上了，陈子昂的家属先后给他送了二十万缗他还嫌少，他想榨干陈子昂身上所有的钱财。

在武则天统治时期，要陷害一个人只是动动手指的事情，这是武则天最被史家诟病的原因之一，也是像段简这样的无德县令发财的手段之一。

黑帽子已经扣下，无边的黑暗将陈子昂包围，擅长算卦的陈子昂为自己算了一卦，一看卦象，他大惊失色："天命不佑，吾凶死乎？"

后来，陈子昂无声无息地死在狱中，至于何种死因，没有人能说得清，总之他死了，死于无边的黑狱。

到底谁害死了陈子昂？版本有很多。

版本一，无德县令段简贪财将陈子昂迫害致死；

版本二，陈子昂曾经无意中得罪过武三思，是武三思假手段简害死了陈子昂；

版本三，陈子昂为父居丧，悲伤过度，身体羸弱，加上入狱后精神压力大，郁郁而终。

时隔千年，陈子昂究竟是如何死去的已经不重要了，他的麟台正字、他的右拾遗早已经被人们忘记，人们能记起的依然是他的诗篇。

2009 年 5 月 31 日，陈子昂的故乡——四川省遂宁市射洪县子昂诗社在子昂城茶园举办了陈子昂诞辰 1350 周年座谈会；

2009 年 9 月 18 日，陈子昂主题系列邮品成为全球首套可视、可听、可嗅、可触的多媒体邮票，只要用一支特殊的笔在邮票的下方轻轻一触，笔就会用浑厚的声音读出陈子昂的经典诗篇：

前不见古人，
后不见来者。
念天地之悠悠，
独怆然而涕下！

武三思

机关算尽，算不透人生的结局

天下文宗陈子昂究竟死于何人之手，有学者将矛头指向了武三思，武三思究竟有没有迫害过陈子昂，史书没有明确记载。不过以武三思的劣迹斑斑，把陈子昂的死记在他的名下也不为过。

武三思之所以会在史书上留下印记，还得感谢他的姑妈——武则天。

武则天这位中国历史上独一无二的女皇帝，给世间留下了太多传奇，她革唐命、建立周朝时已经66岁，按照孔子的算法，三十而立，四十而不惑，五十而知天命，六十而耳顺，七十而从心所欲不逾矩。武则天66岁时，在耳顺的年纪，以太后身份革了前朝的命，开创了一个新的王朝，无疑，这是一个充满魔幻色彩的传奇老太太。

由于武则天以太后身份开创新的朝代，因此她的子侄们也就随着这位神奇的姑妈一起登上历史的舞台，这也是武则天的无奈，她能倚仗的要么是夫家子侄，要么是娘家子侄，而她偏偏革的是唐命，李唐一脉的子侄就不能重用了，能指望的只有娘家子侄。在众多子侄中，最得力的便是武承嗣与武三思。

从心底来说，武则天连娘家子侄也不愿意用，即便最亲的子侄也是她同父异母兄弟的儿子，而那两个同父异母的兄弟，恰恰是武则天一生的痛点。

武则天的父亲武士彟有过两次婚姻，第一次婚姻娶相里氏，生下了武元庆、武元爽。相里氏去世后，武士彟娶了杨氏，杨氏为武士彟生的是女儿，而且连续生了仨，老二便是武则天。

武士彟去世之后，武元庆兄弟以及堂兄弟武惟良、武怀运对继母杨氏非常不敬，举止失礼，这一切都被武则天看在了眼里，但她忍而不发。

武则天被册封为皇后以后，武元庆兄弟的苦日子来了。

武元庆由宗正少卿被贬为龙州刺史，龙州即今天广西崇左市的龙州县，与越南高平省毗邻，清朝名将冯子材抵抗法国军队取得镇南关大捷便是以龙州为军事基地。不堪折腾的武元庆生命是脆弱的，刚到了龙州，即告病逝，不再跟武则天玩猫捉老鼠的游戏。

武元爽被贬往濠州，濠州位于今天安徽凤阳东，明朝时曾经出过一个皇帝叫朱元璋。武元爽本来还庆幸自己的结局比哥哥武元庆好，没想到新的命令来了，命他前往振州出任振州刺史。振州在哪里？今天的海南岛。终其一生，武元爽都没能返回中原，最终把遗骸扔在了海南岛上。

武承嗣是武元爽之子，武三思则是武元庆之子，如果没有武则天革唐命开创周朝，哥儿俩可能一个在广西，一个在海南岛。

新的朝代意味着新的机遇，武承嗣、武三思借助武则天的风力扶摇直上九万里，他们终于从父辈的阴影中走了出来，在李唐一脉不受待见的背景下，他们是当朝皇帝的嫡亲侄子，除此之外，别无分号。

本来武承嗣和武三思还能走得更远，他们甚至想成为武则天所创周朝的太子：从血统论，武承嗣第一顺位，武三思为第二顺位，因为武承嗣袭祖爵周国公，直接继承的是武士彟的衣钵；从宗法上论，他是大宗，武三思是小宗。

然而“立子还是立侄”，这是个问题，武则天一直举棋不定。

挺武一派的人主张说，“自古天子未有以异姓为嗣者”，而以狄仁杰为代表的挺李一派则说：“姑侄之与母子孰亲？陛下立子，则千秋万岁后，配食太庙，承继无穷；立侄，则未闻侄为天子而祔姑于庙者也。”

狄仁杰的话很到位，句句都递到了武则天的心里，武则天信佛，她相信佛教中所说人死之后灵魂不散，如果阳间有人供奉，那么在阴间的人就会过得好一些，姑侄与母子，是儿子会供奉母亲，还是侄子会供奉姑妈，一切尽在不言中。

不久，武则天做了一个梦，她梦见一只大鹦鹉，羽毛丰满，两翼却折断了，这意味着什么呢？

武则天把这个梦说给了狄仁杰：“朕梦大鹦鹉两翅皆折，何也？”

狄仁杰对曰：“武者，陛下之姓，两翼，二子也。陛下起二子，则两翼振矣。”

由此，武则天不再在“立子立侄”的问题上摇摆，侄子没戏了，百年之后，江山还是儿子的。

心理素质不过硬的武承嗣从此郁郁寡欢，几个月后就把自己憋屈死了，留下自己的堂弟武三思把所有的问题都自己扛。

以武则天的心理，即便她准备在自己百年之后将江山交给儿子，但她还是希望儿子能与自己的武姓子侄和平共处，而不是互相残杀。为此，她还曾经做了一个试验，她试图用一只猫和一只鹦鹉和平共处的例子来做说明。

《资治通鉴》有过如是记载：

> 太后习猫，使与鹦鹉共处，出示百官。传观未遍，猫饥，搏鹦鹉食之，太后甚惭。

也就是说，武则天曾经做过努力，让猫和鹦鹉和平共处，而且一度还做到了，只可惜展览到最后，猫烦了，也饿了，猫和鹦鹉和平共处的美梦也就破灭了。

武则天是一个识文断字的人，她的所作所为都有一定的目的，据我推测，她养的猫可能是狸猫，狸猫和鹦鹉都有符号意义，“狸猫”代表李氏，“鹦鹉”代表武氏，狸猫与鹦鹉，李氏与武氏，而和平共处，终究是黄粱一梦。

不过武则天从来没有放弃努力，公元 699 年，在她决定百年之后江山依然姓李之后，她又做出了一个举动。

《资治通鉴》记载：

> 太后春秋高，虑身后太子与诸武不相容。壬寅，命太子、相王、太平公主与武攸暨等为誓文，告天地于明堂，铭之铁券，藏于史馆。

让儿子和侄子一起盟誓，武则天的用心不可谓不良苦，只可惜，江山面前，李氏与武氏注定无法和平共处。

公元 705 年正月，武则天病重，麟台监（相当于皇家图书院院长）张易之、春官侍郎（礼部侍郎）张昌宗居中用事，反武势力迎来了难得的机会。此时的武则天已经病重，行使权力需要假手张易之、张昌宗，而张易之、张昌宗毕竟只是男宠出身，并无根基，只是靠着武则天的声望狐假虎威。

这时秋官侍郎（相当于司法部副部长）张柬之、天官侍郎（相当于文官部副部长）崔玄暐站了出来，联合中台右丞（相当于国务院副秘书长）敬晖、司刑少卿（相当于最高人民法院副院长）桓彦范、相王府司马（相当于军事参谋长）袁恕己密谋诛杀张易之、张昌宗，以兵锋威逼武则天还政于太子李显。

公元705年正月二十二日，张柬之等人率领左右羽林兵五百余人抵达玄武门，同时派人迎接太子李显一同前往觐见武则天，此行的目的便是逼宫。李显在来人的软硬兼施下硬着头皮加入了逼宫的行列，张柬之等人则一路斩杀守门士兵，冲破玄武门，将红极一时的张易之、张昌宗兄弟斩于迎仙宫的屋檐下，顺势将武则天的长生殿团团包围，这就是唐朝的第二次玄武门事变。

至此反武势力控制了局势，病重的武则天无可奈何，只好将政权交还给太子李显，而她则在囚禁中度过自己的余下时光。李显从此之后每十天探望一次，但母子之间的境遇已然是天上地下，如果说李显能够接受地下天上的巨变，那么武则天呢?

从公元705年正月二十二日被囚，到公元705年十一月二十六日逝世，武则天在软禁中走完了人生的最后时光，史家把这一时期的重点放在李唐复国上，没有人注意到软禁中的武则天到底想了些什么，做了些什么。

由来只闻新人笑，有谁见过旧人哭，一代女皇武则天就是这样在重重监禁中走完了自己的人生路，曾经的辉煌，曾经的盛极一时，都在人生最后十个月中被无边的落寞吞噬。

按照一般人的逻辑，武则天倒台了，武三思的末日也就来临了，然而事实并非如此，因为武三思不是一般人。

在武三思的背后不只站着武则天一个女人，同时还站着另外三个女人，一位是上官婉儿，一位则是中宗李显的皇后韦后，一位是中宗李显的女儿安乐公主。

此时的上官婉儿正是中宗李显面前的红人，李显将她拜为婕妤（嫔妃之一）。上官婉儿与武三思眉来眼去许久了，早已是武三思一党，上官婉儿又把武三思引荐给韦后，结果韦后与武三思也传出了绯闻。（话说武三思也很有魅力啊！）

至于中宗李显的女儿安乐公主，跟武三思走得也很近，她嫁给了武三思的儿子武崇训，见了武三思还得喊一声“阿爹”。有了这三个女人保驾护航，在姑妈武则天这座大山倒掉之后，丧家狗武三思又迎来了春天。

迎来春天的武三思春风得意须尽欢，经过他的上下其手，参与玄武门事变对李唐复国有大功的张柬之等人开始走下坡路。张柬之等人曾试图将武三思除掉，只可惜中宗李显迟迟不点头，反而数次圣驾光临武三思的宅邸。

世上最不靠谱的便是皇帝的恩宠，曾经有功于李显、有功于李唐复国的张柬之等人在武三思的打压下走入万劫不复的死局。他们先是被封王，在封王的同时被剥夺了权力，不久便被贬往陕西、湖北等地，接着又被贬往广西、广东、海南一带，最后武三思收网，对张柬之等五人痛下杀手。

武三思委派的杀手官员到达五位功臣流放地时，张柬之和崔玄暐已经病逝了，他们躲过了武三思欲加之身的羞辱。

桓彦范没有躲过，他在受尽折磨后被乱棍打死。

袁恕己也没有躲过，他也在受尽折磨后被乱棍打死。

敬晖也没有躲过，他被抓起来然后一刀一刀活活剐死。

此时距离他们对武则天发动兵谏不过一年零六个月！

挥挥手，曾经的功臣五王灰飞烟灭，武三思的心情好到了极点，于是就说出了那句狂妄至极的话："我不知世间何者谓之善人，何者谓之恶人；但于我善者则为善人，于我恶者则为恶人耳。"

狂，无以复加！

然而狂是没有好处的。

一年之后，不受皇后待见的太子李重俊起兵发动了唐朝历史上的第三次玄武门之变。

李重俊并非韦后亲生，因此不受待见；武三思不知出于何种原因，也非常不喜欢李重俊；安乐公主心气太高，她梦想着废黜李重俊，改由自己做"皇太女"；安乐公主的丈夫武崇训仗势欺人，与安乐公主动辄侮辱李重俊，甚至称之为"家奴"。

忍无可忍，则无须再忍！

公元 706 年七月六日，饱受屈辱的李重俊终于爆发，他率领禁军羽林兵三百余人冲进了红极一时的武三思家，手起刀落，将武三思、武崇训父子活活砍死。

武三思，没有死于大风大浪，没有死于武则天被兵谏之时，却在不经意中死在了血气方刚的李重俊刀下。

在武三思死后，李重俊集合兵马冲击玄武门，可惜经验不足，功败垂成，唐朝的第三次玄武门兵变宣告失败，唯一的收获就是让狂到极点的武三思死在了自己的前头。

然而冰冻三尺非一日之寒，在武三思死后，武氏的残余势力依旧在唐朝的政坛活跃，后来他的一位远房侄女嫁给了李隆基，这便是历史上有名的武惠妃。

与此同时，那些曾经如同苍蝇一样萦绕在武三思周围的文人依然活跃，其中一个就是在诗坛留下声名的诗人，他的名字叫宋之问。

人不能无耻到如此地步，说你呢

宋之问

“年年岁岁花相似，岁岁年年人不同”，如此风华绝代的诗句背后，竟然隐藏着一起惊天的血案。血案的被害人名叫刘希夷，疑似凶手便是在唐朝诗坛享有盛名的宋之问，宋之问还是刘希夷的亲舅舅，不过宋舅舅倒是比刘外甥还年轻五岁。

刘希夷的《代悲白头翁》全文如下：

洛阳城东桃李花，飞来飞去落谁家？
洛阳女儿惜颜色，坐见落花长叹息。
今年花落颜色改，明年花开复谁在？
已见松柏摧为薪，更闻桑田变成海。
古人无复洛城东，今人还对落花风。
年年岁岁花相似，岁岁年年人不同。
寄言全盛红颜子，应怜半死白头翁。
此翁白头真可怜，伊昔红颜美少年。
公子王孙芳树下，清歌妙舞落花前。
光禄池台文锦绣，将军楼阁画神仙。

一朝卧病无相识，三春行乐在谁边？
宛转蛾眉能几时，须臾鹤发乱如丝。
但看古来歌舞地，惟有黄昏鸟雀悲。

刘希夷的这首诗收录在《全唐诗》中，在《全唐诗》中宋之问的众多诗篇中有一篇叫《有所思》，两相对照，让人大跌眼镜，两首诗中居然只有第二句有所区别，刘希夷诗中为“洛阳女儿”，而宋之问诗中则为“幽闺女儿”，其余部分完全相同。

两人到底是谁剽窃谁的呢？至今是一桩无头公案。绝大多数人将矛头指向了宋之问，多数人认定，是宋之问剽窃了刘希夷的诗篇。

关于这段公案，唐人笔记《刘宾客嘉话录》有如下记载：

> 刘希夷诗曰：“年年岁岁花相似，岁岁年年人不同。”其舅宋之问苦爱此两句，知其未示人，恳乞，许而不与。之问怒，以土袋压杀之。宋生不得其死，天报之也。（言之凿凿）

按照这个说法，刘希夷这一风华绝代的诗篇背后确实藏着这样的一起血案，而凶手正是他的舅舅宋之问。

不过《大唐新语》则记载说：诗成未周岁，为奸所杀。或云宋之问害之。（有此一说）

总之，这是一起无头公案，矛头指向大诗人宋之问。

为什么大家都愿意把矛头指向他，把脏水泼向他？究其原因，此人虽声名赫赫，却也劣迹斑斑，用郭德纲的话说：“人品太次！”

如果把宋之问的一生做一个梳理，你会发现，原本他也是一个勤学苦读之人，他也想靠自己的学识和诗篇赢得一条终南捷径。

宋之问弱冠知名，尤善五言诗，当时无能出其右者。初征令与初唐四杰之一杨炯分直内教，俄授洛州参军，累转尚方监丞、左奉宸内供奉。（《旧唐书·宋之问传》）

可以说，起步时期的宋之问是上进的，是努力的，曾经凭借自己的努力得到武则天的青睐。

有一天，武则天巡游洛阳龙门，令随从官员赋诗，左史东方虬率先写完，武则天以锦袍赐之。等到宋之问写完后，武则天发现宋之问的诗更在东方虬之上，便夺过已经赏赐给东方虬的锦袍转而赏给了宋之问，这就是宋之问宦海生涯浓墨重彩的一笔，名曰："夺袍赏宋。"

渐渐地宋之问发现，要想真正赢得武则天的心，仅仅靠诗篇是不够的，还需要有些特殊才能，比如像张易之、张昌宗兄弟那样的特殊才能。

或许宋之问也是不情愿的，但在那个特殊的背景下，张氏兄弟红得发紫，这在很大程度上刺激着宋之问。

人都是被逼出来的！

论条件，宋之问也是不差的，"伟仪貌，雄于辩"。(《新唐书·宋之问传》)

那么我这张旧船票能否搭上陛下您的客船呢？

宋之问决定投石问路，为武则天写了一首《明河篇》。

《明河篇》的最后几句是这样写的：

明河可望不可亲，
愿得乘槎一问津。
更将织女支机石，
还访成都卖卜人。

诗里有话，宋之问便借用历史典故向武则天表明了心迹：陛下，我能登船吗？(成为男宠)

落花有意，流水无情，武则天在看了他的诗后跟崔融说道："我并不是不知道宋之问是个有才气有情调的人，可惜他有口臭啊！"("吾非不知之问有才调，但以其有口过")

这是唐代孟棨《本事诗·怨愤》的记载，未必属实，但是宋之问一心向武则天靠拢的事实不可更改。

或许是因为伤了自尊，或许是为了另辟蹊径，搭不上武则天客船的宋之问转而抱住了张易之、张昌宗的粗腿，为了表示忠诚，宋之问甚至抢着为张易之倒夜壶，为了上位，真是豁出去了。

然而，好时光总是短暂，短暂到你应该为它买上一份保险。

公元 705 年正月二十二日，张易之和张昌宗兄弟出了点小事，事也不大，也就是被实行兵谏的张柬之他们把脑袋搬了家。

宋之问的天塌了下来。

作为张易之、张昌宗的党羽，宋之问与弟弟宋之逊被赶出了洛阳，贬到泷州做一个小小的参军。泷州是今天广东云浮市下属的罗定市，在唐代，那里是典型的瘴疠之地。

有宋之问的诗为证：

孤舟泛盈盈，江流日纵横。
夜杂蛟螭寝，晨披瘴疠行。
潭蒸水沫起，山热火云生。
猿躩时能啸，鸢飞莫敢鸣。

环境如此恶劣，宋之问心里打起了退堂鼓，难道要在这瘴疠之地坐以待毙？难道就这样错过洛阳的花花世界？不，绝不！

不久，宋之问与弟弟宋之逊未经皇帝批准，便从泷州逃回了洛阳，宋之问的一首名篇就是在这次逃亡路上写就：

渡汉江

岭外音书断，经冬复历春。
近乡情更怯，不敢问来人。

两只叫作宋之问、宋之逊的流浪狗不敢公开露面，他俩躲进了张仲之家里。对于张仲之而言，这一次不是引狗入室，而是彻彻底底地引狼入室。

当时张仲之正与驸马都尉王同皎谋划彻底铲除武三思以安李唐皇室，张仲之和王同皎情绪高昂，话语激动，他们以为是在自家私宅不以为意，却忘了家里多了两条姓宋的流浪狗。

宋之问在门外听得清清楚楚，里面人的谈话让他心惊肉跳，同时又心潮澎湃，自己一直在等待东山再起的机会，这不正是机会吗？

用恩人的血染红你的顶子？没错！

在宋之问的授意下，宋之问的侄子宋昙火速向武三思做了密报，结果毋庸多言，张仲之、王同皎死于非命，家产被没收，而所有的告密者都得到了重用。宋之问、宋之逊这两只流浪狗再也不用流浪了，从今以后，就在洛阳为官，加授朝散大夫，从五品，相当于享受副局级待遇。

之后宋之问继续着自己寻找粗腿的道路，他像一只蝴蝶一样，在武三思、太平公主、安乐公主之间飞来飞去，一个倒下了，再去找下一个，一个势头弱了，立刻再去找势头强的。

武三思死了，他投向了太平公主。

太平公主势头弱了，他又投向了安乐公主。

在宋之问留下的诗篇中，有一首诗便是为安乐公主作的，题目是《宴安乐公主宅得空字》。

英藩筑外馆，爱主出王宫。宾至星槎落，仙来月宇空。
玳梁翻贺燕，金埒倚晴虹。箫奏秦台里，书开鲁壁中。
短歌能驻日，艳舞欲娇风。闻有淹留处，山阿满桂丛。

宋之问满怀深情地写下了这首诗，在他的眼前，似乎到处都是明媚的阳光，或许不久之后，他就能在安乐公主的庇护下更进一步，在更高位置上为大唐王朝发挥光和热。

在中宗朝，宋之问确实做了一些事情，中宗选拔文学之士，宋之问与杜甫的祖父杜审言一起成为修文馆学士。后来宋之问主持典举，所引拔的人才多数都是后来知名的人物。宋之问选人还是非常有眼光的。

有良好的表现做基础，再加上有安乐公主这棵大树，中宗李显准备提拔宋之问为中书舍人。中书舍人为天子近臣，负责起草诏令，如果能够得到这一官职，日后成为宰相是顺理成章的事情。

金光大道就在眼前，宋之问离成功只差一厘米。

这时一个位高权重的人物站了出来，对中宗李显说道："我反对！"

说这话的人是太平公主，她因为宋之问弃她而去而怀恨在心，在这个关键时刻，她投下了反对票。

宋之问完了，他得罪了皇帝尚要礼让三分的太平公主。

太平公主反对的理由很简单：宋之问在主持典举时收受贿赂，声名狼藉。

前面便是中书舍人，宋之问却无法迈过眼前的鸿沟，世界上最遥远的距离不是生与死，而是明明在你眼前，你却始终与之差了一厘米。

中书舍人的梦破灭了，宋之问被贬作汴州长史，还没启程，新的任命又下来了，不用去汴州了，直接去越州吧。汴州在今天的开封，越州在今天的绍兴，前者离洛阳近，后者离洛阳远。

睿宗即位，宋之问在越州也待不住了，睿宗以宋之问曾经依附张易之、武三思为由，配徙钦州，钦州在今天广西的钦州，那里有防城港，有北部湾。

困顿在钦州的宋之问不会想到，在人生的最后时刻，他连钦州也待不住了。

李隆基登基后，除恶务尽，宋之问这个先后依附于张易之、武三思、太平公主、安乐公主的问题人物走到了路的尽头。

关于宋之问的最后时刻，《新唐书》如是记载：

宋之问得诏后汗流不止，满地乱走，不知道该怎么办。一同被赐死的冉祖雍向使者求情说："之问有妻子，请允许他们告别。"使者许之，而宋之问哆哆嗦嗦词不达意，什么事也没有交代成。冉祖雍怒曰："我和你都辜负了国家，按罪当死，你还啰唆什么呢？"宋之问闻言，乃饮食洗沐就死。

抛开人品不谈，单就诗词成就而言，宋之问称得上初唐诗坛上的一颗巨星。《新唐书》如是评价：宋之问、沈佺期，又加靡丽，回忌声病，约句准篇，如锦绣成文，学者宗之，号为"沈宋"。语曰"苏李居前，沈宋比肩"，谓苏武、李陵也。

在宋之问的身后，他的诗风深刻地影响了一个人，这个人就是他曾经的同事杜审言的孙子——诗圣杜甫。

卿本佳人，奈何为贼？

千不该，万不该，你恰恰成了李隆基的磨刀石！

李隆基

靡不有初，鲜克有终

他的前半生是个英雄，人到晚年是个狗熊。

他的前半生活得伟大，人到晚年却活得憋屈。

他的前半生天下任逍遥，人到晚年却挑灯未成眠。

这就是唐明皇，一个将大唐带到巅峰，又亲手将大唐推到低谷的皇帝。

在中国的大历史中，少有从始至终完美如初的好皇帝，即便是千古明君李世民，也有晚年的猜忌和残杀功臣的记录；即便被史家塑造为完美的乾隆皇帝，他的六下江南也给大清王朝留下了千疮百孔的内伤；即便被曹操交口称赞的“生子当如孙仲谋”的孙权，晚年也是猜忌成性，杀机四起。

在皇帝终身制的背景下，所谓的好皇帝，多是半截英雄！

关于唐明皇，他的开元盛世，他的《霓裳羽衣》，他与集儿媳与宠妃于一身的杨贵妃的浪漫故事被后人演绎了多遍，烂熟于心，而我要写的唐明皇，从马嵬坡兵变开始。

公元756年六月十四日，这个日子对唐明皇李隆基而言铭心刻骨，在这一天，他失去了一生中最爱的人——杨贵妃。

在禁军龙武大将军陈玄礼的策划下，祸国殃民的宰相杨国忠被禁军士兵乱刀砍死，曾经荣极一时的杨氏姐妹也被一一诛杀，陈玄礼与士兵们将最后的矛头对准了杨贵妃，这个姓杨的贵妃依然存在，就是极大的隐患，只有这个人入土为安，参与兵变的士兵才能把心放到肚子里。

72 岁的李隆基拄着拐杖，穿着便鞋来到驿站门前，他准备像往常一样慰劳一下士兵，然后把他们驱散了事。

李隆基悲伤地发现，皇帝权威在这个时刻打了天大的折扣，以往的山呼万岁不见了，参与兵变的士兵杀气腾腾，居然对他爱搭不理，这是他登基 44 年以来从未发生过的事情，现在居然发生了。

龙武大将军陈玄礼上前说："国忠谋反，贵妃不宜供奉，愿陛下割恩正法！"

李隆基惊呆了，他做梦也不会想到这个一向忠诚的部下会提出这样的要求。他冷冷地看着陈玄礼，嘴里说："朕当自处之。"

李隆基想拖，试图想出一个万全之策，帮助自己的知心爱人杨贵妃躲过眼前的危急时刻，然而他始终没有想出帮杨贵妃逃脱的办法。

京兆司录韦谔看到李隆基犹豫不决，知道他下不了决心，上前说道："今众怒难犯，安危在晷刻，愿陛下速决！"说完便不断磕头，额头渐渐磕出了血。

哗变威胁的不是李隆基一个人的安危，如果群情激愤，陈玄礼也不知道暴怒的士兵能做出什么样的事情。

李隆基还试图为杨贵妃辩解，说道："贵妃常居深宫，安知国忠谋反！"

这时，一个关键人物说话了，这个人就是李隆基最信任的人——高力士。

高力士开口，果然不同凡响。高力士说："贵妃诚无罪，然将士已杀国忠，而贵妃在陛下左右，岂敢自安！愿陛下审思之，将士安，则陛下安矣。"

话说到这个份儿上，已经很明白了，今天不杀杨贵妃，哗变就不会结束，只有杀了杨贵妃，哗变才能结束，将士们才会各就各位，皇帝才能安全。

要么杀她，要么杀你，自己选！

这是一道两难的选择题，要么杨贵妃死，要么李隆基死，而一旦李隆基死，杨贵妃必然也活不成，选哪个，前者还是后者，李隆基，你自己选。

你还有选择权吗？

李隆基只能点点头，冲高力士挥挥手。

佛堂里，高力士出手，一代芳华杨贵妃香消玉殒，从此世间再无杨贵妃，只剩传奇。

杨贵妃死了，身心俱灭，李隆基也死了，身未灭，心已死！

这一年李隆基 71 岁，杨贵妃 37 岁，原本在天愿作比翼鸟，在地愿为连理枝，现在阴阳两隔。

盛世皇帝，大国天子，落魄之时居然连心爱的女人都保不住，李隆基知道，自己的时代过去了。

后来有学者指出，马嵬坡兵变实际是高力士和陈玄礼的策划，为的就是铲除杨氏一门的势力，事实上，最后确实达到了铲除杨氏一门的效果，只是起因是否真如学者所说，已经是历史之谜。单从陈玄礼和高力士两人而言，二人一生一世忠诚于李隆基，他们是李隆基太上皇岁月里的精神支柱。

三天后，李隆基准备从马嵬坡出发，继续向蜀地进发，马嵬坡附近的老百姓拦住了他，他们希望皇帝能留下来，带领他们一起收复两京。

李隆基拒绝了，此时的他已经不是风华正茂的青年，也不是风流倜傥的中年，他已经是风烛残年的老人了，收复两京对于他而言只是一个可望而不可即的梦，他知道两京一定会恢复，但他的心中并没有时间表。

李隆基还是按原计划上路了，他以为太子李亨会马上跟上来，没想到，他没有等来太子，等来的是太子与他分道扬镳的消息。

史书记载，太子李亨之所以没有跟上来，是因为受到了马嵬坡百姓的热情阻拦，李亨看到民心可用，决定留下来，不再跟李隆基西行。

这一切都是史家掩饰，太子李亨选择这个时刻与父亲分道扬镳，是一次有预谋的出走。国都虽破，山河仍在，民心可用，国难时刻对李隆基而言是莫大的折磨，对太子李亨而言却是莫大的机会。

想继续生活在父亲的阴影下，便继续西行；想开创一片属于自己的天地，便另辟蹊径，又是一道二选一的选择题，李亨选择了后者。

分道扬镳的李亨把自己的落脚点放在了朔方战区，他曾经当过朔方节度使，朔方或许将是他的龙兴之地。

朔方战区总部位于今天的宁夏灵武，距离发生兵变的马嵬坡直线距离 460 公里，李亨带着自己的全部兵马来到灵武城，到达灵武的时候，全部人马不过数百人。他的老爹李隆基比他也强不了多少，到达蜀郡的时候，身边护卫的士兵不过 1300 人，宫女仅仅 24 人。巅峰时期，李隆基的后宫佳丽四万，而现在，不过可怜的 24 人。

逃亡路上的李隆基还不知道，他的皇帝头衔已经接近失效，再过几天，他的儿子李亨将在宁夏灵武称帝，届时他的皇帝权位也将过了有效期。

公元 756 年七月十二日，太子李亨在宁夏灵武称帝，这就是唐朝历史上的唐肃宗。唐肃宗的称帝是一次自发行为，没有经过老爹李隆基同意，事先没有跟李隆基打招呼，便自说自话称帝了，从此李隆基不再是皇帝，而是皇上的爹——太上皇。

李隆基在中国历史上可谓独一无二，他亲手把老爹睿宗李旦架空为太上皇，而在晚年，他又被自己的儿子架空为太上皇，这下他的人生完整了。

己所不欲，勿施于人！

从七月十二日到八月十二日，这段时间，全国实际上有两个皇帝。

一个是自行登基称帝的唐肃宗李亨，一个是还不知道自己变成太上皇的唐明皇李隆基，在这一个月里，两个人都以皇帝身份发布命令。幸好，那时全国变乱，政令不畅，不然两个皇帝命令撞车一定会频频发生。

公元 756 年八月十二日，新皇帝李亨派出的使节到达蜀郡成都，他们给李隆基带来了意外的惊喜：太子李亨一个月前在灵武郡登基！

惊喜？喜，没有，光剩惊了！

要说李隆基真是好演员，心中明明惊慌不已，脸上却喜形于色，他对李亨的使者说道："吾儿应天顺人，吾复何忧！"

好演员，德艺双馨的好演员，要不梨园行尊称您为祖师爷呢，果然会演戏，太会演戏了！

六天后，李隆基登上高台，命人奉传国宝玉册诣灵武传位，先上船后买票的李亨终于等来了父亲颁发的正式船票。

13 个月后，在唐肃宗的努力下，加上安史集团发生内讧，唐军终于在回纥兵的帮助下收复了长安，此时长安落入敌手已经整整 14 个月。

为了这次收复，李亨是下了血本的，回纥出兵并非免费，人家是雇佣兵。

李亨与回纥人约定：克城之日，土地、士庶归唐，金帛、子女皆归回纥，也就是说，除了土地和男子归唐朝，金银财宝以及女人小孩，回纥人可以统统带走！

没有办法的办法，饮鸩止渴！

幸好，李亨的儿子李俶拦住了蠢蠢欲动的回纥人，他与回纥人协商把交易地点改到了洛阳，这样历经浩劫的长安百姓总算躲过一劫。

公元 757 年十一月十二日，太上皇李隆基在皇帝李亨的邀请下抵达长安附近的凤翔郡，他的身后是护驾随从的六百余名士兵，这时他出人意料地下达了一个命令：所有武器上缴到凤翔郡的军械库！

为什么？太上皇难道不需要护卫了吗？

太上皇当然需要护卫，但更怕引起皇帝李亨的猜疑，解除随行的武装就是向皇帝发出一个信号：我回来只当爹，不当皇帝。

十二月三日，在李亨派出的三千精骑兵的护卫下，李隆基抵达咸阳，父子之间有了马嵬坡一别后的第一次重逢。

为了这次重逢，父子双方都做了精心准备，皇帝李亨脱下了黄色的龙袍，穿上了三品以上官员穿用的紫袍，他要用这件紫袍向老爹李隆基表明：在我心中，您永远是独一无二的皇帝。

这场政治秀作得很感人，《资治通鉴》如是记载：

> 太上皇在宫南楼，上释黄袍，着紫袍，望楼下马，趋进，拜舞于楼下。上皇降楼，抚上而泣。上捧上皇足，呜咽不自胜。上皇索黄袍，自为上著之，上伏地顿首固辞。上皇曰："天数、人心皆归于汝，使朕得保养余齿，汝之孝也！"上不得已，受之。

政治就是一场秀，无论父子，无论兄弟。

在这次会面之后，皇帝李亨亲自为老爹李隆基执马坠镫，李隆基感慨之余又说了一句话："我当了五十年天子，没显出尊贵，今天当天子的爹，才真正感受到尊贵！"

好演员！

戏剧来源于生活，又高于生活，但戏剧毕竟不等同于生活。

李隆基、李亨父子相亲相敬的时光并没有维持多久，生活中的父子二人一直在深深的戒备中生活。

三年后，太监李辅国活跃了起来，他看出了皇帝李亨的心思，便迅速为皇帝办了想办而又不好意思办的事情。

李亨不好意思撕破脸，李辅国好意思。

公元 760 年六月，李辅国出手了，他把一直陪伴李隆基的将军陈玄礼、太监高力士双双贬出长安，这两个人是李隆基晚年的精神支柱，现在精神支柱没了。

李隆基另外的精神寄托是妹妹玉真公主李持盈、宫女如仙媛，李持盈被赶出宫，如仙媛被放逐到湖北秭归看管。

这还不算完，李隆基名下原本有 300 匹御马，李辅国拉走了 290 匹，剩下 10 匹让太上皇凑合着用。至于守卫的士兵，随着陈玄礼被勒令退休，守卫士兵也纷纷被裁撤，留下来护卫太上皇的只剩下数十名老弱病残。

最后，李隆基从靠近街市的兴庆宫（当时称南内）被转移到皇宫内的太极宫（当时称西内），不为别的，只为防范。

清朝著名诗人郑板桥曾经为此写过一首诗：

南内凄清西内荒，淡云秋树满宫墙；
由来百代名天子，不肯将身作上皇。

自此，李隆基整日被忧愁笼罩，于是便出现了白居易《长恨歌》里描述的一幕幕：

西宫南内多秋草，落叶满阶红不扫。
梨园弟子白发新，椒房阿监青娥老。
夕殿萤飞思悄然，孤灯挑尽未成眠。
迟迟钟鼓初长夜，耿耿星河欲曙天。
鸳鸯瓦冷霜华重，翡翠衾寒谁与共。

当忧愁已经成为生活的全部，活着也是行尸走肉。

公元762年四月五日，唐明皇李隆基在神龙殿去世，享年77岁，如果杨贵妃活着，这一年应该43岁了。

一代女皇武则天在身后留下了一块无字碑，如果让李隆基选择，他会给后世留下一块什么样的碑呢？

靡不有初，鲜克有终！

孟浩然

不才明主弃，多病故人疏

当唐明皇李隆基入土为安时，在宇宙的某个角落里或许会发出一声叹息：唉，你也有今天！

发出叹息的不是别人，正是与王维一起开创唐朝田园山水诗派的大诗人孟浩然。

然而，一声叹息只是我个人的想象，实际上早在李隆基驾崩的22年前，那个在后世留下盛名的诗人孟浩然就已经在落寞中死去了。终其一生，他没有得到皇帝的垂青，也没有迎来政坛上的春风得意，尽管留给后世的是不朽的诗篇，但他从没有得到一官半职。总体而言，孟浩然先生是一个彻头彻尾的白丁。

孟浩然不是没有机会，只可惜来之不易的机会被他错过了。

据《全唐诗·孟浩然》记载，孟浩然有过一次与唐明皇李隆基面对面的机会。

事情的经过是这样的，游历长安的孟浩然与诗人王维成为无话不谈的朋友，王维邀请孟浩然到办公室里坐而论道，就在两人热烈交谈的时候，办公室里来了一个不速之客，客人的名字叫李隆基。

王维当时正是李隆基面前的红人，李隆基这次突然来访也是心血来潮，抬脚就进了王维的办公室。

皇帝突然来访，王维有些窘迫，办公室里多了孟浩然这样一个陌生人，就这么贸然让皇帝撞见毕竟不是一件好事，这可怎么办呢？

“老孟，你还是先躲起来吧！”王维对孟浩然说道。

孟浩然不敢多言，连忙躲了起来。

李隆基进来时，王维已经恢复了常态，然而李隆基一看屋里的摆设就明白了，刚才有客人在。

“这里有客人？”

“哦，哦，是的。”

“谁啊，我认识吗？”

“孟浩然！”

“哦，快把他叫出来，我读过他的诗，就是一直没见到真人。”

王维不敢怠慢，连忙把孟浩然喊了出来，在他看来，这是一次难得的机遇。

李隆基看着眼前的孟浩然，亲切地说道：“一直看你的诗，怎么样，有没有新诗给我看？有的话，赶快给我看看！”

孟浩然为难地搓着手回应道：“抱歉，陛下，今天我没带诗集。”

李隆基摆摆手：“没关系，你就吟诵最近的作品吧！”

孟浩然略微思索了一下，开始吟诵自己认为近期比较经典的作品：

北阙休上书，南山归敝庐。
不才明主弃，多病故人疏。

正当孟浩然准备进入高潮时，李隆基烦躁了起来，指着孟浩然说道：“是你自己不出来做官，我什么时候抛弃过你？你怎么能这么污蔑我呢！”

砸了，彻底地砸了！

孟浩然犯了一个低级错误，他用自己的标准代替了皇帝的标准，却没有想到，皇帝的标准与孟浩然的标准截然不同。

“不才明主弃，多病故人疏”，在孟浩然看来，这是来之不易的呕心沥血之作，而在皇帝李隆基听来，却非常刺耳。身为皇帝，李隆基愿意把天下精英都收入囊中，这个孟浩然却在说“不才明主弃”，这不是说皇帝有眼无珠吗？尽管你自称“不才”，又称皇帝“明主”，然而抱怨之意还是呼之欲出。

李隆基拂袖而去，留下孟浩然在原地目瞪口呆。看着李隆基渐渐模糊的背影，孟浩然知道，今生跟这个“明主”无缘了！

算了，随他去吧！

孟浩然与李隆基的这次偶遇是真是假，仁者见仁，智者见智，我们不知道两人是否真的有过这样一次正面交锋，我们只知道，在盛唐浩瀚的诗海中，孟浩然真的写下过这样的诗句：

岁暮归南山

北阙休上书，南山归敝庐。
不才明主弃，多病故人疏。
白发催年老，青阳逼岁除。
永怀愁不寐，松月夜窗虚。

也有人说，这首诗是孟浩然赴长安应举失利后的诗作，总之，这是一篇抒发失意情绪的诗作。

世界上最复杂的不是迷宫，不是北京的立交桥，最复杂的其实是人。

孟浩然是人，他是一个复杂的人，一个矛盾的人。

在孟浩然的脑海里，一直有两个小人在打架，一个小人的背上刻着“隐居”，一个小人的背上刻着“出仕”，两个小人的争斗一直持续，时而“隐居”占了上风，时而“出仕”占了上风，向左是“隐居”，向右是“出仕”，究竟该向左还是向右呢？

历史总是充满无数的巧合，孟浩然的成长背景注定他的一生与“隐居”有缘。

在孟浩然很小的时候，他就知道家乡襄阳有一座山叫鹿门山，东汉时期有一位著名的隐士曾经居住在这里，隐士的名字叫庞德公。

提起庞德公很多人或许还有些陌生，但提起他的朋友，相信只要是地球人，或许都知道。

他的朋友有“卧龙”诸葛亮、“水镜先生”司马徽、“进曹营一语不发”的徐庶，以及“凤雏”庞统，庞统是庞德公的亲侄子，庞统的成才离不开庞德公的培养。庞德公与诸葛亮还是拐着弯的亲戚，他的儿子庞山民娶的正是诸葛亮的二姐。

所谓“卧龙”，所谓“水镜”，所谓“凤雏”，据说都是由庞德公先叫起来的，由此可见，知人是庞德公的一大强项。

对于庞德公，荆州牧刘表仰慕已久，他一直想邀请庞德公做自己的幕僚，先后数次发出邀请函，但都如泥牛入海，没有办法，刘表亲自上阵，与庞德公在田地边进行了面对面的交流。

刘表：先生现在只是保全自身，哪里比得上出来保全天下呢？

庞德公：有一种叫鸿鹄的鸟，筑巢于高林之上，每天晚上栖息于斯；有一种叫鼋龟的动物穴于深渊之下，每天晚上安宿于斯。人行于世上也是各有各的栖所，只是各不相同而已。

刘表：先生每日在田间辛苦劳作却不肯出来做官，百年之后，能给子孙留下什么呢？

庞德公：别人把危险留给了子孙，而我把安宁留给子孙，诗书耕读，安居乐业，我不是没有东西留给子孙，只是留的东西不一样而已！

对话完毕，刘表无奈离去，庞德公的话语却留在了天地之间。数年后，刘表身故，把危险留给了子孙，而庞德公隐居多年后，在一次入山采药中，一去不返，只给世间留下了千古传奇。

有这样一位同乡，又有流传数百年的传奇，庞德公的故事在潜移默化中影响了孟浩然，在孟浩然的诗集中有这样一首诗：

夜归鹿门山歌

山寺鸣钟昼已昏，渔梁渡头争渡喧。
人随沙岸向江村，余亦乘舟归鹿门。
鹿门月照开烟树，忽到庞公栖隐处。
岩扉松径长寂寥，惟有幽人自来去。

然而隐居是梦想，出仕是现实，在梦想和现实中徘徊的孟浩然注定左右为难，他梦想隐居，但他也不能免俗渴望出仕，如果能有梦想照进现实的那一天更是求之不得。

然而，梦想与现实必然会发生激烈冲突，诗人孟浩然是一个纯粹的诗人，韩愈、王维、贺知章、张九龄那种脚踩诗坛、政坛两条船的本领，孟浩然学不来，也做不到。

在被李隆基面斥之后，孟浩然还有过两次不大不小的机会，一次来自韩朝宗，另一次来自张九龄。

公元734年，时任襄州刺史的韩朝宗与孟浩然约定一起前往长安，韩朝宗将向京城的上流社会推荐孟浩然。

约定的时间到了，孟浩然却迟迟没有出现。孟浩然在做什么呢？喝酒！

酒席上有人提醒孟浩然："你不是跟韩朝宗约好一起去长安吗？怎么还不走？"

孟浩然无所谓地回应道："已经喝上酒了，不管他了！"

一边是韩朝宗苦苦等待，一边是孟浩然推杯换盏；苦等孟浩然不到的韩朝宗愤而离去，酒醉的孟浩然不知自己身在何处。

在韩朝宗之后，张九龄也曾经给过孟浩然一次机会，他在出任荆州长史时将孟浩然聘为幕僚，好景不长，孟浩然还是离去了。关于孟浩然为何离去，史无明载，以今人之心猜想，可能还是孟浩然不适应官场的氛围。

时而无限接近，时而无比遥远，这就是孟浩然与盛唐官场的距离，左右为难的孟浩然始终不知道，他离盛唐的官场到底是近还是远。

在矛盾之中，孟浩然与一位朋友在襄阳相遇，朋友的名字叫王昌龄。

王昌龄到襄阳的时候，孟浩然的背上刚刚生完毒疮，即将痊愈。就在这个节骨眼上，王昌龄来了。

朋友相见，格外亲热，同为诗人，惺惺相惜，大病初愈的孟浩然在兴奋之中早已把医嘱忘在脑后，与王昌龄一起纵情宴饮，大快朵颐，竟然忘了忌口，最终"食鲜疾发而逝"。（可能因为吃河鲜导致毒疮复发）

诗人孟浩然，性情中人孟浩然，七情六欲孟浩然，就这样结束了梦想与现实的纠葛。

该如何评价孟浩然的一生呢？《全唐诗》有如下评价：

> 当明皇时，章句之风大得建安体，论者推李杜为尤，介其间能不愧者，浩然也。

在孟浩然的身后，他的朋友王维为他画了一幅像，挂到郢州的一个亭子上，题曰：浩然亭。后人为了表示对他的尊重，尊称为"孟亭"。

在孟浩然身后，后人为他修了一座墓，这就是孟浩然墓。孟浩然墓位于襄阳市襄阳城东风林南麓，现高一米余，底径约三米，保存尚好，是襄阳市重要的旅游景点之一。

一个人的地位，不是政府给的，不是舆论给的，而是自己给的。

羊祜 人事有代谢，往来成古今

在诗人孟浩然的诗集中，有这样一首诗：

与诸子登岘山

人事有代谢，往来成古今。
江山留胜迹，我辈复登临。
水落鱼梁浅，天寒梦泽深。
羊公碑尚在，读罢泪沾襟。

孟浩然登的山叫岘山，位于今天湖北省襄阳市南。他看到的碑叫羊公碑，也被西晋名将杜预称为“堕泪碑”。他缅怀的人叫羊祜，西晋名将，为西晋完成统一大业的总设计师。

羊祜在《三国演义》中是出过场的，只不过罗贯中将笔墨过多倾注于刘备、曹操、孙权身上，因此像羊祜、陆抗这些名将都落笔不多，给读者留下的印象并不深，甚是可惜。

提起羊祜，很多人还是感到陌生，但提起他周边的一些人，很多人都是熟人。

他的岳父叫夏侯霸，他的姐夫叫司马师，他的外公叫蔡邕，他的姨妈叫蔡文姬。

值得一提的是蔡邕不是他的亲外公，而是他同父异母兄弟羊发的亲外公，也就是说蔡邕的女儿也嫁给了羊祜的父亲，按照辈分，羊祜也应该管这位蔡小姐叫声妈，管蔡邕叫声外公，管蔡文姬叫声姨。

羊祜的亲戚都很有名，羊祜的祖上也是非常了得，从他往上数九代，羊氏一族每一代都有人出任俸禄两千石的高官，难能可贵的是，均以清廉有德著称。

到羊祜的祖父羊续时，曾经做过南阳太守，到他的父亲羊衜时，曾经做过上党太守，羊祜就是在这样的家庭长大。

然而到羊祜十二岁时，家中发生了变故，父亲羊衜病逝，从此羊祜就要独自应对世间的风雨了。

或许羊祜注定不是一个凡人，在他成长的过程中，先后有过几次奇遇。

有一次羊祜到汶水边游玩，途中遇见了一位老者，老者将羊祜端详了一番，说道："孺子有好相，年未六十，必建大功于天下。"说完，老者飘然而去，不知所终。

羊祜的另一次奇遇与祖墓有关。

有善相墓者，说羊祜家祖墓所在地有帝王气，贵不可言，不可轻动，如果动了此地地气，则今生无后。看惯了王朝兴替的羊祜对此说法并不信服，在他看来，有帝王之气并不是一件好事，留之何用？

羊祜便动手破了此地的地气，一是因为他不信，二是因为他对帝王之业不感兴趣。

在羊祜破坏完地气后，那个善相墓的人又来了，四周看了一下，又说了一句话：犹出折臂三公。

后来这句话果然应验：羊祜曾经有过一次坠马手臂骨折的经历；在他去世后，他被追赠为太傅，位列三公；羊祜一直膝下无子，连过房来的嗣子也早卒。

历史不容假设，假如羊祜不破坏祖墓的地气，是否中国的大历史中将出现羊姓的皇帝呢？

历史注定是条单行线，容不得假设，羊祜这两次奇遇也可能半真半假，毕竟一个人名声大了，后人附会的奇遇也就多了，我权且一写，你权且一看。

人的一生总是面临很多选择，在面临选择时，很多人都想通过时间隧道跑到前面去看一看，然而时间是线性发展的，穿越只存在于小说里，并不存在于现实之中。

羊祜的前半生也面临很多选择，要命的选择。

羊祜出生于公元 221 年，他出生时正是曹丕称帝的时代，在他五岁时，皇帝由曹丕更替成了曹睿，在他 18 岁时，皇帝又由曹睿更替成了幼帝曹芳，此时也就到了司马氏与曹氏争权的时候。

一方面，羊祜娶了夏侯霸的女儿（曹操与夏侯霸是堂兄弟，曹操因为父亲曹嵩认太监曹腾为父而冒姓曹）；另一方面，羊祜一母所出的姐姐又是司马师续弦的妻子。

跟曹家和司马家都有姻亲关系，面对两方的拉拢，羊祜该如何选择呢？

他选择中立，不偏不倚，暗地里稍微偏向司马氏。

羊祜不是不需要机会，他一直在等待机会，等到司马昭的儿子司马炎称帝后，羊祜终于等来了机会，公元 269 年，48 岁的羊祜出镇荆州，都督荆州诸军军事。

此时，距离蜀汉灭亡已经六年，东吴是唯一与西晋抗衡的国家，而荆州便是西晋与东吴抗衡的主战场，48 岁的羊祜登上了这个巨大的舞台。

值得一提的是，当羊祜登上这个历史舞台时，竟然有两个荆州，一个是西晋的荆州，一个是东吴的荆州。

西晋的荆州包括今天的陕西、河南的一小部分和湖北的北部地区，东吴的荆州则包括今天的湖北和湖南的大部分地区。西晋与东吴间的边界线在荆州一带是最长的，这也就注定了这里将是吞并东吴的关键地区，这里将是时代的风暴眼，羊祜日后的盛名便是从此时开始树立。

在羊祜到达荆州之前，西晋和东吴的敌对情绪非常严重，冲突不断，连续不断的冲突造成了百姓生计困难，戍边的军队连军粮都很难筹措，显然，这并不是羊祜想要的结果。

羊祜到任后，开始着手整顿，第一步开设学校发展教育，第二步绥怀远近，安抚人心，两步棋走下来之后，效果奇好，深得人心。第三步，羊祜取信于东吴降民。由于荆州是西晋与东吴争夺的重地，在双方的边界内其实都有从对方国家俘虏过来的百姓，在羊祜来之前，没有人把这些降民当人，而羊祜到任之后，他把这些降民当人。羊祜规定：愿意继续留在西晋的欢迎，愿意返回东吴的欢送，是走是留，悉听尊便。这一步赢得了东吴降民的心，虽然也有人走，但多数人留下了，因为他们看到了羊祜这个官与别的官不同。

在安抚百姓的同时，羊祜着手消除外患，当时东吴的石城守军距离襄阳不远，时常偷袭，令襄阳的西晋守军疲于奔命。羊祜也不知道用了什么样的计策，竟然令东吴撤掉了石城的守军，这样襄阳的防守压力大大减轻。于是羊祜将原来巡逻防守的士兵一分为二，一部分继续防守，一部分开荒屯田。数年后，荆州军粮剧增，从羊祜到任前的不足百日之需剧增到足够十年之用。

与此同时，羊祜进据险要，开建五城，收膏腴之地，夺吴人之资，石城以西，尽为晋有。自是前后降者不绝，羊祜增修德信，怀柔初附。

至于每次与东吴交兵，羊祜提前约定交战时辰，从来不搞偷袭。将帅有欲进谲诈之策者，辄饮以醇酒，使不得言。

羊祜出军进入东吴境内，收割稻谷作为军粮，然而每次都是统计好稻谷的数目，用绢作为补偿。每次与部众一起游猎，到达西晋边境即告停止。若禽兽先为吴人所伤而为晋兵所得者，皆奉还之。

于是吴人翕然悦服，称为羊公，不称其名。

军事蚕食，政治收心，羊祜治理荆州十年，为西晋打造了吞并东吴的绝好跳板。

然而羊祜并不满足于荆州这一块跳板，他又将目光投向了长江上游，在他看来，如果有一支强大的水军沿江而下，东吴的灭亡指日可待。

在他的力荐下，益州刺史王濬被推上了前台，王濬也就成了唐代诗人刘禹锡诗中的主角：

王濬楼船下益州，金陵王气黯然收。
千寻铁锁沉江底，一片降幡出石头。

王濬楼船便是王濬在益州负责督造，而他能得此大任，正是出于羊祜的力荐，如果不是羊祜力荐，王濬已经要进京出任大司农了，如果那样，西晋的统一大业不知道要推后多少年了。

羊祜在荆州舞台上活跃时，他有一个强劲对手，如果这个对手一直健在，或许西晋的统一大业也要延后，这个人不是别人，正是《三国演义》中那位火烧刘备七百里连营的白面书生、陆逊之子——东吴名将陆抗。

陆抗早早看出了羊祜经营荆州的用意，便来到荆州与羊祜抗衡，双方你来我往，惺惺相惜，倒是留下了不少佳话。

羊祜善饮，陆抗便以美酒赠之，羊祜不疑有他，揭盖即饮。

陆抗患病，羊祜以药赠之，陆抗平静服下，说道：羊祜怎么会是下毒之人！服药之后，陆抗果然病愈。

如果陆抗一直与羊祜抗衡下去，或许西晋与东吴的南北割据还会继续，只可惜天不假年，公元274年，年仅48岁的陆抗去世了，自此东吴再无与羊祜旗鼓相当的名将。

羊祜先后数次向晋武帝司马炎上书，建议对东吴进行讨伐，然而前两次上书均告无果，郁闷的羊祜说出一句名言：天下不如意，恒十居七八。（人生不如意，十有七八）

羊祜之所以迫切希望司马炎出兵东吴，是因为他从东吴皇帝孙皓身上看到了希望，在他看来，孙皓才是西晋出兵成功与否的关键。

公元278年，羊祜病重，他告诫司马炎：

> 吴人虐政已甚，可不战而克。混一六合，以兴文教，则主齐尧舜，臣同稷契，为百代之盛。如舍之，若孙皓不幸而没，吴人更立令主，虽百万之众，长江未可而越也，将为后患乎！

一句话，错过了孙皓这个混蛋皇帝，统一大业无从谈起！

话说到这个份儿上，司马炎终于下定了讨伐东吴的决心，他还想让羊祜挂帅亲征，然而羊祜已经病危。

羊祜最后说道："取吴不必须臣自行，但既平之后，当劳圣虑耳。"（"攻取东吴不必臣亲自出马，一定会攻克的，但是全国平定之后，圣上要更加操心了"）

在羊祜身后，他倾力推荐的名将杜预出任征吴大都督，他力荐的王濬率领楼船从益州进发，一片降幡出石头，三国终归一统。

在羊祜身后，司马炎鬼使神差地将皇位传给了白痴儿子司马衷，"八王之乱"就此埋下伏笔，对于这一切羊祜也有所预料，不然他也不会说出"既平之后，当劳圣虑耳"的话。

可惜了，羊祜的忠言！

在羊祜身后，荆州百姓在羊祜最喜欢登临的岘山上建碑立庙，四时祭祀，望其碑者莫不流涕，杜预因此将此碑命名为"堕泪碑"。荆州人为羊祜避讳，把房屋的"户"都改叫为"门"，另把"户曹"也改为"辞曹"。

如今岘山仍在，汉水长流，羊祜独千载，名与汉江流。

杜预

高岸为谷，深谷为陵

在羊祜身后，被他力荐的杜预走上了前台，这个不会骑马、不会射箭、迷恋《左传》的人风云际会，成为青史留名的一代名将。

说起杜预，这也是一个世家子弟，爷爷杜畿做过曹魏的尚书仆射，父亲杜恕做过幽州刺史。说起他的后人，更了不得，他的后人杜审言做过唐朝宰相，杜审言的孙子更是留下千古声名，没错，杜审言的孙子就是杜甫，也就是说杜预正是诗圣杜甫的远祖。

虽然杜预是世家子弟，不过杜预的人生早期也是不得志的，他的父亲杜恕与司马懿的关系很恶劣，在司马懿的逼迫下，杜恕被幽禁而死。在司马懿以及司马师当政的时代，杜预都没有获得机会，直到司马昭接替司马师之后，杜预迎来了人生重大转机。

公元 255 年，司马昭接替病逝的司马师成为掌握权柄的大将军，时年 33 岁的杜预终于获得了机会，而他又娶了司马懿的女儿，这下杜预就成了司马昭的妹夫，也就成了司马昭最信任的人之一。

杜预这个人既聪明又圆滑，既有原则又懂得保护自己，实在是官场中人乃至职场中人的典范。

钟会与邓艾西征蜀汉时，杜预作为镇西长史跟随钟会出征，等到钟会谋划叛乱时，多数僚属都被钟会杀害，而杜预却独善其身，全身而退，回来之后还受到增邑一千一百五十户的奖励，他是怎么做到的呢？史无明载，只说他“以智免”，也就是说靠自己的聪明才智躲过了这一劫。

杜预躲过的劫难还不只这一次，在他出任安西军司时，他又躲过了一劫。

当时西部少数民族进攻陇右，与杜预有宿怨的安西将军石鉴命令杜预出征，杜预手下有多少兵马呢？兵三百人，马一百匹。

拿这么少的兵力去对抗兵强马壮的来犯之敌，这显然是石鉴准备借刀杀人，如果杜预勉强出征，结局只有一个字：死！两个字：必死！

杜预的智商决定了他不是一个容易上当的人，他提出了“五不可、四不须”，坚决主张暂避兵锋，加强军备，来年春天再决一死战。心急的石鉴自然不会认可杜预的说法，他便以杜预私自装修官舍扰乱军心为由，将杜预送回洛阳接受审判。

石鉴满心以为这回可以置杜预于死地，即使不死也能脱层皮，然而他忘了，人家杜预娶的是司马昭的妹妹，此时已经被新成立的西晋封为高陆公主，按律公主的丈夫是有特权的。这次陷害对杜预影响不大，回到洛阳很快被无罪释放。

随后的几年，杜预被任命为度支尚书（相当于财政部部长），在度支尚书任上，杜预也有过两次神来之笔。

孟津是黄河的一个主要渡口，然而孟津的问题在于水流湍急，渡河的船只经常发生倾覆，杜预便建议在富平津建一座桥，以解决过河问题。然而这个提议居然遭到了广泛的反对，反对者的依据是富平津这个地方在商朝和周朝就有，如果适合造桥，商朝和周朝的圣人早就造了，既然到现在都没有桥，那就意味着圣人们认为此地不适合造桥。

杜预表现出自己变通的一面，他说：“造舟为梁，河桥之谓也。”意思是说，我造的不是桥，造的是船，可以了吧？（造舟为梁的典故来自《诗经》，周文王娶太姒，便是在渭河上排列船只，跨船铺板，搭成浮桥，杜预在这里用这个典故来偷换船和桥的概念）

在杜预的坚持下，富平津上有桥了，晋武帝司马炎由此感慨地对杜预说：“非君，此桥不立也。”

杜预另一个神来之笔是自主研发周庙的欹（qī）器。

欹器是一种非常神奇的器具，是一种灌溉用的汲水罐器，未装水时略向前倾，待灌入少量水后，罐身就竖起来一些，而一旦灌满水时，罐子就会一下子倾覆过来，把水倒净，而后又自动复原，等待再次灌水。

孔子曾经见过这个东西，便发出“虚则欹，中则正，满则覆”的感慨。

周庙的欹器一直流传到东汉，然而到了东汉末年，欹器消失了，不知所终，没有人知道它的尺寸以及制作工艺。

欹器与周庙有关，因此就被赋予了神器的地位，现在神器消失了，该到哪里去寻找呢？

没过多久，杜预从家里抱来了一个新的欹器。哪儿来的？自己研发的！

欹器能流传到现在，杜预功不可没。

说了这么久杜预的典故，该切入正题了。

羊祜为什么会推荐杜预这个不会骑马、不会射箭的文官接替自己呢？是因为杜预一直站在羊祜这一边，他也主张讨伐东吴。

羊祜自知不久于人世，便推荐杜预接替自己都督荆州军事，羊祜相信，有这个人在，西晋统一全国的大业一定会实现。

事实证明，羊祜没有看错人。

杜预上任之初就给了东吴一个下马威，他的第一记重锤就砸在了东吴西部的门户——西陵。

西陵位于今天湖北的宜昌，东吴在这里设重兵把守，这里是东吴的西部边镇，相当于东吴的咽喉，一旦被西晋突破，西晋的楼船将从这里顺流直下畅通无阻，因此这里就是杜预重拳出击的地方。

镇守西陵的是东吴名将张政，张政知道杜预要来，但没有想到杜预来得那么快，知道杜预要打，但没想到杜预一上任就打，张政准备不足，被杜预大败一场。

如果仅仅是大败一场其实问题也不大，然而杜预使的是连环计，他知道张政是东吴少有的名将，他也知道吴主孙皓是个猜忌成性的主儿，那么何不假孙皓之手搬开张政这块拦路石呢？

略施小计——反间计！

兵败的张政耻于言败，向孙皓隐瞒了兵败的事情，他以为这样就可以瞒天过海，然而没有想到杜预却悄悄地揭开了他的底牌。

杜预把俘虏的吴军士兵大张旗鼓地送还给东吴，不过送还的下家不是张政，而是吴主孙皓。

生性猜疑的孙皓果然上当，从火线召回了张政，从此张政与西陵再无交集。

临阵换帅，军心浮动，杜预的反间计大获成功。

杜预说服司马炎正式出兵，杜预自己陈兵江陵，命部将从江陵西上，攻取东吴城池。部将们按照杜预的部署，先是连夜过江，在东吴地面上遍插西晋军旗，搞得东吴军心动摇。接着又埋伏在城边，等到东吴军队败退回城时，西晋军队就混在东吴败兵里面一同进城，西晋的士兵都到了东吴都督孙歆的帐下，而孙歆还不知道！

走吧，抓的就是你。

所有参战士兵对杜预都佩服得五体投地，他们把佩服编成了歌谣：以计代战一当万。

就在杜预准备席卷东吴时，皇帝司马炎周围又响起了不同的声音：夏天来了，南方有瘟疫，不如等到冬天再战。

杜预坐不住了，怎么能这样呢？此时军威已振，士气正盛，如同劈竹子，已经劈开了前面的几节，剩下的就更好劈开了。什么叫势如破竹，这就叫啊！

在杜预的坚持下，讨吴战役继续进行，结果正如杜预所料，楼船东下，天下一统。

如果说完成统一大业是杜预人生中的一大亮点，那么兴修水利、造福荆州百姓就是杜预人生中的另外一个亮点。

西晋统一之后，杜预并没有放松，他始终认为“天下虽安，忘战必危”，在他任内，荆州军队的训练从未停止，只不过将备战的矛头从东吴变成了防备南方的少数民族。

与此同时，杜预大兴水利，开杨口，起夏水达巴陵一千余里，内泻长江之险，外通零桂之漕，大大造福当地百姓，当地百姓尊称他为“杜父”，当地还流传起一句民谣：后世无叛由杜翁，孰识智名与勇功。

杜预做了这么多，应该说也算功成名就了，然而他时刻保持警惕，对于朝中的达官贵人更是有求必应甚至不求也应，时常对这些人进行无来由的馈赠。身边的人对此有些不解，图什么呢？杜预说：“吾但恐为害，不求益也。”（“不求他们帮忙，只求别帮倒忙而已！”）

司马迁说，人终有一死，或轻于鸿毛，或重于泰山。杜预也是凡人，他也知道自己终有一死，那么在死后给世间留点什么呢？

留块碑吧！

别人留碑一般只留一块，而他一下留俩！

杜预刻石为二碑，纪其勋绩，一沉万山之下，一立岘山之上。

这是为什么呢?

这是因为杜预懂得沧海变桑田的道理，他的口中经常念叨:“高岸为谷，深谷为陵。”他把一块碑沉在万山之下，一块碑立于岘山之上，为此他说道:“焉知此后不为陵谷乎!”

公元284年，为西晋完成统一大业的杜预生命走到了尽头，他在回京赴任司隶校尉的路上溘然长逝，享年62岁。

其实，刻不刻碑并不重要，该刻的碑早就刻了，老百姓把碑刻在心里，史家把碑刻在史书里，而杜预自己把碑刻在荆州的山水里。

《晋书·杜预传》:“元凯（杜预字元凯）文场，称为武库。”（所知甚多，包罗万象）

司马昭路人皆知

司马昭之心，路人皆知。在当代中国，即使是文盲或者是半文盲，即使不会写字，也都知道这句耳熟能详的成语。

也因为这句成语，把司马昭牢牢钉在了“贰臣贼子”的耻辱柱上。

这句成语从哪儿来的呢？一切拜曹丕的长孙高贵乡公曹髦所赐，曹髦这句义愤填膺的话，也就让司马昭陷入千古不义之中。

曹髦的激昂言语也不过是五十步笑百步，试问曹魏帝国皇权从何而来？如果不是曹髦的爷爷曹丕逼迫汉献帝刘协禅让皇位，曹髦还不知道在哪个角落里打酱油呢。既然您的祖上皇位便来路不正，那么又何来底气指责司马昭呢？

己所不欲，勿施于人！

在皇权的问题上，从来没有讨价还价的余地，权柄握于谁手，皇权便随之更替，即便在自己这一辈无法实现，也会让子孙在这条单行线上不断前进，期待子孙有朝一日完成未竟的事业，替自己圆一把称帝梦。

曹操如此，司马懿如此，每个有着称帝梦想同时又大权在握的人都是如此。

总体来说，司马昭在家族事业中所处的位置有点像东吴皇帝孙权，他之所以能够接近权力的巅峰，是因为他站在父亲司马懿和兄长司马师的肩膀之上。

罗贯中在《三国演义》中塑造了忠厚的刘备，睿智的孙权，奸诈的曹操，还有狡诈的司马懿。罗贯中的《三国演义》过于脸谱化了，挺刘贬曹成为贯穿《三国演义》的主线，都说“春秋无义战”，三国同样没有义战。所谓忠厚长者刘备，不也玩阴谋手段对宗亲刘璋实施了“鸠占鹊巢”的行动吗?

无论是曹操“挟天子以令诸侯”，还是曹丕逼令汉献帝禅让，抑或是司马懿诛杀曹爽夺取曹魏帝国的权柄，这一切都是权力惹的祸，在这一连串权力斗争中，所谓正义，所谓邪恶，并没有传说中的泾渭分明!

由于《三国演义》的前重后轻，多数人对前面的故事耳熟能详，对后面的故事知之甚少，事实上在司马懿、司马师、司马昭唱主角的时代，三国故事依然精彩。

且说司马懿出手铲除曹爽之后，曹魏帝国的权柄便落入了司马一门，司马懿、司马师、司马昭如同击鼓传花一般掌握着曹魏帝国的权柄，然而遗憾的是，父子三人与梦想中的皇帝宝座都差了一点，司马懿差了一步，司马师差了半步，司马昭差了一厘米。

公元249年正月初六，这是一个令大将军曹爽以及他的子孙永远刻骨铭心的日子，这一天曹魏帝国皇帝曹芳出城前往父亲曹叡的陵园，这一天司马懿父子关闭洛阳所有城门，以郭太后之名实行兵变。

为了这一天，司马懿父子筹划了很多天，据说为了防止泄密，同时也是担心司马昭的心理素质不够硬，之前的密谋一直都由司马懿、司马师父子二人包办，司马昭被蒙在鼓里。

兵变前夜，司马懿才向司马昭和盘托出了兵变计划，到这时候司马昭才知道，父兄二人明天要进行一场改天换地的兵变。

当夜，司马懿派人暗中观察了两个儿子，司马师安睡如常，司马昭辗转反侧，孤枕难眠。

第二天天一亮，司马师集合所有兵马，清点完大家才发现，比原计划足足多了三千人，这三千人是从哪里来的呢？司马师散养在民间的，而今召集起来一起来做这件大事。

为此司马懿感慨地说道：“此子相当可以！”

由于对手曹爽志大才疏，跟司马家根本不在一个量级，这场兵变刚开头便结了尾，兵变以司马氏一门完胜、曹魏皇族惨败告终，从此曹操、曹丕父子苦心经营的曹魏帝国进入司马氏轨道，至于何时取而代之，只是时间的问题。

司马懿本来有机会，可惜他已经老了，领导儿子们发动兵变时，已经71岁了，留给他的时间不多了。

两年后，司马懿病逝，据说他先是患病，又在病中梦到有人向他索命。

公元 251 年八月五日，太傅司马懿病逝，没能完成登基称帝那一步。司马懿铲除曹爽之后，曹魏权柄尽在掌握，然而他只是担任了太傅，没有更进一步。或许在他看来，时机还未成熟，当丞相，加九锡，乃至改朝换代，还是留给子孙们完成吧！

在司马懿身后，他的大儿子司马师由卫将军升任抚军大将军，接替父亲司马懿主持政府机要。

让司马师接替司马懿必定不是曹魏帝国的本意，然事已至此，还有别的选择吗？司马师担任的卫将军一职相当于曹魏首都卫戍区司令，有此权柄在手，曹魏皇室能不就范吗？

不久，司马师由抚军大将军升任大将军，他的父亲司马懿选择有实无名，而他则选择了有名有实。

两年后，他一番折腾，折腾出了那个陷他弟弟司马昭于千古不义的高贵乡公曹髦。

高贵乡公曹髦为何会走上前台呢？这一切都是因为司马师对时任皇帝的曹芳不满意。

时任皇帝的曹芳已经 23 岁，在司马师看来属于不好控制的年龄，况且曹芳时而与一些大臣密谈，司马师猜测，这些密谈一定与司马家有关，留这么个对自己虎视眈眈的皇帝，始终是一个隐患。

公元 254 年，司马师的机会来了，这次机会起因是司马昭。

这一年九月，蜀国大将姜维进攻魏国，驻守许昌的司马昭奉命出征，这次出征路过洛阳，司马昭便顺道拜见了皇帝曹芳。

左右近臣建议曹芳借此良机一举将司马昭诛杀，然后以皇帝之名命令司马昭所统率的部队进攻司马师，这样就能将权柄收回曹魏皇室。然而，左右近臣想错了，曹芳这个前任皇帝曹叡的养子，从小长于宫中，长于妇人之手，过惯了钟鸣鼎食的生活，从来没有经历生活的磨难。以这样一个温室里的花朵，又怎能以一个皇帝的空名去对付从小便野蛮生长的司马师和司马昭兄弟呢？

他有心，但无力！

即便有力，也无胆！

左右已经把诛杀司马昭的密诏写好了，放到了曹芳面前，曹芳犹豫了，迟疑了，最后还是放弃了！

若是曹操地下有知，一定会跳起来大声喝问："你究竟是不是我曹氏子孙？"

世上没有不透风的墙，这次流产的阴谋很快长了腿，传到了司马昭耳中，已经出了洛阳的司马昭一不做二不休，马上回军洛阳控制了局势，然后派人通知兄长司马师：老大，有情况！

司马师怒不可遏，早就知道曹魏皇室想阴自己，没想到，真有打算啦。

还反了你了。

算啦，这个皇帝不着调，换个皇帝吧！反正姓曹的有的是！

彭城王曹据不是曹操的儿子吗？就他吧！

司马师以为他提议没有人敢反对，然而郭太后出来说话了，不行！

为什么？

辈分不对。

原来郭太后是曹叡的皇后，也就是曹丕的儿媳妇，彭城王曹据是曹丕的兄弟，这样从辈分论，曹据就是当朝太后的叔叔，让太后的叔叔来当皇帝，这辈分就太乱了，他该叫郭太后太后呢，还是侄媳妇呢？

辈分不能这么乱！

郭太后提了一个人选，高贵乡公曹髦，曹丕的长孙，曹叡弟弟东海王曹霖的儿子，让侄子来继承叔叔的大宗也说得过去，尽管这一次继承的是一个傀儡的位置。

争来争去，不过是一个木偶的位置，司马师不再固执，便同意了郭太后的提议。在他看来，这都不过是权宜之计，用不了多久，自己便取而代之，这场曹家与司马家合演的双簧应该唱不了几天了。

司马师想的也没错，11 年后他果然当了皇帝，是为晋景帝。

不过他的皇帝头衔是后来的，死后追封的。

四个月后，48 岁的司马师死了，死于一场惊吓。

曹魏帝国的扬州发生叛乱，大将军司马师率军亲征，没想到这竟是他的最后一次出征。

在这次征伐中，叛将有过一次声势浩大的劫营，劫营出人意料，形势一度非常危急，大将军司马师半夜惊醒，惊恐不已，一着急，刚刚做完眼瘤手术的伤口迸裂了，眼珠蹦了出来！

《三国演义》中猛将夏侯惇看着自己的眼球崩出，大喊一声"父精母血"，便生生吞了下去。

《三国演义》中的这一幕只是演绎，真实的《三国志》并没有这段记载，同样眼睛迸裂的司马师也没有生吞眼球的经历，只是他知道，自己的日子不多了。

回到许昌，司马师出的气比进的气多。

镇守洛阳的司马昭闻听消息赶到许昌看望司马师，手足相见，格外感慨。司马师未竟的事业只能由司马昭这个弟弟继承了，司马师在病榻上发布命令，即日起由司马昭接替自己掌管全国军权。（司马师没有亲生儿子，名下的儿子司马攸是从司马昭的儿子中过继过去的）

公元255年闰正月二十八日，大将军司马师因病去世，享年47岁，生前离皇帝之位只差半步，未竟的事业只能由弟弟和侄子们完成了。

从这一天起，野心路人皆知的司马昭只能沿着父兄设定好的道路一直奔跑了，在这条道路上，要么杀人，要么被杀，想走第三条道路？

墙上挂门帘——没门！

继承父兄遗志的司马昭从一开始就面临着严峻考验，以高贵乡公曹髦为代表的曹魏皇室并不甘心皇权旁落，司马师死了，曹魏皇室的机会是不是来了呢？

很快，曹髦做出了试探。

曹髦下诏，命令司马昭就地驻守许昌，改由他人率军返回洛阳。

如果司马昭只是一个书呆子，抑或是身边没有钟会这样的高人支着儿，那么曹髦的诏书很有可能成真。那样的话，洛阳便不再归司马家掌握，曹魏皇室将重新夺回权柄，司马昭不过是手握部分兵权镇守许昌的将军而已。

曹髦还是把事情想得太简单了，受家族熏陶的司马昭自然知道洛阳对于自己的重要性，在与钟会密谋之后，便做出了一边上书一边回军洛阳的决定。

上书，是为了给皇帝一个面子，也为自己做掩饰。

上书却不等皇帝批复，直接回军洛阳，这就是灵活运用规则，既尊重了皇权，又不被皇权束缚。

七天后，司马昭接任大将军，主管政府机要，司马师死后出现的短暂权力真空，又被司马昭填上了。

司马昭相比于父亲和兄长更有进攻性，他的父亲司马懿有实无名，他的兄长司马师有实有名，但止步于大将军，司马昭的胃口显然不是大将军能够满足的。

一年后，司马昭启动了篡位列车，公元256年四月，皇帝曹髦赏赐给司马昭三样东西，这三样东西倒也稀松平常，分别是衣服、帽子、靴子。

然而这三样东西也不平常，分别是皇帝穿用的龙袍，皇帝戴的皇冠，皇帝穿用的赤色长靴，现在这三样东西司马昭都有了。

这一切意味着什么呢?

司马昭的心思昭然若揭!

这一切不是皇帝曹髦赏的吗?

有哪个皇帝愿意赏赐这三样东西呢?曹髦是被逼的。

四个月后，司马昭又进一步，由大将军升任大都督，职权还是原来的职权，只不过大都督的象征意义比大将军更高。同时又得到三项额外的权力：奏事不名，剑履上殿，假黄钺。

这三项权力分别代表什么呢?

奏事不名：向皇帝上奏时不需要称自己的名字。

剑履上殿：可以带着佩剑穿着鞋上朝。

假黄钺：拥有皇帝行使诛杀大权专用的斧子。

如此三项权力到手，司马昭已经是不称皇帝的皇帝，至于将曹髦取而代之，只是分分钟的事情。

古往今来，一旦权臣获得这些权力，篡位就成了板上钉钉的事情，然而令人费解的是，从公元256年获得这三项权力以后，司马昭又等了足足九年，这九年里他已经离皇位近在咫尺，然而却没能如愿。

司马昭为什么要用九年才走完篡位的最后一步呢?还是时机不够成熟，即便他可以轻松踢开曹髦自己做皇帝，即便他可以将反对的声音强行压制，但一切还是没有瓜熟蒂落，那么就在运动中等待，在等待中运动吧!

公元258年五月，曹髦任命司马昭为相国，封晋公，加九锡。

加九锡在中国历史中经常出现，那么九锡究竟是什么呢?

九锡是九种礼器，是天子赐给诸侯、大臣有殊勋者的九种器用之物，是最高礼遇的表示。

锡，在古代通“赐”字。九种特赐用物分别是：车马、衣服、乐县、朱户、纳陛、虎贲、斧钺、弓矢、秬鬯，记载见于《礼记》。

凡是被加过九锡的人，其本人或者其子孙都会踢开老东家自立门户，这个名单很长，从热衷于托古改制的王莽开始，到有着西域血统的王世充为止。

具体名单如下：

王莽被西汉授九锡，后废汉室建新朝。

曹操被东汉授九锡，其子曹丕建立魏朝。

司马昭被魏朝授九锡，其子司马炎建晋朝。

孙权被魏朝授九锡，后叛魏称帝。

桓玄被东晋授九锡，后废东晋称楚帝。

南朝四朝开国皇帝刘裕、萧道成、萧衍、陈霸先都曾从前朝受九锡，然后创立新朝。

杨坚被北周授九锡，后废北周开创隋朝。

李渊被隋朝授九锡，后废隋建立唐朝。

王世充被隋朝皇泰主杨侗授九锡，不久废帝称郑王。

仔细数了一下，总计 12 人，刚好够打三桌麻将。

公元 258 年的这次升任相国、封晋公、加九锡的机会却被司马昭态度坚决地辞让了，先后辞让了九次，总算辞让成功了。

难道他回心转意准备痛改前非了？不，他还是觉得时机不成熟。

在司马昭玩弄权柄于股掌之中时，有一个人不高兴了，他不愿意再跟司马昭继续演这蹩脚的政治双簧，他想发出自己的声音，这个人就是皇帝曹髦。

公元 259 年，有人宣称在井中发现了黄龙，接着又有人报告发现了黄龙，而且一下子两条！

有人把这一发现当成祥瑞报告给曹髦，在说得兴起的同时却没有发现曹髦嘴角的一丝冷笑。

“黄龙困在井中，算什么祥瑞呢，这不就是说我吗？”

曹髦一时兴起，作了一首诗，题目叫《潜龙》：

伤哉龙受困，不能跃深渊。
上不飞天汉，下不见于田。
蟠居于井底，鳅鳝舞其前。
藏牙伏爪甲，嗟我亦同然！

诗写到这个程度，曹髦与司马昭的双簧注定演不成了。

公元 260 年，关于给司马昭加九锡的话题被重新提起，曹髦无奈，只好在这一年的四月下诏，任命司马昭为相国，封晋公，加九锡。

事情发展到这一步，司马昭本来是想顺水推舟接受的，毕竟两年前已经推让过一次了，这一次再推让，司马昭自己都觉得有些假。

然而，令司马昭没想到的是，曹髦居然发难了，而且一句话就把他钉在了历史的耻辱柱上。

这一年五月七日，20岁的曹髦准备向司马昭发难，在发难之前他说出了那句千古名言：司马昭之心，路人皆知！

一句话，让曹髦这辈子没白活，一句话，让司马昭一脉跳到长江三峡也洗不清，古往今来篡位的权臣那么多，唯独司马昭戴了个“路人皆知”的枷锁。

两手空空的曹髦带着自己的冲动，带着手下鱼龙混杂的三百人组成的杂牌军队冲向司马昭的府第，还没有等到与司马昭照面，他的皇帝头衔就被无情注销了。

曹髦以为自己的皇帝身份是一件无人敢侵犯的金缕玉衣，然而在权臣的面前，所谓的黄袍不过是一件衣服，颜色发黄而已，仅此而已！

太子舍人成济在司马昭死党贾充的授意下一矛将曹髦刺死，堂堂曹魏帝国皇帝，开国皇帝曹丕的长孙，就这样无声无息地倒在了长矛之下！

傻孩子，谁让你捅破那层窗户纸呢？

皇帝就这样不明不白地死了，搞笑的事情还在后头。

郭太后下诏，宣布曹髦的种种罪状，宣布撤销曹髦的皇帝头衔，贬为平民！

没地方说理了。

显然这纸诏书不是郭太后自己发的，而是司马昭发的，可惜曹髦虽贵为曹操的子孙，只继承了曹操的血气，没有继承曹操的智商，如果真想扑灭司马昭一脉，伏兵于暗室之中岂不是强过光天化日之下率领三百乌合之众强行攻打？

智商决定命运。

曹髦死了，无声无息地死了，对于曹魏帝国没有多大影响，只不过再找一个牵线木偶而已。

司马昭不知出于何种考虑，居然搬出了燕王曹宇的儿子曹璜。

燕王曹宇，曹操名下25个儿子之一，利用浮力原理巧称大象的曹冲和他是一母所生，他们的母亲都是环夫人。

在这个时候，开国皇帝曹丕依然有嫡亲孙子存在，从皇室继承的原则来说，曹丕的孙子要比曹璜更有资格，然而司马昭偏偏选定了曹璜，或许在他看来，只是一个傀儡而已，血缘远近，有区别吗？没有区别。

司马昭此举可能是为了把郭太后彻底绕开，选一个郭太后小叔辈的来做皇帝，郭太后，你还是太后吗？当今皇帝可是你小叔！

曹璜后来改名曹奂，这是一个懂得游戏规则的人，别人当皇帝是为了当主角，而他从一开始就认清了自己的角色：配角，跑龙套的，死跑龙套的！

曹奂在自己的皇帝任内，做到了百分之百配合，百分之百服从，表现之优秀比汉献帝刘协都好，放在今天有望争夺最佳男配角。

公元 264 年，司马昭在灭亡蜀汉，平定钟会叛乱之后，又将眼光转移到皇位上。

八年了，皇位就在那里，让他时时刻刻难以心安，这是一种折磨，同时也是一种幸福的等待。

是时候进一步了！

这一年三月十九日，司马昭受封晋王，离篡位列车的终点只差一步。

一年后，也就是公元 265 年五月，曹奂为晋王司马昭加九锡，王妃改称王后，世子改称太子，此时的司马昭距离皇位还有一厘米。

人们都在猜测，司马昭何时彻底捅开那层一捅就破的窗户纸呢？

遗憾的是，薄薄的一层窗户纸，司马昭至死都没有捅开。

三个月后，路人皆知的司马昭因病去世，他追求了一辈子的皇帝之位离他最终还是差了一厘米。

由于时代的久远，我们不知道司马昭为何在加九锡三个月后就告辞世，是一直有病在身，还是暴卒，史无明载。

又过了四个月，也就是公元 265 年的十二月十三日，司马一脉三代人的梦想终于得以实现，司马昭的儿子司马炎接受最佳男配角曹奂的禅让，登基称帝，历史上的西晋，由此开端。

至此，司马懿、司马师、司马昭的皇帝梦终于实现了，司马懿为晋宣帝，司马师为晋景帝，司马昭为晋文帝，你们都是皇帝，括弧——追封的。

后三国时代有一个现象值得注意，那就是亡国皇帝都得以善终。

无论是被挟持了一辈子的汉献帝刘协，还是乐不思蜀的刘禅，抑或东吴暴君孙皓，抑或最佳男配角曹奂，他们都在亡国之后保全了性命。

虽然憋屈，虽然郁闷，但能在乱世之中以亡国之君的身份保全性命已经殊为不易，这也算乱世之中闪过的一丝人性光辉。

只是不知道，当司马一脉玩弄曹魏帝国权柄于股掌之中时，倘若曹操地下有知，会作何感想；倘若曹丕、曹植兄弟地下有知，这对斗了一辈子的手足兄弟又会发出怎样的感慨呢？

《洛神赋》里的三角恋

曹丕、曹植、甄皇后

“天下才有一石，曹子建独占八斗，我得一斗，天下共分一斗”，说这话的人叫谢灵运，南北朝时期南朝宋国的山水诗人，他是谢玄的孙子，谢安的侄曾孙，一句话，声名赫赫的谢家后人。

谢灵运如此推崇的曹子建是谁呢？曹操的儿子——曹植。

在中国文学史上，有两对父子是绕不过去的，一对是三苏，一对是三曹，三苏是苏洵、苏轼、苏辙，三曹是曹操、曹丕、曹植，三苏中以苏轼文学成就最高，三曹中以曹植文学成就最高。

至于曹植的传世经典，当然非《洛神赋》莫属。

曹植的《洛神赋》经典语句有哪些？

有人回答：翩若惊鸿，婉若游龙。凌波微步，罗袜生尘。含辞未吐，气若幽兰。

有人回答：仿佛兮若轻云之蔽月，飘飖兮若流风之回雪。

有人回答：无一不是经典！

的确，通读《洛神赋》全篇，你便会明白，曹子建才高八斗，名不虚传。

《洛神赋》原名叫《感鄄赋》，一般认为此赋是曹植被封鄄城时所作。

那么鄄城又在哪里呢？曹植时期的鄄城在今天山东省菏泽市下属的鄄城县北，这里或许就是曹植写就《洛神赋》的地方。

鄄城的“鄄”读音为“juàn”，甄皇后的“甄”读音为“zhēn”，两个字在读音上没有联系，但是从偏旁部首上却有着天然联系，不知道鄄城读音的读者恐怕第一反应会读成“zhēn”，或许也正因为此，曹植的《洛神赋》就被打上了三角恋的烙印，因为他有一位嫂子正好姓甄，而且是传说中的三国美女。

曹丕，曹植，甄皇后，因为一篇《洛神赋》就被后世演绎成了经典的三角恋，想想确实有卖点，一位是曹魏开国皇帝，一位是才高八斗的曹魏亲王，一位是传说中蕙质兰心的三国美女，这个三角组合堪比《甄嬛传》里那场三角恋，怪不得后世的人对这一疑似三角恋津津乐道，流连忘返。

曹丕、曹植、甄皇后真的存在三角关系吗？

我们不妨来看看他们的经历，看看他们的生活到底有多少交集。

曹丕出生于公元 187 年，曹植出生于公元 192 年，加上曹彰、曹熊，他们四人均是曹操的嫡妻卞皇后所生，关于曹操霸业的继承权，从一开始就锁定了这四个人。

四人中，曹熊早薨，曹彰勇猛有余，智谋不足，被曹操早早排除在外，数来数去，能够竞争曹家霸业继承权的只有曹丕和曹植。

《三国志·曹冲传》中曾经有过这样的记载，当巧用浮力原理称象的曹冲夭折之后，曹丕把这个悲痛的消息通报给曹操，没想到曹操却对曹丕说了一句：此我之不幸，而汝曹之幸也。意思是说，曹冲夭折，是我做父亲的不幸，而对于你们来说，恐怕却是一件好事。言外之意，要是曹冲活着，以后我将传位于他，也就没你们什么事了。

曹操是否真的说过这句话？即便说过这句话是否意味着曹操原本中意的是曹冲呢？

在我看来，要么曹操根本没有说过这样的话，要么只是拿这样的话敲打曹丕，“立嫡立长”的原则早已根深蒂固，难道曹操会别出心裁去“立贤”吗？况且曹冲留下的事迹只能说明他是一个早慧的儿童，至于长大如何，其实很难说，小时了了，大未必佳！

无论立嫡，还是立长，早慧的曹冲都不是曹丕和曹植的对手，曹操说出那样的话，或许只是心痛，或许只是为了敲打曹丕。

四个嫡子中已经排除了两个，剩下就是曹丕与曹植的正面 PK。

在这场PK中，曹植本来是有机会的。

建安十五年，也就是公元210年，这一年曹丕23岁，曹植18岁，这一年，曹操在邺城新建铜雀台。铜雀台落成之后，曹操率领大臣们以及儿子们登临铜雀台，一身文学细胞的曹操兴致大发，命曹丕、曹植各自为赋。曹植援笔立成：

从明后而嬉游兮，登层台以娱情。见太府之广开兮，观圣德之所营。建高门之嵯峨兮，浮双阙乎太清。立中天之华观兮，连飞阁乎西城。临漳水之长流兮，望园果之滋荣。仰春风之和穆兮，听百鸟之悲鸣。天云垣其既立兮，家愿得而获逞。扬仁化于宇内兮，尽肃恭于上京。惟桓文之为盛兮，岂足方乎圣明！休矣美矣，惠泽远扬。翼佐我皇家兮，宁彼四方。同天地之规量兮，齐日月之晖光。永贵尊而无极兮，等年寿于东王。

译文：

我跟随父王快乐地四处游览，登上了铜雀台来娱乐心情。
我见到四周宏伟高峻的宫殿，见到父王以贤德苦心谋营。
建起铜雀台的高殿巍然耸立，两侧的望楼像浮游在天顶。
我站在冲入云霄的华美台观，高高的阁楼西面连着北城。
临近看着彰河的水缓缓流动，远远望见园中的果树繁茂。
迎面徐来的春风柔软而舒服，耳边是鸟儿不绝的叫鸣声。
帝王不朽的功业早已经成就，曹家得偿所愿，何其称心。
弘扬仁厚的恩德以泽被天下，对许昌的天子要毕恭毕敬。
齐桓、晋文开创了太平盛世，又哪里比得上父王的圣明？
多么吉祥，何其美妙！恩泽惠及远方的黎民百姓。
尽心辅佐我汉室的朝廷社稷，使四方永享安宁。
恢宏的气度能与天地相媲美，无私的品德像日月的辉光。
愿父王永享无穷无尽的尊贵，有如东王公一样年寿无疆。

曹植的《登台赋》成，曹操看后大为高兴，他知道这个儿子有文采，没想到竟然到了如此程度，对曹植更加刮目相看。

在曹植之后，曹丕也写出了一篇《登台赋》：

登高台以骋望，好灵雀之丽娴。飞阁崛其特起，层楼俨以承天。步逍遥以容与，聊游目于西山。溪谷纡以交错，草木郁其相连。风飘飘而吹衣，鸟飞鸣而过前。申踌躇以周览，临城隅之通川。

尽管从意境和华美程度来看，也算不错的作品，只可惜有曹植珠玉在前，曹丕心有不愤，却只能甘拜下风。

兄弟二人的争夺从此拉开了帷幕，建安十六年（211年），曹丕出任五官中郎将，副丞相，曹植被封为平原侯，从职位上看，曹丕在上，但并不意味着曹植没有机会。

建安十九年（214年），曹操出征孙权，临行前，留下曹植镇守大本营邺城。曹操对曹植说了这样一句意味深长的话："吾昔为顿邱令，年二十三。思此时所行，无悔于今。今汝年亦二十三矣，可不勉与！"

这句话可以理解成一句普普通通勉励的话，也可以理解成暗含玄机的话，总之此时的曹操，态度是游移的，曹丕还是曹植，在他的心里还没有准谱。

如果事态一直如是发展，或许曹魏的开国皇帝就会变成曹植，而不是曹丕，然而，世间的风云注定是变幻的，一度领先曹丕一个身位的曹植还是被曹丕超过了。

性格决定命运，曹植和曹丕的性格决定了他们的人生走向。

曹丕御之以术矫情自饰，曹植任性而行，不自凋励，饮酒不节；曹丕很修边幅，曹植却不修边幅。

不可随处小便，小处不可随便，曹植做到了前者，却没有做到后者，因此也就注定在这场继承权的博弈中，他要以失败告终。

建安二十二年（217年），这一年曹丕30岁，曹植25岁，而立之年的曹丕终于得偿所愿，被曹操立为太子。据说在立曹丕为太子之前，曹操曾经命擅长相面的高元吕为曹丕相过面。

曹操问："如何？"

高元吕曰："其贵乃不可言。"

曹操问："寿几何？"

元吕曰："其寿，至四十当有小苦，过是无忧也。"

曹操闻言，放下心来，看来曹丕四十岁时会遇到一道坎，过了这道坎，也就没事了，把魏国托付给他，可谓托付对人了。

曹操没有想到，高元吕的话其实是一句活话，一句可以有多种理解的话。

“至四十当有小苦，过是无忧也”，过了，无忧，如果没过呢？

曹丕得立为太子，曹植这个同台竞争者就成了落寞的失意者。

即便到这个时候，曹植也并非完全没有机会，只要曹操还健在，只要曹丕还只是太子，曹植未必没有翻盘的机会，然而，遗憾的是，理论上存在的翻盘机会也被曹植浪费了。

一次酒醉之后，他居然“乘车行驰道中，开司马门出”。

“乘车行驰道中，开司马门出”，这是皇帝才有的权力，连曹操这样的权臣都不会侵犯皇帝的权力，酒醉的曹植却侵犯了。

在这之后，曹植还有一次机会。

建安二十四年（219 年），蜀汉大将关羽围困曹仁，曹操任命曹植为南中郎将，代理征虏将军，打算派他率军救援曹仁。然而等到曹操命人召唤曹植前来受命时，曹植却迟迟没有来，为什么呢？因为喝醉了！

跟谁喝的呢？以饯行名义招待他喝酒的曹丕！此时纵使曹植浑身是嘴也说不清楚，曹丕只是饯行而已，谁让你喝多呢？你不喝，难道人家还硬灌你不成？

有了这次经历，曹操对这个儿子彻底失望了，看来文采和政治素质是完全不搭界的两回事，一个人可以是文坛巨匠，同时也可能是政坛低能儿，曹植就是其中的典型代表。

从建安十五年开始，到建安二十二年结束，曹丕与曹植的兄弟之争历时七年，曹丕最后胜出，曹植只能无奈接受这个无言的结局。从曹丕得立太子开始，曹植一生的悲剧就此埋下伏笔。

古往今来，在争位的斗争中从来没有并列第一，也注定不会有兄弟你好我好的结局，兄弟不再是兄弟，而是天敌。

曹丕得立太子三年之后，也就是公元 220 年，“治世能臣，乱世枭雄”的曹操去世了，33 岁的曹丕正式踢开汉献帝，开创魏国，登基称帝，史称魏文帝。

等待曹植的又会是什么呢？除了被打压，还是被打压。

曹丕即位之后，马上秋后算账，曾经辅佐过曹植的丁仪、丁廙被诛杀，受二人牵连，丁氏一门男丁全部被诛杀。

处理完曹植身边的人，就轮到了曹植本人，此时曹植还是临淄侯，按照规定，应该到自己的封地报到了，然而曹植却去不了临淄。

他被弹劾了！

负责监察的官员灌均揣测曹丕意图，弹劾曹植“醉酒悖慢，劫胁使者”，按律应当问罪。

欲加之罪，何患无辞！

此时曹丕倒是出来装好人，发了一道富有人情味的诏书：

> 植，朕之同母弟。朕于天下无所不容，而况植乎？骨肉之亲，舍而不诛，其改封植。

临淄侯别当了，当安乡侯吧！

临淄在今天的山东淄博，安乡在今天的湖南常德，到现在为止，两地的发展依然存在差距，况且三国乎？

曹植的安乡侯并没有当多久，一年后他就被改封为鄄城侯，不过相比于众多兄弟，曹植还是高兴不起来，其他兄弟已经被封为公了，而他仅仅是一个侯。

又过了一年，曹植总算跟兄弟们平起平坐了，他们集体被封为王，曹植由鄄城侯变成鄄城王。

然而，曹魏帝国的王只是一个虚名，一个身份的象征而已。

曹植虽然贵为王，可是他的手下比他还横，有保安官，有监国礼宾官，这些官不是来伺候他，而是来监视他的。严格意义上来说，人家才是一把手，曹植在自己的封国内只是有一个王的头衔而已。

至于手下的士兵，满打满算只有二百来人，基本都是曹丕淘汰下来的老弱病残，以这些人为班底开个老年运动会是可以的，想用这个班底造反甚至打天下，那就是痴人说梦了。

即便曹植已经被管制到如此程度，曹丕以及继任的曹叡对他还是不放心。

公元 223 年，曹植由鄄城王改封雍丘王，搬家吧！

公元 227 年，曹植由雍丘王改封浚仪王，再搬！

公元 228 年，曹植由浚仪王改封雍丘王，搬回去！

公元 229 年，曹植由雍丘王改封东阿王，接着搬！

公元 232 年，曹植由东阿王改封陈王，再搬！

从曹丕即位的 220 年算起，曹植在 12 年里封号前后变动了多次。

从临淄侯到安乡侯，从安乡侯鄄城侯，从鄄城侯到鄄城王，从鄄城王到雍丘王，从雍丘王到浚仪王，从浚仪王再到雍丘王，从雍丘王到东阿王，从东阿王到陈王，短短的12年，称谓换了八次，搬家搬了多次。

在这12年里，曹植不是没有向曹丕表示过忠心，《洛神赋》里写的是洛神，寄托的是曹植对于君王的希望，只可惜，清风不似明月恒，明月不与清风行，曾经的夺位之争令曹丕终生难忘，怎会给曹植翻盘的机会？

然而兄弟争来斗去又有何用，他们终究跳不出那个圈。

公元225年十二月，南征无功而返的曹丕率军北返，途中专门祭奠了东汉已故太尉桥玄，桥玄便是当年预言曹操"治世之能臣，乱世之枭雄"的那位。曹丕专门祭奠，或许是感念桥玄预言之准吧。

公元226年正月，曹丕原计划回许昌，然而就在他回许昌之前，许昌发生了一件怪事，许昌城南门居然无缘无故地崩塌了，这意味着什么呢？

莫非？

不回许昌了，还是去洛阳吧！

然而该来的，终究躲不过。这一年夏天五月十七日，曹丕的生命走到了尽头。

这一年他39岁，按照相面先生的说法，40岁那道坎如果过去了，就没事了，可惜没有过去。

屈指算来，他在位满打满算只有六年。

在曹丕死后，他的儿子曹叡继承了皇位。曹植以为这将是一次转机，然而遗憾的是，侄子曹叡依然不买他的账，在曹叡那里，曹植得到的待遇与曹丕在位时一样：狗不理！而且由于曹植以前有过错，他的待遇比别的亲王都要减少一半。

曹植最后一次努力出现在公元231年，这一年他再次给皇帝曹叡上书，恳请曹叡改善皇族之间的关系。曹叡答应了，诏书写得也很感人，然而一切仅仅是说说而已。

公元232年，曹植生命中的最后一年，这一年他前往洛阳准备面见皇帝曹叡，再次为自己争取机会。然而所有的努力都化为泡影，他一心想与皇帝侄子单独面谈，然而侄子始终没有给他单独面谈的机会。

哀莫大于心死，自此，曹植的心死了！

心都死了，身体只是一个躯壳。

这一年十一月二十八日，才高八斗的曹子建心有不甘地闭上了眼睛，享年40岁，比他的哥哥曹丕多活一岁。

在他的身后，他的侄子曹叡赐他谥号为"思"。谥法中，追悔前过曰思，显然，在曹丕曹叡父子那里，曹植注定是一个有污点的人，即使盖棺论定，谥号也只能为“思”。

曹丕驾崩了，曹植作古了，兄弟俩关于皇权的三角恋结束了，该说说他俩关于甄皇后的三角恋了。

关于皇权的三角恋见于正史，关于甄皇后的三角恋则见于民间传说。

甄皇后是一个怎样的人呢？是何等一个女子能与曹氏兄弟撑得起三角恋呢？

甄皇后，真名在《三国志》里没有提及，有人说她叫甄洛，有人说她叫甄宓，这两个名字都与《洛神赋》有关，很有可能是后人牵强附会的。

不过为了叙述方便，我们还是叫她甄洛吧！

甄洛，中山无极人，也就是今天的河北无极人。据《三国志》记载，少而聪慧，好读书，天下兵乱时有过劝说父母开仓赈济百姓的义举。

长大后，甄洛有了第一次婚姻，丈夫是袁绍的第二个儿子袁熙。如果历史就此发展，史上便没有甄皇后，而只有老袁家的二儿媳妇。

建安九年，公元 204 年，变故发生了，曹操统军攻破了袁绍的大本营邺城，袁家就此败落，甄洛却迎来了一生的转机。这一年，曹丕 17 岁，在邺城他遇到了让他神魂颠倒的甄洛，这一年，甄洛 22 岁。

在那个年代，娶结过婚的女子并不是什么丢人的事，曹操也不介意，做主为曹丕娶了甄洛，这样甄洛就有了成为皇后的机会。

甄洛二婚以后，先后为曹丕生下了后来成为皇帝的曹叡和东乡公主，从曹叡后来成为皇帝来看，曹丕对甄洛应该是宠爱不减的，然而事实却并非如此。

《三国志》里对曹丕与甄洛的感情没有过多描写，但可以推测，最初几年，曹丕与甄洛的感情还是不错的，随着后来成为郭太后的郭氏介入，两人的感情便逐渐淡了下来。

建安二十二年（217 年），曹丕被立为魏国太子，郭氏成为夫人，从此郭氏牢牢把握住了曹丕的恩宠，而年过三十的甄洛开始走下坡路了。

公元 220 年，曹丕称帝，并迁都洛阳，本来应该一起享受胜利果实的甄洛却被留在了邺城。当曹丕在洛阳的百花丛中嬉戏的时候，38 岁的甄洛会作何感想？

哀怨，除了哀怨，还是哀怨。

对于女人来说，哀怨本来是女人天然的权力，甄洛也是女人，她也有哀怨的权力。只是甄洛不是普通的女人，她是当朝皇帝的女人。

谁的女人都可以哀怨，皇帝的女人不可以！

公元221年，就在曹丕称帝后一年，有人告密说，身在邺城的甄洛因为不能与皇帝见面，口有怨言。

换作平常夫妻，身为丈夫的曹丕必定会想方设法回到甄洛身边，用甜言蜜语进行安抚，可惜，他们不是平常夫妻。

甄洛等来的不是曹丕的安抚，却等来了一个万劫不复的结局：赐死！

让你有怨言！

生于公元182年，死于公元221年，给后世留下难解谜团的三国美女就这样走完了自己的人生路，享年39岁。巧合的是，五年后，曹丕去世，享年也是39岁。

据说甄洛下葬时，头发盖面，用糠塞口，意思是让她即使到了阴间也无脸见人，即使有怨，也无法诉说。

一个字，惨！

究竟什么人告密，要把甄洛害得这么惨？

矛头指向后来成为郭太后的郭氏。

据说郭氏向曹丕告密的还不只这些，她甚至还告诉曹丕一个惊人的消息：曹叡可能不是他的儿子。

不是曹丕的，还能是谁的？

可能是袁熙的遗腹子！

郭氏说，虽然我也不太相信，但传出去毕竟不好。话就说到这个份儿上，怎么办，曹丕自己看着办。

曹叡究竟是不是曹丕的亲骨肉呢？应该是！

如果曹叡不是曹丕的亲骨肉，而是袁熙的遗腹子，那么在曹丕临终时就不会指定曹叡为太子，毕竟那个时候他还有其他儿子在，假如曹叡不是亲生，那么他必定不会有成为太子的机会。由此看来，曹叡不是曹丕的亲骨肉是造谣，怪只怪，曹丕和甄洛太神速了，公元204年结婚，公元204年年底或者205年年初，曹叡就出生了。

有时候，效率太高，居然不是一件好事！

或许令甄洛感到安慰的是，在她死后五年，她被自己的儿子曹叡追封为“文昭皇后”，生前没有得到的，死后终于得到了。

在她死后的第14年，她的儿子曹叡让郭太后付出了代价，在曹叡的逼迫下，郭太后郁郁而死，据说死前喝下了与甄洛一样的毒药。

在郭太后下葬时，同样以发盖面，以糠塞口，她曾经加之于人的，现在全被还了回来！

甄洛的一生便是如此，那么她与才高八斗的曹植究竟有没有情感交集呢？

基本不可能有！

建安九年，当曹丕初遇甄洛时，甄洛 22 岁，曹丕 17 岁，曹植 12 岁，曹植与甄洛整整差了 10 岁。

或许 12 岁的懵懂少年曹植也会像哥哥曹丕那样，看到甄洛惊为天人，但即使有，也只是懵懂少年朦胧的情感，那时正得宠的甄洛怎会将目光从曹丕身上转到曹植身上？

从建安十五年开始，曹植与曹丕就展开了激烈的夺位战争，他还有精力与甄洛眉来眼去吗？

等到建安二十二年，30 岁的曹丕得立太子，曹植 25 岁，而甄洛已经 35 岁了。

或许有人会说，甄洛有文采，曹植才高八斗，而曹植此时落寞，甄洛也正处于失宠之中，两人或许会产生情感的火花。

情感上的感同身受或许有，然而并没有进一步发展的可能。

退一步讲，即便曹植与甄洛有情感交流，他也不会用《洛神赋》来怀旧，因为那就不仅仅是一篇赋，而是一篇战斗檄文。

若曹植与甄洛真的有私情，那么《洛神赋》问世，就是一顶硕大的绿帽子，向皇帝曹丕兜头扣去！

曹植敢吗？他不敢！

因为他知道哥哥曹丕的手段。

根据《洛神赋》里的文字，《洛神赋》写于公元 222 年，如果《洛神赋》真的是对甄洛的怀念，那么曹植的结局会是什么样的呢？

可以提供的一个对照是，公元 223 年，曹植一母所出的哥哥曹彰在洛阳暴薨，有人说是曹彰气性太大把自己给气死的，也有人说是死于曹丕之手，《三国志》里只是以“朝京都，疾薨于邸”一笔带过，没有人知道究竟发生了什么。

如果曹植《洛神赋》里藏着秘密，那么曹植的结局不会比曹彰更好。

曹丕，曹植，甄洛，历久不衰的话题人物，如果说他们之间有缘分，或许只能从他们的结局中找一点联系。

甄洛，公元221年被赐死，享年39岁；

曹丕，公元226年病逝，享年39岁；

曹植，公元232年病逝，享年40年。

三个话题人物，三个让人唏嘘的结局，40岁对于他们的人生都是一道坎，甄洛和曹丕终究没有跨过去，而曹植，跨过了，却又摔倒了！

『洛阳纸贵』背后的故事

在曹植写就千古名篇《洛神赋》的数十年后，有一位貌不惊人甚至有些丑的人也写出了传世经典，由于文章过于经典，当地的贵族富商争相抄写传诵，由于抄写的数量太多，当地的纸张供不应求，于是便出现了纸张价格飞涨的局面，这就是“洛阳纸贵”。

造成“洛阳纸贵”的人叫左思，字太冲，这是一个有故事的人。

与他同时代的有很多名人，最有名的一个叫潘岳，字安仁，“貌比潘安，才比子建”，“潘安”说的就是潘岳，“子建”说的是曹植。

同时代的才子潘岳是个美男子，如果跟潘岳相比，左思是没脸见人的。

关于潘岳，有这样的文字记载：少时常挟弹出洛阳道，妇人遇之者，皆连手萦绕，投之以果，遂满车而归。与夏侯湛友善，常出门同车共行，京城谓之“连璧”。

潘岳在当时属于绝对的偶像派，到哪里都有追星族，也难怪，谁不喜欢看上去很美的东西呢?

与潘岳相比，左思就有些惨了。他貌寝口讷，长得丑不说，还有些笨嘴拙舌，不过他也有一颗躁动的心。

看着潘岳郊游的潇洒，左思也想效仿一下，没想到却收到了出人意料的效果：群妪齐共乱唾之，左思委顿而返。

迎接潘岳的是鲜果，迎接左思的是唾沫，由此注定，左思这辈子都不是一个靠脸吃饭的人。

与左思同病相怜的还有一个文坛名人，这个人就是与他们同时代的张载。对比左思的遭遇，张载也好不到哪儿去。《晋书》记载：张载甚丑，每行，小儿以瓦石掷之，委顿而返。

也能理解，如果张载不赶快回家，必定会有人问他的妈妈：大姐，你的猴儿在哪儿买的？

太伤自尊了！

左思也是名门之后，祖上可以追溯到齐国的公族，齐国的公族有左右公子之分，左公子一门后来就以“左”为姓，左思的祖上就是这样姓了“左”。

到了左思父亲左雍这一代，家族已经一穷二白了，左雍本人从小吏做起，凭借自己的能力做到了殿中侍御史。殿中侍御史是主管监察风纪的官员，在那时算一个不大不小的官，跟出身士族的高官相比，根本算不上一个官。

左思便是在这样的家庭长大，小时候的左思也没有给这个家庭带来眼前一亮的惊喜。

左思小时候学习过钟繇、胡昭的书法，还学过鼓琴，无论是书法还是鼓琴，左思一样都没有学成。父亲左雍对着朋友叹息道：“左思这孩子的学习和理解能力，连我小时候都不如！”

左雍没有想到，他的一声叹息居然改变了儿子左思的一生。

在左雍的叹息声中，左思深受刺激，从此发奋勤学，学识由此突飞猛进。

左思是一个怪才，一般来说，会写的一般都会说，而左思不是一般人，他会写，但不太会说，《晋书》上说他“口讷，而辞藻壮丽”。这一点与司马相如有些相似，司马相如笔下的赋华丽无比，而他本人居然还有些口吃。

貌丑口讷的左思是孤独的，也是孤傲的，他不愿意与人交游，只喜欢自己闲居，而这种闲居的生活给了他很大的创作空间，不久他走出了人生的关键第一步。

左思的家乡是现在的山东临淄，临淄曾是齐国的都城，生于斯长于斯的左思对家乡充满了感情，他用了整整一年，写成了《齐都赋》，这是左思人生的关键一步。

写完《齐都赋》，左思的心思动了，他已经不满足于仅仅写一个齐都，他想写得更多，他把目光投向了三国时的三座都城：魏都、蜀都、吴都。张衡做过《两京赋》，班固做过《两都赋》，现在左思想写《三都赋》。

然而写《三都赋》谈何容易，在那个“交通基本靠走，沟通基本靠吼”的年代，资料的收集就是很大的问题。仅仅在临淄这个地方，资料是不够的，想要收集更多的资料，还需要去大城市。

巧合的是，就在这时，左思有了去大城市的机会，他的妹妹左棻因文采出众被晋武帝司马炎选入宫中，左思就借着送妹妹入宫的机会到了中国最大的城市——洛阳。

为了收集资料，左思拜访了著作郎张载，著作郎便是负责监修国史的官员，张载就是上街被小孩扔石子的那位。左思从张载那里获得了很多关于蜀都的资料，这为他日后写就《三都赋》打下了基础。

仅仅从张载那里获得资料还是不够的，左思又千方百计地获得了秘书郎的职位，左思并非贪图这个职位，而是因为秘书郎这个职位可以看到更多的资料，这正是他所需要的。

此后的十年里，左思开始了漫长的创作，这十年是左思生命中最重要的十年，也是奠定他千古盛名的十年。他不是一个文思泉涌的人，也不是曹植那种援笔立成的人，他是一个文思相对缓慢的人。基于此，他在家中到处都放上了纸和笔，无论何时何地，只要偶有所得便火速记下，无论是在饭桌上，还是在厕所里，这十年，左思便是如此度过。

对于左思写《三都赋》，很多人是有不同想法的，当时已经享有盛名的陆机曾经不以为然地对兄弟陆云说：“听说这里有个北方佬想写《三都赋》，让他写吧，估计他写好了我能拿来盖酒坛子！”

我手写我口，人岂能拘牵！

左思不管别人的议论，这十年里，他一直在努力。

如果用一天画一幅画，恐怕十年卖不出；

如果用十年画一幅画，不出一天就能卖出。

文思相对缓慢的左思用了十年，写成了《三都赋》。

然而《三都赋》写成之日，只是完成了一小步，貌丑口讷的左思在文坛上并无地位，尽管他自问《三都赋》不次于《两京赋》《两都赋》，然而酒香在深巷，又有谁人知呢？

还是去找名人吧，有名人的推荐，必定事半功倍。

这一步，左思走对了！

左思先去拜访了享有盛誉的皇甫谧，皇甫谧看后大加赞赏，在左思的请求下，皇甫谧欣然提笔，为《三都赋》写了序。

接着貌丑被小孩扔石子的张载为《魏都赋》做了注解，刘逵为《吴都赋》《蜀都赋》做了注解，陈留卫权又为左思的《三都赋》作了《略解》。

这四位都是当朝名士。

接下来，当时最大的名士说话了，这个人就是位列三公的司空张华。

张华看了《三都赋》之后叹曰："班张之流也。使读之者尽而有余，久而更新。"

由此，左思站在了巨人的肩膀上，张华、张载这些当朝名士都为他倾力推荐，《三都赋》想不红都不行！

豪贵之家竞相传写，洛阳为之纸贵。

曾经嘲笑过左思的陆机也看到了左思写就的《三都赋》，同样赞叹不已，其实在他嘲笑左思时他也在酝酿写《三都赋》，现在左思的《三都赋》已经洛阳纸贵，陆机自觉无法超越，他的《三都赋》写到中途，就此搁笔。

后来权臣贾谧出任秘书监，邀请左思讲授《汉书》，左思欣然前往，与潘岳、刘琨、陆机等当朝名人一起成为权臣贾谧的座上宾，史称"二十四友"。

然而"二十四友"的日子是短暂的，很快就到了"八王之乱"。

"八王之乱"中，贾谧被诛，二十四友作鸟兽散，左思退居洛阳宜春里，专意典籍。

即便没有"八王之乱"，即便权臣贾谧一直健在，左思在这个社会中也是无法称心如意的。即便他已经写就令洛阳纸贵的《三都赋》，但他不是士族，因此便注定他只能在官场的底层生活。尽管他的妹妹左棻入宫陪伴皇帝司马炎，然而左棻始终没有得到皇帝的恩宠，只是在皇帝的一干嫔妃中充个数，也就注定左思无法"兄以妹贵"了。

上品无寒门，下品无士族，在这样一个壁垒森严的社会体系中，自认有盖天之才的左思也只能彷徨无奈了。

在彷徨中，左思开始写诗，把他对现实的不满都倾注在诗中，于是就留下了经典的左思《咏史》。

在《咏史》的第二首中，左思是这样写的：

郁郁涧底松，离离山上苗。
以彼径寸茎，荫此百尺条。
世胄蹑高位，英俊沉下僚。
地势使之然，由来非一朝。
金张藉旧业，七叶珥汉貂。
冯公岂不伟，白首不见招。

这首诗以“涧底松”与“山上苗”为喻，用比兴的手法抨击晋代的门阀制度，由此倾诉怀才不遇、报国无门的愤懑。“世胄蹑高位，英俊沉下僚”不合理，却根深蒂固，如同汉代的金日磾（音 dī）、张汤的世居高位，而与他们对应的是白发苍苍的冯唐屈于郎署，沉于下僚。

左思《咏史》的第六首也非常经典：

荆轲饮燕市，酒酣气益震。
哀歌和渐离，谓若傍无人。
虽无壮士节，与世亦殊伦。
高眄邈四海，豪右何足陈？
贵者虽自贵，视之若埃尘。
贱者虽自贱，重之若千钧。

“贵者虽自贵，视之若埃尘。贱者虽自贱，重之若千钧。”左思对门阀制度的轻蔑以及自身的傲骨跃然纸上。

如果说《三都赋》让左思名噪一时，那么《咏史》便让左思名垂千古，《文心雕龙·才略》中评曰：“左思奇才，业深覃思，尽锐于《三都》，拔萃于《咏史》，无遗力矣。”

左思退居宜春里的日子里，也还有做官的机会，齐王司马冏征召他出任自己的记室督（负责章表书记的官员），左思以有病为由拒绝了。

在左思看来，“达则兼济天下，穷则独善其身”，太平时代尚不能为上所用，天下丧乱时，更应该独善其身。

果不出左思所料，两年后，齐王司马冏兵败被杀，暴尸三日，同党皆夷三族，死者两千余人，如果左思当初应召，此时“囧”的就不仅仅是司马冏了！

数年后，举家搬迁到冀州的左思因病逝世，从此世间只有《三都赋》《咏史》，再无左思。

后世的谢灵运说：“左太冲诗，潘安仁诗，古今难比。”

《文心雕龙·明诗》篇说：“晋世群才，稍入轻绮。张、潘、左、陆，比肩诗衡。”

钟嵘在《诗品》中列左思于上品，称之为“左思风力”。

当代有学者说：“如果把‘太康之英’的桂冠从陆机头上摘下来戴在左思头上，看来也是比较公允的。”

风流去，俱往矣！

当『金屋藏娇』遭遇『未央宫奇迹』

曹植的《洛神赋》，左思的《三都赋》，都堪称千古经典。

在他们之前，还有一个写赋的高手，这个人的名字叫司马相如。司马相如与左思有些相似，左思口讷，司马相如口吃，不过司马相如长的应该是一表人才，要不然卓文君也不会跟他私奔，一起去过当垆卖酒的日子。

司马相如在后世留有盛名，主要还是因为他的赋，他写过《子虚赋》《长林赋》，据说还写过《长门赋》。

《长门赋》是为谁而写的呢？据说是为了汉武帝的皇后陈阿娇所写。

陈阿娇，成语“金屋藏娇”的女主角，汉武帝刘彻，则是“金屋藏娇”的男主角。

“金屋藏娇”的典故来自班固编撰的《汉武故事》：

> 胶东王（刘彻）数岁，公主抱置膝上，问曰：“儿欲得妇否？”长主指左右长御百余人，皆云“不用”。指其女曰：“阿娇好否？”笑对曰：“好，若得阿娇作妇，当作金屋贮之。”长主大悦。乃苦要上，遂成婚焉。

这便是金屋藏娇的由来。

“金屋藏娇”作为一个成语大家耳熟能详，然而又有谁知道“金屋藏娇”背后的政治交易。看似儿童的无心之语，隐藏着汉宫深处的层层杀机。

一切的源头还得从汉武帝的姥姥臧儿说起。

臧儿，不是一般人，燕王臧荼的孙女，不仅出身不一般，做事的风格也很不一般。臧儿先嫁给了王仲，生下了两个女儿和一个儿子。王仲死后，臧儿又嫁到了田家，生下了后世有名的田蚡、田胜。

许多年过去了，臧儿在王家生下的大女儿出嫁了，嫁到了一户人家，女婿叫金王孙。大女儿结婚之后，生下了一个女儿叫金俗，臧儿就升级当了姥姥。

如果臧姥姥就此安于现状，那么世上就没有汉武帝刘彻了，偏偏臧姥姥不是一个安于现状的人。

臧儿找到一个巫师，为自己的两个女儿算了一卦，一看卦辞，臧儿惊呆了，卦辞显示：两个女儿都贵不可言！

贵不可言？如何才能贵不可言？

当然是跟皇家攀上亲戚。

臧儿一盘算，把女儿送给当时的皇帝刘恒是不现实的，人家已经有太子刘启了，去了即便能生下皇子也注定斗不过刘启，显然送给皇帝刘恒这条路走不通。

如果把女儿送给太子刘启呢？刘启是太子，是未来的皇帝，如果女儿为刘启生下儿子，那么至少能成为皇帝身边的女人，运气好的话，还能成为皇后，这就是卦辞上说的贵不可言吧。

这条路，我看行！

铁了心求富贵的臧儿做出了一个让大女儿、大女婿瞠目结舌的决定：离婚，送大女儿入太子宫！

女婿金王孙对这个决定哭笑不得，老太太真是想富贵想疯了，怎么能让自己的女儿离婚然后再入太子宫中呢？即使自己答应，人家太子刘启答应吗？

臧儿不跟金王孙一般见识，也不跟他啰唆，义无反顾地将大女儿从金家接了出来，转身送进了太子刘启的太子宫中。

很多人也许会疑惑，太子刘启难道不嫌弃王家大女儿的二婚身份吗？

在那个年代，二婚根本不算个事！汉文帝刘恒的母亲薄姬也经历过两次婚姻，薄姬原本是魏王魏豹的妻妾，魏豹败亡之后，薄姬被刘邦召入宫中，后来生下代王刘恒，也就是后来的汉文帝。

现在臧儿的大女儿王氏也进入了太子刘启的宫中，成为王夫人，幸运的是，她真的受到了刘启的宠幸，而且怀孕了。

在得知怀孕之后，王夫人仔细回忆了怀孕前后的经历，然后对太子刘启说，我梦见太阳扑入我的怀中。刘启闻言，很是高兴，随即说道："此贵征也。"

不久，皇帝刘恒驾崩，太子刘启即位，这就是历史上的汉景帝。

在汉景帝刘启登基后不久，王夫人生下了一个男孩，这个男孩就是后来的汉武大帝刘彻。

刘彻本来没有成为汉武大帝的机会，他的机会得来是因为一次很失败的求婚。

发起求婚的是刘彻的姑妈长公主刘嫖，刘嫖求婚的对象是太子刘荣。

刘启的皇后薄皇后没有为刘启生下皇子，刘启便立庶长子刘荣为太子，王夫人生的刘彻为胶东王，长公主刘嫖为女儿的求婚对象就是太子刘荣。

当长公主刘嫖把求婚的要求传递给刘荣的生母栗姬时，却遭遇了栗姬的冷脸。在栗姬心中，儿子已经是太子，将来自己就是皇太后，此时的她不需要把刘嫖这个长公主放在眼里。再说，自己最烦的就是这个刘嫖，不仅作风不检点，还拼命给皇帝刘启介绍美女，身为长公主，却还当着皇帝弟弟的皮条客，无耻！

热脸贴冷屁股的滋味，刘嫖从来不知道，现在她知道了。

既然太子不成，退而求其次，皇子也成，这时刘嫖把目光锁定在胶东王刘彻的身上。

当刘嫖将求婚的要求提给刘彻的生母王夫人时，王夫人热烈回应了，她的热情与栗姬的冷漠形成了鲜明的对比，这让刘嫖心中宽慰了不少，行，就是胶东王刘彻了！

我们不知道"金屋藏娇"发生在这次求婚之前还是之后，如果是发生在求婚之前，那么或许正是这次"金屋藏娇"让刘嫖把目光锁定了刘彻，刘彻的孩提之语改变了自己的一生；如果这一切发生在两个大人的密谋之后，那么"金屋藏娇"坚定了刘嫖的信念。总之，金屋藏娇在当时只是刘彻的孩提之语，却在不经意间改变了刘彻的一生。

刘彻、王夫人、刘嫖，他们成了一条船上的乘客，他们一起把矛头对准了太子刘荣和刘荣的母亲栗姬。

栗姬是愚蠢的，她不知道太子既然可以立，当然也可以废，她大大低估了长公主刘嫖的能量。这位长公主在宫中的影响力非同小可，她既是皇帝刘启的姐姐，也是窦太后最宠爱的女儿，她既可以动用窦太后的影响力，也可以直接在弟弟刘启面前说一说宫廷中的家长里短。

从此，“胶东王刘彻”成为刘嫖与弟弟刘启经常谈及的话题，刘彻由此在父皇刘启的脑海中扎下了根。

与此同时，不利于栗姬的流言也正在宫廷中传播，刘启对栗姬的不满也在慢慢积累。

为了试探栗姬，刘启曾经一边看着孩子们，一边对栗姬说，希望我百年之后你能照顾好我所有的孩子。

栗姬没有应答，脸上有怒色，在她心中，刘荣是自己的唯一，至于皇帝与其他野女人生的孩子，与她何干？

皇帝刘启没有继续说话，在他心中，栗姬以前的美好形象消失殆尽了。

这个时候，富有心计的王夫人又往火堆里加了一把柴，她唆使大行（礼宾总监）给刘启上了一道奏折：子以母贵，母以子贵，今太子母号宜为皇后。

反作用！彻头彻尾的反作用！

刘启在盛怒之下将大行斩首，同时也在心中斩断了刘荣继续当皇太子的可能。

随后，太子刘荣被废黜，刘荣的母亲栗姬没有受到相应处罚，然而儿子被废，还有比这更大的处罚吗？

不久，栗姬恚恨而死。

凡事皆有因果，一切只因为那场失败的求婚，还有那句经典的“金屋藏娇”。

公元前 150 年四月二十九日，有志于“金屋藏娇”的刘彻被立为太子，他的哥哥前太子刘荣被改封为临江王了。两年后，刘荣连临江王都当不成了，他被控告侵占祖父文帝刘恒祭庙墙外的空地，在长安的监狱中自杀身亡。

一切都在朝着“金屋藏娇”的方向发展，九年后，也就是公元前 141 年，这一年正月，皇帝刘启在未央宫逝世，16 岁的刘彻登基称帝，这就是历史上的汉武大帝，他的皇后，自然就是“金屋藏娇”的女主角陈阿娇。

登基这一年，刘彻 16 岁，陈阿娇比他略大，两个年轻人一定在庆幸“金屋藏娇”成为现实，或许在新婚之夜也立下了永不分离的誓言。

然而誓言管用吗？

如果一个人在结婚时便想到离婚，这个人要么是个诗人，要么是个恶棍。

刘彻不是诗人，也不是恶棍，大婚之夜的他必定也没有想到离婚，也没有想到废黜皇后，毕竟这一切是何等的来之不易。

然而，所有的誓言都是脆弱的，尤其是皇帝与皇后之间的誓言，看似海誓山盟，实则一戳就破！

在“金屋藏娇”梦想成真之后，陈阿娇受到一个极大的困惑：无子！

婚后无子谁都发愁，尤其是皇后。

古往今来，皇后虽然尊贵，但也属于高危行业，世间人谁无子都可以，谁丁克都可以，唯独皇后不能无子，不能丁克。

偏偏陈阿娇就是婚后无子！

陈阿娇为什么没有给刘彻生下一男半女呢？

一种原因可能是陈阿娇身患某种不孕不育的疾病，在那个年代无法治愈；另外一种原因是因为她和刘彻是近亲结婚，陈阿娇的母亲刘嫖和刘彻的父亲刘启为同父同母所生，姑姑家的女儿嫁给舅舅家的儿子，如此近亲结婚，是不符合优生优育观念的。

从这个角度而言，“金屋藏娇”从一开始就埋下了悲剧的伏笔：因为他们是近亲！

遗憾的是，陈阿娇不仅无子，而且嫉妒，她想一直牢牢地把刘彻拴在身边，然而怎么可能呢？

“随心所欲”是皇帝的福利，现在，你不让他享受他应有的福利，换作任何男人都可能跟陈阿娇翻脸。

为了留住“金屋藏娇”的梦想，陈阿娇也曾努力过，她曾经给过医生九千万钱，希望医生能让她生下皇子。

该花的钱花了，该吃的药吃了，所有该做的都做了，陈阿娇的肚子依然没有反应。

前前后后一年多的时间，刘彻对陈阿娇有些厌烦了，宠爱渐渐衰退。

这时已经升格为皇太后的王夫人出来说话了，一语中的，点醒了自己的皇帝儿子：汝新即位，大臣未服，先为明堂，太皇太后已怒。今又忤长主，必重得罪。妇人性易悦耳，宜深慎之！

一句话，根基尚浅，还得借势。

经过王太后的点拨，刘彻对陈阿娇的宠爱又恢复了，只不过两人之间已经出现裂痕，再也无法恢复到当初的热度。

不久，随着另外一个女人的出现，刘彻与陈阿娇之间的裂痕再也无法修复了。

这个女人是谁呢？创造未央宫奇迹的卫子夫！

刘彻遇到卫子夫时，卫子夫正在刘彻的姐姐平阳公主府上当讴者。讴者，也就是歌女。

在平阳公主府上，平阳公主准备推荐给刘彻的美女有十几个，刘彻一个也没有看上。等到卫子夫出现时，刘彻眼前一亮，心中暗喜，十几个准备好的美女他都没有看上，偏偏看上了名单之外的卫子夫。

宴席上，因为有卫子夫，刘彻格外开心，这一切都被平阳公主看在眼里。她知道，弟弟刘彻属意卫子夫了。

很快，卫子夫的机会来了。

刘彻起身上了趟厕所，就是在厕所之中，刘彻与卫子夫情定今生。

别看厕所这两个字不雅，在汉代，贵族的厕所雅得很，贵族的厕所不仅大，而且装修豪华，非常讲究，上完厕所还要换身衣服。

卫子夫便是在伺候刘彻更衣时受到了刘彻的宠幸。

等刘彻与卫子夫一起红光满面走出厕所时，平阳公主已经洞悉了一切，兴致大发的刘彻随即赏赐平阳公主黄金千斤！

临走，刘彻什么也没有要，单单要走了卫子夫，卫子夫临上车时，平阳公主拊其背曰："行矣！强饭，勉之。即贵，无相忘！"

如此一来，卫子夫开始了属于自己的奇迹，而陈阿娇的"金屋藏娇"梦也到了破碎的边缘。

陈阿娇不是束手就擒的人，她拿出了女人的看家法宝"一哭二闹三上吊"，自杀了数次，都被救活了。即便如此，也没有挽回刘彻的心，在刘彻的心中，她已经不再是当初的阿娇了。

不久，卫子夫被封为夫人，未央宫奇迹走完了第一步。

陈阿娇的哭闹也不是没有效果，经过她的哭闹，刘彻对卫子夫还是疏远了起来，长达一年多的时间再也没有宠幸她，这让卫子夫原本火热的心渐渐冷了下来。

卫子夫入宫一年后，她与刘彻终于又相见了，刘彻是来清退后宫多余宫女的，此时看到了一年前入宫的卫子夫。

卫子夫两眼含泪，心中充满了委屈，既然你不喜欢我，你让我入宫做什么？既然在宫里受冷落，那么不如让我跟那些多余的宫女一起出宫，反正在这里我是多余的！

自古以来皇帝多是感性动物，刘彻也是感性的，经卫子夫如此一说，心里顿觉对不起她，由此对卫子夫开始宠幸起来。

卫子夫的肚子挺争气，不久，便怀上了"龙种"。

略有遗憾的是，卫子夫第一胎生的是个女孩，她为刘彻生下皇子还是几年后的事情。

一边是未央宫的奇迹正在发生，一边是“金屋藏娇”的梦正在破灭，此消彼长，事情终于到了需要了结的时候。

公元前130年，陈阿娇的梦碎了！

这一年，她迷上了巫蛊之术，她祭祀鬼神，使用咒语诅咒卫子夫，又学习媚术，希望能借此挽回刘彻已经冰冷的心。

对于皇后而言，媚术是可以学的，而“巫蛊”是不能碰的，诅咒更是皇家大忌，病急乱投医的陈阿娇已经顾不上了，她要拿回属于自己的东西，无论用何种方式。

陈阿娇所做的一切并没有挽回刘彻的心，反而把自己推进了万劫不复的深渊，这一年有人向刘彻做了汇报，陈阿娇的皇后之路走到了尽头！

爱到尽头，覆水难收，曾经海誓山盟的誓言抵挡不住现实的侵蚀。

愤怒的刘彻下令取消陈阿娇的皇后封号，收回皇后专用的大印，即日起囚禁于长门宫。此时距离“金屋藏娇”仅仅20年，距离陈阿娇登上皇后之位仅仅11年！

一个梦可以做多久，陈阿娇告诉你，20年！

在此之后，长公主刘嫖向自己的侄子皇帝刘彻下跪请求原谅。刘彻安慰姑姑说，虽然阿娇不再是皇后，但依然享受皇后待遇。

心死了，要待遇何用？

此时已非彼时，不知道此时的长公主刘嫖是否会为当初的举动感到后悔，如果一切可以重来，她还会选择这个“金屋藏娇”的侄子吗？

刘嫖没有放弃努力，据说她曾经以千金作为谢礼，邀请司马相如写了那篇经典的《长门赋》，以求再次叩开刘彻那深似大海的君王之心。

《长门赋》上说：《长门赋》成，刘彻被打动，陈阿娇重新获得信任，恩宠依旧！

这是一句安慰人的话，同时这又是一句暴露《长门赋》是伪作的话。《长门赋》并非出自司马相如之手，而是后人的托古伪作，只不过是借用陈阿娇的典故，又借用了司马相如的名头。

奇迹终究没有发生，“金屋藏娇”的阿娇最终还是在冷落的长门宫里了此残生。人在世上可以扮演很多角色，但是废后和废太子千万不要扮演，因为根本没有回收的价值。

数年后，那个曾经梦想成真的阿娇皇后在寂寞中死去，没有人注意她死去的准确时间，因为她已经是一个废后了。

从此世间已无陈阿娇，只留下“金屋藏娇”的典故任后人评说。

在陈阿娇梦碎的同时，卫子夫的未央宫奇迹还在继续，尽管陈阿娇被废时她还没有为刘彻生下皇子，但只要恩宠在，生下皇子只是时间的问题。

果不其然，在陈阿娇被废两年后，卫子夫为刘彻生下了一个男孩，这个男孩是刘彻的第一个儿子，时年29岁的刘彻大喜过望，欢喜不已。

“母以子贵”在这时有了最好的说明，随后卫子夫被封为皇后，同时刘彻下令大赦天下。

七年后，卫子夫生下的儿子刘据被立为太子，一个不知道父亲是谁的私生女卫子夫上演了属于自己的未央宫奇迹！

到此时，卫子夫走的路都是上坡路，她本人被立为皇后，她的儿子被立为太子，她的弟弟卫青凭借战功被封为大将军，她的外甥霍去病以战功被封为冠军侯，所有的一切都在朝着有利于卫氏一脉的方向发展。

然而，中国古代一直有四大不靠谱：春寒、秋暖、老健、恩宠。

春寒：春天的寒冷是不靠谱的，因为夏天即将来临。

秋暖：秋天的温暖是不靠谱的，因为冬天即将来临。

老健：老来的健康是不靠谱的，因为能不能见到明天的太阳是个未知数。

恩宠：君王的恩宠是不靠谱的，因为它如同热带雨林上空的雨，说来就来，说走就走。

卫子夫承受的正是四大不靠谱中最不靠谱的恩宠！以色事人终有尽头，女人的黄金年华非常短暂。

在刘据被立为太子之后，笼罩在卫子夫头上的恩宠逐渐流失，这时王夫人和倾国倾城的李夫人相继得到了刘彻的恩宠，以前卫子夫集于一身的恩宠被这些新宠瓜分。不过出身民间，早已熟知世间冷暖的卫子夫倒没有过度嫉妒，她知道，身为皇后要大度，要母仪天下，不能只惦记着在后宫争宠。

卫子夫很能熬，她的忍耐也收到了效果，与她分宠的王夫人、李夫人寿命都不长，先后病逝离场。然而卫子夫知道，即便王夫人、李夫人走了，自然还有后来人，未央宫里最缺的是男人，最不缺的是女人。

很快，尹婕妤和钩弋夫人顶了上来，她们受到的恩宠更盛。

卫氏一脉的恩宠从公元前 117 年开始走下坡路，这一年冠军侯霍去病病逝，享年 24 岁；11 年后，大将军卫青病逝，卫氏一脉势力已去大半。

卫子夫与太子刘据只能相依为命，面对来自后宫的各种冷箭小心翼翼地躲闪，期待能熬到太子平平安安地登上皇位那一天。

然而，古往今来太子不是好当的，皇后是高危行业，太子也是高危行业，刘据半生小心翼翼如履薄冰，还是遇上了一生难解的冤家，酷吏江充！

江充最先便是靠卖主起家！

江充原本是赵王刘彭祖（景帝之子）的门客，为了得宠，甚至做主把自己的妹妹送给了赵王的儿子刘丹。不过好景不长，在一次宴席上，江充跟刘丹发生口角，一下子把刘丹得罪了。刘丹刚想处罚江充，一不小心让江充给跑掉了。

江充一路跑到了长安，向刘彻揭发了刘丹的隐私，刘丹为此下狱，最终死在狱中，而江充从此在刘彻的心中挂上了号。

等到刘彻接见江充之后，发现江充仪表堂堂，穿着得体，对答到位，随即委任江充为绣衣戒严官，专门监督皇亲国戚的不法行为，这下江充抖起来了。

江充的成名作是弹劾太子刘据的下属，这次弹劾让江充一战成名。

刘据的下属有一次往皇宫里送信，一没留神马车跑到了驰道中央，按规定，驰道中央是皇帝马车才能使用的，任何人不得侵犯。刘据下属的这次无心之举被江充看到了，事情盖不住了。

刘据得到下属汇报，心知不好，马上派人向江充求情：请先生给我管教下属的机会，高抬贵手！

江充却没有给刘据面子，而是直接向皇帝刘彻做了汇报，刘彻当即表示：当臣僚的，理应如此！

刘据的颜面扫地，江充因此一战成名，他踩着太子刘据的肩膀，赢得了皇帝的信任。

几乎与此同时，钩弋夫人的恩宠达到顶点，钩弋夫人宣称怀胎 14 个月为皇帝生下了皇子刘弗陵，这让皇帝刘彻非常高兴。传说圣人尧的母亲也是怀胎 14 个月才生下尧，现在刘弗陵也是经过了 14 个月的孕育，莫非这其中有什么必然的联系？

高兴之余，刘彻把钩弋夫人居住的钩弋宫宫门改名为“尧母门”。

或许是这次改名给了很多臣子一个暗示，很多大臣的心思动了，酷吏江充更是动起了心思，他知道上次不给太子面子给自己埋下了隐患，如果皇帝刘彻驾崩，太子继位，那么等待自己的一定是悲惨的结局。

如何才能躲开悲惨的结局呢？

如果太子登不上皇位，是否自己就安全了呢？

公元前 91 年，卫子夫和刘据的灭顶之灾来了。

灭顶之灾来临之前，是有征兆的。

这一年的闰五月，卫子夫所生的诸邑公主、阳石公主以及卫青的儿子卫伉因为被牵连进巫蛊事件，三人一同被诛杀。

随后，后宫的“巫蛊”之风达到了顶点，很多嫔妃为了诅咒对手，也为了陷害对手，纷纷往地下埋用于诅咒的木偶。已经 66 岁的刘彻心中不安，惶恐多疑，经常做噩梦。

在汉武帝的授意下，江充得到了彻查“巫蛊”事件的机会，这个酷吏把整个皇宫翻了个底朝天，连皇后宫和太子宫也不放过。很快，他得到了自己想要的结果：于太子宫得木人尤多，又有帛书，所言不道，当奏闻！

江充的意思是说，在太子宫中找到了很多木偶，木偶身上绑满了布条，布条上写着的都是些大逆不道的话，为此一定要奏明皇上！

越怕什么，越来什么！

太子刘据还在犹豫，太子少傅石德坐不住了，一旦太子罪名坐实，一场灭顶之灾即将兜头扑来，到时候谁都脱不了干系。

宰相公孙贺父子已经因为巫蛊伏诛了，诸邑公主、阳石公主以及卫青的儿子卫伉也因为巫蛊伏诛了，你刘据想做下一个吗？

刘据被逼到了墙角，他不想反，然而江充已经把刀架到了他的脖子上。

先处理了江充再说！

刘据派人截住了江充，亲手将这个狗眼看人低的酷吏砍死，一边砍一边说：“赵虏！前乱乃国王父子不足邪！乃复乱吾父子也！”

此时，如果刘彻、刘据父子能够像正常的父子那样做一下沟通，或许一切误会都会解除，然而皇帝与太子，名为父子，实际早已不是父子，双方猜忌不已，父子之间早已不存在正常沟通，有的只是彼此的猜忌和不信任。

为了自保，太子刘据做出了更加惊人的举动，他一面派人通知皇后卫子夫，一面下令打开军器库，命所部士兵分发武器，事情到此，性质变了！

刘彻闻听，派使节前往询问，使节胆小怕被太子诛杀，没等与太子照面便半道折了回来，报告说：太子反了！

长安乱！

父子相疑，就此拉开了太子刘据“谋反”的序幕。

刘据的“谋反”持续了五天，效忠于太子的部队与效忠于皇帝刘彻的部队打了整整五天，最终太子的部队瓦解，太子刘据与皇后卫子夫的灭顶之灾来了。

数天后，刘据在一所民居内自缢身死，在他身后，他得到一个谥号：戾，按照谥法，不悔前过曰戾。

与此同时，刘彻派人收缴了卫子夫的皇后印信，卫子夫自杀身死，从公元前128年被立为皇后，到这一年自杀身死，屈指算来，37年！

未央宫奇迹可以维持多少年，卫子夫证明，37年！

公元前91年，距离卫子夫入宫过去了48年，从入宫到身死，卫子夫用48年在未央宫画了一个圈。

不幸中也有万幸，也是在这一年，一个婴儿呱呱坠地，在婴儿刚刚几个月大时，便因为家族的变故被关进了长安的监狱。

所有的人都没有想到，这个才几个月就被收押入狱的婴儿在17年后阴差阳错成了大汉王朝的皇帝。

这个孩子的名字叫刘病已，后来改名刘询，史称汉宣帝。

两个私生子的名将传奇

卫青、霍去病

在中国大历史的名将录中，有两位名将始终绕不过去，这两位名将是甥舅关系，卫青是舅舅，霍去病是外甥，一甥一舅都在青史上留下了自己的大名，这样的甥舅名将组合并不多。在他们之后的数百年，隋唐也出了这样一对，舅舅韩擒虎，外甥李靖，有意思的是，两对甥舅组合都是外甥的名气比舅舅的大，或许这就是“青出于蓝而胜于蓝”吧！

值得一提的是，卫青和霍去病的身份都是私生子，霍去病的境遇要好一些，卫青则是以私生子的身份在别人的白眼中长大。

卫青是平阳人，他的父亲叫郑季，年轻时在平阳公主府当一个小吏。在这里，郑季遇到了卫青的母亲卫媪，卫媪的身份是奴婢，两人如同干柴遇上了烈火，一番亲密接触之后，非婚生的卫青就问世了。

关于卫青随的“卫”姓究竟是母亲的姓，还是母亲法定丈夫的姓，历史上一直存在争论。一种说法是“卫媪”就是卫老太太的意思，就像高祖刘邦的父亲叫刘太公，母亲叫刘媪，也就是刘老太爷和刘老太太的意思，这样看来，“卫”应该是卫媪法定丈夫的姓；而另一种说法是“卫”是卫青母亲的本姓，卫青跟姐姐卫子夫她们都一样，都是私生的，因此都跟着母亲姓。

在卫青小的时候，他被送回了父亲郑季的家里，在那里他成为不受待见的孩子，不仅郑季的妻子不喜欢他，连郑季本人也不待见他，于是便打发他去放羊。那些同父异母的兄弟更是不把他当人，在他们眼里，卫青就是他们家的奴隶。

年少的卫青在白眼中一天天长大，一个偶然的机会他来到了甘泉监狱，在那里他遇到了一个囚徒。囚徒盯着卫青看了一会儿，然后对他说道："贵人也，官至封侯。"

卫青忍不住笑了，封侯？我？开什么国际玩笑？

卫青回应道："我是奴婢生的，别人能不打我不骂我，我就知足了，至于封侯，那是我想的事吗？"

卫青笑着走开了，他没有想到，尽管他不追求富贵，富贵却偏偏找上门来。

卫青长大后，进入平阳公主府做骑士，对于这份工作他很满意，他甚至愿意以这份工作终老，然而他没有想到，老天却偏偏不让。

公元前 139 年，卫青一生的转机出现了，这一年他的姐姐卫子夫被皇帝刘彻带入宫中，从此卫青与大汉皇族扯上了关系。

原本卫青的富贵还需要等上一些时日，然而被嫉妒冲昏头脑的陈阿娇以及她的母亲长公主刘嫖将卫青的富贵提前了。

长公主刘嫖忌恨卫子夫得到刘彻的宠幸，便千方百计想对付卫子夫，然而卫子夫毕竟是皇帝身边的女人，刘嫖即使贵为长公主也不能过于放肆，因此她把目标锁定在还在平阳公主府当骑士的卫青身上。

卫青被绑架了，他将被活活打死！

这时，救星出现了，他的朋友——骑兵禁卫官公孙敖带着一批人硬生生把卫青从刘嫖的手中抢了出来。卫青这才捡回了一条命。

塞翁失马，焉知非福，这次被绑架反而成全了卫青。

这起绑架未遂案很快就传到了皇帝刘彻耳中，刘彻马上召见卫青，这是卫青与刘彻的第一次见面。没想到爱屋及乌的刘彻对卫青非常欣赏，马上任命卫青为建章宫管理官兼宫廷随从，另外赏赐了一点黄金。

其实也不多，也就二十四万两！

不久，卫青的姐姐卫子夫被封为夫人，卫青也水涨船高地被提升为太中大夫。

如果说此时的卫青还是凭借卫子夫的裙带关系，那么 10 年后的卫青就开始用自己的战功说话，他身后的千古盛名，都来自 10 年后的卓越战功。

公元前 129 年，卫青军事才华开始展现。

这一年，他升任车骑将军，从上谷郡出发，北上攻击匈奴，他的朋友骑将军公孙敖从代郡出发，轻车将军公孙贺从云中郡出发，骁骑将军李广从雁门郡出发，总计四路大军，每路大军骑兵一万人，四记重拳向匈奴重重砸去。

这是让卫青崭露头角的一仗，这一仗，汉朝四路大军唯有卫青一路取得胜利，卫青一路杀到匈奴的龙庭，斩杀七百余人，而自身伤亡屈指可数。其他三路大军就惨了：卫青朋友公孙敖的一路最惨，损失七千骑兵；骁骑将军李广一路也很惨，李广自己甚至被俘，只是凭借机智又逃了回来；公孙贺一路也是师出无功。四路大军，取胜的只有卫青一路！

战后，卫青获得了准侯爵——关内侯。（准侯爵与侯爵还差一步）

两年后，卫青再次出兵，格杀匈奴人数千，因战功被封为长平侯，这是真正的侯。此时距离甘泉监狱囚徒的相面已经过去近 20 年，不知道卫青在被封侯的那一刻，是否会想起当初囚徒的那番话。

命里有时终须有，命里无时莫强求，当富贵追着一个人跑时，想躲是躲不掉的。

封侯三年后，卫青迎来了人生的巅峰。

公元前 124 年，卫青再次率兵出征，亲率三万骑兵，加上其他隶属部队总计十万余人，大军再次向匈奴扑去。

卫青的目标是匈奴的右贤王，他想用右贤王的头作为自己献给皇帝刘彻的投名状。

当卫青出兵时，右贤王还陶醉于自己的距离优势，在他看来，自己的大营距离汉朝边境七百余里，卫青的大军能奈我何？莫非他能飞？

是的，卫青不会飞，但他能走！

就在右贤王毫无防备时，卫青已经出塞七百余里，指挥三万骑兵将右贤王的大营团团围住，右贤王认为最不可能发生的事情还是发生了。

喝得酩酊大醉的右贤王在蒙眬中得知了这个惊人的消息，酒立刻醒了大半，随即裹胁着数百名卫士冲破了汉军的包围圈，胜利大逃亡。

打仗虽然外行，但逃跑内行，总还有一样拿得出手。

右贤王逃跑之后，他的下属惨了，被俘虏的小王有十几个，百姓一万五千人，牛羊将近一百万头。这是汉朝在刘邦“白登之围”后的第一次大胜，数十年的耻辱，卫青一战了之。

班师回朝的路上，凯旋的卫青遇到了皇帝派来的使节，皇帝给卫青带来了一件东西：大将军印信。

从此，你就是卫大将军。

随后，皇帝刘彻加封卫青采邑八千七百户（所征的赋税归卫青所有），卫青三个儿子全部封侯。

至此，从出生就卑贱的卫青登上了人生的巅峰，成为统领诸将高高在上的大将军，昔日那个人见人欺的私生子，今日已成为众人需要仰视的大将军。

然而，身居高位，卫青时刻保持着清醒的头脑，他知道自己所有的一切都是皇帝给的，为人臣子者当守人臣的本分，而不是身在高位，却想入非非。

一年后，他遇到了一个为自己张目立威的机会，右将军苏建（以牧羊闻名后世的苏武的父亲）全军覆没，只身逃回。按道理，卫青有诛杀苏建的权力，身边的亲信也建议诛杀苏建，增加卫青的权威。

卫青摇了摇头，不，是诛还是留，是天子的权力，不是我的权力，还是留给天子裁决吧。

战后，苏建用黄金为自己赎罪，捡回了一条命，而卫青居高位严守臣子本分的举动也得到了皇帝的认可。

这一年已经是公元前 123 年，卫青的外甥霍去病该登场了。

同舅舅卫青一样，霍去病也是一个私生子。

霍去病的父亲叫霍仲孺，年轻时是平阳县吏，被派到平阳公主府上当差，在这里他遇到了卫青的姐姐卫少儿，一段艳遇就此发生。

霍去病出生时，霍仲孺已经返回老家另外娶妻生子，而艳遇后出生的霍去病就跟着母亲卫少儿一起生活，在他小时，他不知道自己的父亲是谁，等到他知道生父的名字，还是二十年后。

与舅舅卫青不同的是，霍去病赶上了好时候，他的姨妈卫子夫进宫做了夫人，霍去病虽然是私生子，但生活条件还是非常优越。

霍去病长大成人后，姨父刘彻和姨妈卫子夫都非常喜欢他。此时的卫家非同小可，卫子夫贵为皇后，卫子夫的儿子刘据也将被立为太子，舅舅卫青也以战功荣升为大将军，卫氏一门，一位皇后，一位大将军，还有一位是未来的太子，所有的一切都为霍去病铺平了道路。

公元前 123 年，霍去病一战成名。

这一次，霍去病作为剽姚校尉率领所部八百骑兵长途奔袭数百里，斩杀匈奴兵两千余人，斩杀敌人数为自身编制的三倍，同时斩匈奴单于祖父辈王爷藉若侯产，生擒单于叔叔辈王爷罗姑比，两项战功都名列第一，因此被封为冠军侯！这个爵位比卫青当初的爵位高出一格，冠军侯是正式的侯，而卫青的关内侯是准侯爵。

新人可畏，外甥生猛！

两年后，霍去病的战功继续累积，这一年他打了三次大仗，每一仗都是硕果累累。

这一年霍去病升任骠骑将军，从陇西郡出塞攻击匈奴，前后转战六日，越过祁连山一千余里，俘虏浑邪王子及相国、都尉，格杀八千余人，同时夺取休屠王用来祭天的金人，因此加封采邑二千户。

这一年夏天，霍去病再次出征，深入匈奴汗国两千余里，由于攻击过深，与其他部队失去了联系，然而霍去病却再一次扩大了战果，匈奴投降的有两千五百人，被霍去病格杀和俘虏的达到了两万五千人，生擒的副王和小王有七十余人，因此加封采邑五千户。

至此，霍去病在军中的地位已经接近了舅舅卫青，在随后的一战，他已经开始超越。

这一年秋天，霍去病纵马踏入匈奴大营，逼迫本来还犹豫不决的浑邪王向汉朝投降，在斩杀八千不愿投降的匈奴兵后，又裹胁着四万匈奴人渡过黄河，迁入汉朝的境内，因此再次加封采邑一千七百户。

此时的霍去病已经接近了人生的巅峰，而他人生的最高峰出现在两年之后。

两年后，也就是公元前 119 年，霍去病向北挺进两千余里，渡过瀚海沙漠，与匈奴左贤王的部队遭遇。五年前，舅舅卫青遭遇的是右贤王，现在外甥霍去病遭遇的是匈奴的左贤王。

结果都是一样的，汉朝大胜，匈奴惨败！

左贤王像右贤王一样开始跑路，霍去病则在后面穷追不舍，一仗下来，虽然没有抓住最大的左贤王，却也抓住了三位亲王，以及将军、宰相以下高级官员八十三人，格杀以及俘虏匈奴人七万余人，这是有汉以来对匈奴最大的一场胜仗。

随后霍去病做出的举动让他永远地被载入史册，他在狼居胥山祭祀天神，在姑衍山祭祀地神，这就是《史记》中记载的“封狼居胥山，禅于姑衍”，而“封狼居胥山”也成为历朝汉族政权的一个终极梦想。

南宋诗人辛弃疾的《永遇乐·京口北固亭怀古》写道，“元嘉草草，封狼居胥，赢得仓皇北顾”，这里的“封狼居胥”引用的就是霍去病的典故，指代的是南宋那次仓促北伐以图收复失地的军事行动。

人生至此，夫复何求？

然而，高处不胜寒！

这一年卫氏一门荣耀到达顶点，卫子夫贵为皇后，她的儿子刘据已经在三年前荣立太子。皇帝刘彻又特别设立了大司马一职，由大将军卫青和骠骑将军霍去病分别担任，霍去病与卫青甥舅二人官位与俸禄完全相同。

天下荣耀集于一门，好事乎？坏事乎？

卫青还是一如既往谦卑，对属下一如既往爱惜，对知识分子尊重有加，进退有度，虽然外甥霍去病的风头已经超过他，但皇帝刘彻对他的信任不减；至于霍去病，他依然稳重，话不多，然而一旦决定的事，便风风火火，雷厉风行。

不过同舅舅相比，霍去病在富贵中长大，并不懂得民间的疾苦，对下属并不够爱惜，出征匈奴长途奔袭时，供他膳食的车辆有十几辆，而属下却经常断粮，令人心痛的是，当大军凯旋时，霍去病膳食车里大量肉和食物因为来不及吃已经腐烂变质，只能统统倒掉。

同爱惜士卒的卫青、李广相比，霍去病相去甚远。

不过他对于皇帝的忠心却得到了皇帝的认可，当皇帝为他准备好新宅邸后，他甚至没有兴趣去看一眼，对着皇帝说出了那句流传万世的名言：匈奴未灭，何以家为？（匈奴还没有消灭，我现在要家做什么？）

然而，伴君如伴虎，在皇帝的身边仅仅有忠心是不够的，即便你忠心耿耿，却也未必能常伴皇帝的左右。

君心似海。

公元前 117 年，霍去病在冲动之下铸成大错。

这一年，他的舅舅卫青正在为一件事苦恼，外甥霍去病挺身而出。

卫青为何苦恼呢？因为他和李广的陈年往事。

两年前，李广跟随卫青出征匈奴，因为在沙漠中迷路延误了军期，大将军卫青派出长史前往李广军中问询，此举令六十多岁的李广深受刺激，不愿受辱的李广挥刀自尽，李广的儿子李敢便把这笔账记到了卫青头上。

两年来，李敢经常故意找卫青的碴儿，卫青却一再躲避。卫青的躲避没有换来李敢的原谅，反而让李敢变本加厉，公元前 117 年的一天，李敢居然出手将卫青打伤。

卫青忍了，年轻气盛的霍去病忍不下去。

这一年春天，霍去病的机会来了。

皇帝刘彻前往甘泉宫打猎，骠骑将军霍去病和宫廷禁卫官司令李敢一同跟随前往，李敢不会想到，这一次他将有去无回。

皇帝的猎物是鹿，霍去病的猎物是人。

就在这次打猎中，霍去病手起箭落将李敢射死，一代名将李广之子，就这样在一场打猎中被同样是名将的霍去病射杀。

射杀就在自己的眼皮底下发生，皇帝刘彻非常痛心，毕竟李敢也是名门之后，还是宫廷禁卫官司令啊！

先把这件事遮过去再说吧！

事后，刘彻对外宣称，李敢死于一起交通意外：被鹿撞死了。

一切似乎就这么不了了之，一切其实刚刚开始。

这一年九月，冠军侯、骠骑将军霍去病病逝，享年23岁。

霍去病得了什么病？无论是司马迁的《史记》，还是班固的《汉书》，都没有说。

正值盛年的霍去病，仅仅23岁的霍去病，为什么会在这一年突然死去呢？

要么是突发疾病猝死，要么是被有预谋的毒害或是秘密处死，后者的可能性要大于前者。

如果是猝死，可以写“暴卒”，然而《史记》中仅仅写道：元狩六年而卒。这就意味着，这一年霍去病死了，但死因不明。

在我看来，死于皇帝刘彻之手的可能性非常大，而让他动了杀机的起因便是霍去病对李敢的那次射杀。

李敢虽然职位不高，但毕竟是关内侯，毕竟是宫廷禁卫官司令，而霍去病说杀就杀了。霍去病在射箭的时候只看到了身前的李敢，却没有注意到身后皇帝那深邃的目光。

这一年皇帝刘彻已经40岁了，他开始变得敏感。

在他之前的三位皇帝分别是汉惠帝、汉文帝、汉景帝，这三位皇帝都活了多少岁呢？

汉惠帝，享年23岁；

汉文帝，享年46岁；

汉景帝，享年 47 岁。

作为这些皇帝的后人，刘彻不可能不知道他们驾崩时的年龄，此时刘彻已经 40 岁了，如果按照父亲和爷爷的标准，他又能活多少岁呢？

况且人生无常，谁知道自己究竟能活多长？

偏偏皇帝比任何人都怕人生无常。

这一年，卫子夫依然是皇后，太子刘据已经 12 岁了，皇后的弟弟是大将军，皇后的外甥是骠骑将军，两人都担任大司马，皇后的外甥对宫廷禁卫官司令说杀就杀！

还有比这更可怕的吗？

如果换作你是皇帝，你会容忍吗？

刘彻对霍去病不是不宠爱，但是他怕这个外甥对自己的皇权构成威胁，任何危及皇权的隐患必须除掉，无论你对他曾经有多宠爱。

这是一个皇帝的原则。

在霍去病死后，皇帝刘彻调来铁甲兵，从长安一直列队到茂陵（刘彻为自己准备的陵寝），为了旌表霍去病的战功，将他的陵墓修建成祁连山的形状，谥号“景桓”，称为景桓侯（谥法中，布义行刚曰景，辟土服远曰桓）。

生前无比荣耀，死后极尽哀荣，然而葬礼是为逝者办的，却是做给生者看的，生者承受不起，而逝者却看不到。

面子工程！

在霍去病逝去 11 年后，他的舅舅卫青也随之而去，卫青墓的外形像卢山，也是为了旌表他的战功，他的谥号为“烈”，称为烈侯。

在卫青逝去 15 年后，卫氏一门的灭顶之灾不期而至，太子刘据、皇后卫子夫因“谋反”失败双双自杀，卫氏一门的辉煌就此落下帷幕。

历史总是在不经意间跟人开玩笑，在霍去病去世时，没人会想到，他当年的一个无心之举竟然会为汉朝的走势埋下伏笔。

公元前 121 年，霍去病晋升为骠骑将军，这一年他率军出塞攻击匈奴，在他率军出发之前，他终于知道了生父的名字：霍仲孺，家住河东郡。

霍去病率军出征时路过河东郡，派人请来了霍仲孺。这是霍去病第一次见到自己的生父，他给生父献上了见面礼：上好的田宅和奴婢。

霍去病凯旋班师时，再次路过河东郡，这一次他顺手带走了一个人，这个人是他同父异母的弟弟。

多年后，这个同父异母的弟弟成为权倾朝野的权臣，这就是霍光。

在霍光的操纵下，接替刘弗陵继位的刘贺仅仅在位27天就被废黜，取而代之的是卫子夫的曾孙，太子刘据的孙子刘病已，史称汉宣帝。

在汉宣帝之后，他的儿子刘奭登基称帝，史称汉元帝，也正是这个汉元帝，导演出名篇“昭君出塞”，也正是这个汉元帝，把原本强大的汉朝带上了一条不归路。

寻根溯源，原来是霍去病惹的祸。

桃李不言，下自成蹊

李广

公元前 119 年，飞将军李广 64 岁，屈指一算，他与匈奴作战已经整整 45 年，在他的身边，无论名将卫青还是霍去病，他们抗击匈奴的资历都无法跟李广相提并论。

然而，提及卫青和霍去病，李广心头便有挥之不去的痛。这一年霍去病仅仅二十出头，却已经是冠军侯，而卫青早就是长平侯，甚至卫青的三个儿子都跟着卫青一起封了侯，而自己呢？

想到这些，李广不免有些叹息。

他曾经跟善于相面的王朔诉说过自己的苦恼：“自从大汉朝攻击匈奴以来，我就参加战斗，这些年来我曾经的部下已经有数十人因此封侯，我一向不为人后，可我为什么到现在都没有封侯得到采邑呢？是面相上没有，还是命中注定？”

王朔回应道：“将军好好想想，有没有做过令你至今后悔莫及的事情？”

李广略微想了一下，说道：“在我做陇西太守时，那里的羌人反了，我把他们诱降了，然后一天之内杀了他们八百多人，这件事做得有些过分，至今令我耿耿于怀！”

王朔略有所思，说：“祸莫大于杀已降，此乃将军所以不得侯者也。”

杀降不祥，谁让你杀降？

李广思索良久：或许这就是命！

李广一生没有封侯，一方面是运气问题，另一方面是能力问题。

李广一生中最好的两次封侯机会出现在公元前129年和公元前121年，这两次他原本有封侯的机会。

公元前129年，这是名将卫青崭露头角的一年。在这一年，卫青、公孙敖、公孙贺、李广各率一万骑兵进击匈奴，这是汉武帝刘彻对匈奴的第一次大规模反击，身为皇帝的他自然希望获得一场大胜。

最终的结局让汉武帝有些失望，除了卫青杀到龙庭斩杀匈奴七百人外，公孙贺一无所获，公孙敖损失七千骑兵，李广本人则被匈奴生擒，幸亏身手敏捷，趁匈奴人不备，抢了马匹和弓箭又跑了回来。

四路大军盘点，卫青以战功封关内侯，公孙敖和李广判处死刑，后经允许以黄金赎身，废为庶人。

这一次是李广离封侯非常近的一次，可惜这一次他只能眼睁睁看着卫青封侯，年轻人再次后来居上。

八年后，李广再次获得良机，这一次唱主角的变成了更为年轻的霍去病。

霍去病和公孙敖率领数万骑兵从上地郡出发，李广与后来以通西域名传千古的张骞一起率兵从右北平郡出发。出塞后，两人分兵，李广率四千骑兵寻找战机，张骞率领大军在后接应，两军相隔数百里。

这一次李广本来有望立功，遗憾的是，敌兵太多，李广所部只有四千兵马，对手足足四万。

敌我兵力比，十比一！

面对匈奴兵的包围，李广派出自己的儿子李敢上前侦察，李敢在匈奴阵营横穿之后回来报告：匈奴阵形涣散，容易对付。

李广闻言，心里有了底，于是把四千兵马布成了一个圈，从容面对匈奴的进攻。

匈奴人发起了进攻，人没来，箭来了，万箭齐发。

在匈奴的箭雨下，李广所部伤亡两千人，伤亡已经过半。

李广组织士卒还击，然而箭快用光了。

不过这难不倒李广，他命令士卒全体张弓搭箭，但是不准射，他自己则张开特制的“大黄”弓连射匈奴数将，匈奴攻势顿时减弱，时近黄昏，双方停战。

第二天，匈奴继续进攻，李广所部再次伤亡过半，四千人仅剩一千。

李广危在旦夕。

后援的张骞终于来了，匈奴解围而去。

此战是李广最接近封侯的一次，所部射杀的匈奴人应该已有数千，按照杀敌一千可以封侯的标准，李广已经达到了。

然而，杀敌是够指标了，自身伤亡呢?

战后盘点，张骞延误军期，理应问斩，交够赎金，废为庶人。

李广，杀敌三千，自损三千，功过相抵，不予赏赐。

令李广更加难受的是，年轻的霍去病又打了一个大胜仗，他手下的鹰击司马赵破奴、校尉高不识都跟着封侯，身为宫廷禁卫司令的李广却只能再一次看着别人封侯。

李广一生未能封侯，除了运气问题，还有一个能力问题。

实际上，李广的能力被司马迁严重拔高了，李广是一个好人，但未必是一个好领导，个人能力出众，但统率能力非常平庸。

李广之所以在匈奴有“飞将军”的美誉，主要是因为他擅长骑射，他既有射杀匈奴“射雕者”的记录，又有单人匹马从匈奴军中逃脱的经历，更何况他还有射虎的经历。

有一次，他外出打猎，忽然发现一只猛虎，急忙弯弓搭箭，用尽气力一箭射去。李广走近前去，仔细一看，没想到被射中的竟是一块形状很像老虎的大石头。只见箭身深深射入石头当中，箭尾也几乎连根没入石头中去了。

李广不仅射过石虎，还射过真虎。在老家时他曾经射过真虎，可惜没有成功。等到出任右北平郡长后，他真的射死过一只虎，当时老虎已经扑到了他的面前，虎爪已经伤到他的身体，而他依然冷静地将老虎射杀。

由此，在右北平一带他的名声很大，再加上时而与匈奴交战，匈奴人对他都有所畏惧，称之为“汉之飞将军”。

飞将军不仅技艺精湛，而且为人很好，体恤士卒，爱兵如子，所得赏赐均与属下分享，个人名下更没有什么财产。

然而一个好人，一个单兵能力出众的好人，未必是一个好的统帅。

每次行军打仗，他从不约束部下，到扎营时，部下就像游牧部落一样，随性而居，没有统一要求，只要部下高兴，怎么扎营都可以，营内不设岗哨，夜间也不巡营，只是远远派出观察哨，防止敌人偷袭。

与李广一样同为名将的程不识曾经如此评价：李广的军队一切都很简单，如果敌人发动偷袭，他们很难抵挡，不过李广的部下们却很快乐，他们都愿意为李广去死。

显然，李广是一个深得人心的统帅，然而他的“深得人心”却是以牺牲纪律为代价。李广带兵，小规模作战可以，大兵团作战不在他的能力范围之内。

韩信点兵，多多益善，不仅仅是说说而已，这需要为将帅者有超人的智慧和超人的领导能力，因为大兵团作战，靠的不仅仅是人格魅力，更是有效的调度和铁的纪律。

李广，只有人格魅力，却无有效调度，更没有铁的纪律，这就是为什么年轻的卫青和霍去病能够脱颖而出，而老资格的李广却一直原地踏步。

带兵，其实是李广的一个软肋。

公元前 119 年，64 岁的李广等来了最后的机会。

原本这一仗刘彻不想起用李广，因为他的手上已经有卫青、霍去病这些更年轻的将领。在李广的一再要求下，刘彻同意了，答应李广出任本次大军的前将军，然而私下里，却授意卫青将李广改成侧翼护卫，他对已经 64 岁的李广还是有些不放心。

战前，卫青替皇帝当了一回恶人，他把李广由大军的前将军改为右翼护卫，李广据理力争，卫青却坚持自己的决定。或许此刻的卫青也是有私心的，他把自己的朋友公孙敖调整为大军前锋，为的就是让公孙敖获得更多战功。

李广的不满溢于言表，转身愤而离去，然后与右将军赵食其合兵一处从右翼进攻，相比于正面进攻，右翼进攻要绕一个大圈儿。

遗憾的是，李广和赵食其在茫茫沙漠中没有向导，迷路了。

他们始终没有追上卫青的大军，也没有赶上卫青与匈奴的大会战，等到卫青班师时，李广的部队才与卫青接上头。

卫青派出长史（相当于军事秘书长）询问李广和赵食其为什么延误军期，李广没有应答，长史仗势欺人，便要求李广的幕僚到卫青的统帅部听候审讯。

这时，李广开口了：“我的属下们没有罪，是我自己迷失了道路，我自己到统帅部接受审讯就是了！”

安置好长史，李广出来跟属下们说道：“我李广从十六岁开始与匈奴作战，前后打了七十多仗，好不容易这一次有了与匈奴单于面对面的机会，大将军却让我绕远道从侧翼进攻，而我又不幸迷失了道路，岂不是上天要让我如此？我已经六十多岁了，再也不能接受那些舞文弄墨的军法官的羞辱了！”

说罢，拔刀自刎，一代名将便这样告别了历史舞台。

为将者，尊严比命更重要！

如果李广甘心接受处罚，大不了被判刑，然后自己花钱赎身。然而，当一个人心死了，命也就无所谓了。64 岁的李广，心已经死了。

他虽然不是一个好的统帅，但他是一个好人，一个富有人格魅力的好人。司马迁的《史记》写道：广军士大夫一军皆哭。百姓闻之，知与不知，无老壮皆为垂涕。

在李广自刎后的数十天，他的儿子李敢终于替他实现了一生的梦想：封侯。

李敢以战功封关内侯，特准加封采邑两百户。

两年后，关内侯李敢被霍去病射杀。

二十年后，李广的孙子李陵以五千步兵对抗匈奴三万大军，杀死匈奴数千人，最终兵败投降，五千步兵仅有四百人逃回长安。

这一年，太史令（相当于国家天文台台长）司马迁因替李陵辩护，被判腐刑（阉割生殖器）。如果司马迁有钱赎身，腐刑可免，然而司马迁家贫无钱，又无人援手，腐刑最终执行。

在狱中，司马迁写道：人固有一死，或重于泰山，或轻于鸿毛，而司马迁愿意为理想而屈辱地活着，他要“究天人之际，通古今之变，成一家之言”。

八年后，司马迁鸿篇巨制问世，是为二十四史之首——《史记》。

多年后，李陵在匈奴终老，而他的全家早在他投降匈奴两年后被杀，原因是听说李陵指导匈奴对抗汉朝。事后才发现，指导匈奴的不是李陵，而是李绪。

愤怒的李陵杀掉李绪为家人报仇，而长安，却再也回不去了。

原本他身在匈奴心在汉，原本他一直归心似箭。

许多年后，有一股势力悄悄崛起，他们自称是李陵的后裔，这股势力影响中国历史很多年，它的名字叫鲜卑拓跋氏。

又过了许多年，一个风云三百年的王朝在长安建立，王朝的建立者追认西凉国国王李暠为自己的先祖。根据史书记载，李暠正是李广的第十六代孙。

这个王朝的名字叫作唐。

王勃

冯唐易老，李广难封

《滕王阁序》中，诗人王勃写下了这样的话：“冯唐易老，李广难封。”于是就把冯唐和李广定格在人生失意者的行列。

诗以言志，王勃说的是冯唐、李广，写的却是自己的怀才不遇。

王勃写《滕王阁序》时，他正在前往越南的途中，那时越南还不叫越南，叫交趾。此去交趾途中，王勃一直心绪难平，他的父亲王福畤正是受他连累被贬为交趾令，想到此，王勃不由得一声叹息，我怎么混到了这步田地？

王勃是一个早慧的人，小小年纪就显露出众的才华，《唐才子传》说他“六岁善辞章”，《旧唐书》说他“六岁解属文，构思无滞，词情英迈”，《新唐书》则说他“六岁善文辞，九岁得颜师古注《汉书》读之，作《指瑕》以擿其失”，综上所述，王勃是个神童。

王勃还有两个哥哥，王勔、王勮，看这架势，他们都是“力”字辈的。兄弟三人文采都很出色，他们父亲的朋友杜易简经常指着王氏兄弟说道：“此王氏三株树也！”

王勃人生的第一次机会是因为一封信。

公元 664 年，王勃为了出人头地，给当时的宰相刘祥道写了一封信，这封信就是敲门砖，为了自我推荐。刘祥道本来不以为意，然而看着看着，他被这封信深深吸引住了，当看到“所以慷慨于君侯者，有气存乎心耳”时，他被打动了，他意识到这是个人才，应该推荐给朝廷。这一年，王勃 12 岁。

两年后，经过刘祥道推荐，王勃参加了制科考试，在这次考试中他“对策高第”，表现非常出色，按道理，通过制科考试就应该授予正式官职，然而王勃却没有得到。

这一切只因为他年龄太小，这一年他才 14 岁，还属于未成年人呢！

虽然没有得到正式官职，朝廷还是授予他朝散郎，朝散郎属于散官范畴，有官名无官职，只代表官阶，享受同等待遇。王勃这个朝散郎为从七品，换算到现在，相当于副处级。

副处级的王勃很快在京城有了名声，有一个人悄悄找上门来，询问王勃是否愿意到府上做修撰，修撰一般是主管修国史，王府里的修撰则是闲差，更多是陪王爷聊天解闷。

王勃一看来头，当即答应了，因为这个人他无法拒绝。

谁啊？

唐高宗与武则天的第二个儿子，沛王李贤。

能在沛王府做修撰，将来就可以成为沛王身边的红人，这样的机会王勃自然不会放过。

令王勃没想到的是，两年后，他的王府修撰做不成了。

饭碗砸了！

为什么呢？

因为一篇文章。

公元 668 年，这一年京城在贵族圈里流行起斗鸡，贵族们纷纷豢养斗鸡，以斗鸡为乐，沛王李贤和后来成为皇帝的英王李显也加入了养鸡的行列，而且两人还约好了来一场面对面的斗鸡大赛。

为了壮鸡威，沛王李贤让王勃写一篇檄文，别人打仗有檄文，咱们斗鸡也得有檄文。

很快，王勃洋洋洒洒写好了一篇檄文，题目是《檄英王鸡》。

这篇檄文引经据典，妙语连珠，即便放在现在，也是一篇非常好的幽默文章，不信大家可以看看译文：

鸡啊，在天上以昴日星君而著名于二十八宿，是太阳神所钟爱的。在人间，你能沟通神明，显示国运兴衰的征兆。

黎明时分，雄鸡高叫，把人们从梦中叫醒。风雨之天，胶胶而鸣，诱发人的思乡之情。宋处宗窗下的长鸣鸡啊，与处宗舒心畅谈；祖逖床前的鸡，叫醒祖逖舞剑习武。头戴鸡帽打扮成鸡形的人，那是朝廷报时间的官员；用鸡冠形的头盔做帽子，那是圣人孔门的弟子子路。秦国函谷关的夜鸣，使孟尝君安全离境；齐人百姓家鸡声的应和，让人们知道齐国的富裕。遇有疑问，人们用鸡卜卦，遇到大赦，人们把金鸡立于长杆之上。淮南王刘安之宅的鸡随刘安得道升天，宋卿房梁鸡窝里的小儿是他说不清年龄的祖宗。

鸡啊，你是高德之禽鸟，决不是普通的凡鸟所能比。文有凤冠，武有利爪，你的五种美德借助于田饶昭示给国人。雌能称霸，雄能称王，你的祥瑞之气借助于二宝呈现给秦王。辛勤饲养你们，为你们起名的祝鸡翁，使你们有了朱朱的名字。苍蝇从此不能和你并列同类，蟋蟀也从此窃取不了你美好的名声。

看你连续扑打纵横跃击的气势，哪里会有自断其尾逃避决斗的担心呢？身上涂有芥末，脚上武装金钩，你的装备之好已到极点，两翼张开，脚爪奋起，去与其他鸡搏斗吧。季平子和郈昭伯此时成了你的臣下，你雄立斗桩，俨然国君一样威风。两雄相斗必须决出胜负，一次啄击的胜利又怎能自夸呢？平常的训练中养成优良的品性，在呼号争杀中才显示出真正神威。初时看你似木头一般没有反应，关键时刻你却是铁爪横举神志昂扬。应战时，反应机敏神鬼莫测，冲杀中不由自主地尾巴高耸，俯首直击。无论是在村或是在店，碰到对手就攻击，无论生为鹳生为鹅，在同类中都要傲立群雄。凭借骁勇好斗的天性击退对手的攻击。即使力量大小悬殊，也勇于战斗；即使形势不利，也要（用我的利喙）战斗到底。

大胜之后，昂首挺胸，张开翅膀，俨然大鹏展翅。搏击中撕下的对方身上的肉，成了你口中的美食，对于败者你岂能容它有私下鸣叫的余地，不必等到交付厨房，你的铁口无异于滚水与烈火。捷报快迅传出，鹅鸭为你惊呼。胜利时刻，大家争睹你雄鹰般的矫健英姿。颁发旌旗，你依然只顾吞食对方而不害羞，用优美语言记述你的功绩时，你还把它的鸡肋放在嘴里而不吐出。

没有尽力战斗的鸡立即拉到鸡坊行刑，表现懦弱如同母鸡的鸡就要格杀勿论，战场投降认输者更应赶尽杀绝。不能像对待其他家畜一样可怜它们，它们的存在只能是连累家族的祸根。

特此发布檄文。

王勃写这篇檄文时只为了好玩，却没有想到，这篇戏谑的檄文居然砸了自己的饭碗。

檄文不幸被高宗李治看到了，李治的鼻子差点被气歪了！

李治愤怒地说道："据此是交构之渐。"

李治的意思是说，王勃写这篇檄文会让皇子们彼此之间产生矛盾。王勃身为王府修撰不去帮助维护皇子们的和谐，反而写这种玩意儿破坏和谐！

赶出去！

本是一篇搞笑檄文，却落得一个不搞笑的结果，王勃觉得自己的人生很搞笑。

被赶出王府之后，王勃便离开长安，前往巴蜀之地游历，在这里他见到了同列初唐四杰的杨炯，他们一起纵情诗酒，也算快事。在这期间，王勃曾经登山旷望，不经意间想起早已久远的诸葛亮，想想诸葛亮的功业，再想想自己，唉！

此时，王勃才意识到，尽管身在巴蜀，心却在长安。

还是回长安去吧，人的一生总要做一点事。

回到长安，王勃再次寻找机会，结果机会寥寥。

王勃的兴趣悄悄发生了偏移，他居然迷恋上了医术！

长安人曹元手里有一些秘方，王勃得知后，便找上门去，耐不住王勃的软磨硬泡，曹元便尽自己所能传授给王勃，这下王勃成为一个懂得医术的诗人了。

用现在的话说，在诗人中王勃懂的医术最多，在懂医术的人中，王勃诗写得最好。

后来王勃打听到，虢州（今河南三门峡市下属的灵宝市）盛产药草，王勃就把目标锁定虢州，经过一番运作，他终于被任命为虢州参军。

虢州参军只是一个小官，虢州在那时算一个中等州，王勃这个中等州的参军，品级为正九品，相当于现在的正股级，比他起步时的副处级，差着好几级。

不过王勃也很知足，有个正九品当着也不错，至少还能研究医药。

几年后，王勃连医药也研究不成了，他卷入了一起离奇的案件。

虢州当地有一个官奴犯了死罪，跑到了王勃的住所，王勃心软，便把这个官奴藏了起来。王勃左思右想又觉得不妥，官奴犯罪逃逸，而自己又窝藏他，这不是犯罪吗？将来追究起来，那还了得。不行，得想个稳妥的办法。

对，还是杀了他吧。

就这样，官奴死了，别人说是王勃先窝藏了他，又杀了他。

欠债还钱，杀人偿命，王勃危了。

不过这一次王勃的运气还不错，尽管他按罪当诛，但是正赶上皇帝大赦天下，王勃被无罪释放了。

然而王勃的父亲王福畤就惨了，本来在雍州做司户参军，管户籍、赋税、仓库交纳等事，而且雍州是唐朝的大州，就在长安附近，皇帝非常看重。王福畤这个司户参军品级为正七品。

现在出了王勃的“杀人案”，王福畤跟着受牵连，一下子就从雍州贬到交趾，而王福畤就是从现在的西安，一下子贬到了现在的越南。

回过头来说王勃的“杀人案”，以王勃的智商会犯下这么低智商的错误吗？

窝藏在前，杀人灭口在后？

但凡有点智商的人都做不出这样的事情，而王勃这样的天才却偏偏做了？

对这个疑点重重的“杀人案”，《旧唐书》《新唐书》皆指出王勃是因为才高遭人嫉妒，以致被人栽赃陷害。这一点，我深深赞同。

遗憾的是，无论如何，王勃身上的污点是洗不掉了，他在大唐官场的前途已经暗淡无光。

公元676年（一说671年），王勃南下探亲，准备前往交趾看望受他连累的父亲。这一年的九月九日，重阳节，王勃来到了南昌，拜会都督阎伯屿。正赶上阎伯屿刚刚整修完滕王阁（滕王阁最早由高祖李渊的儿子滕王李元婴所建），正在大会宾朋，便邀请王勃一同入座。

原本阎伯屿已经让女婿孟学士事前准备好一篇《滕王阁序》，正准备借这个机会让女婿显示才华。不过在推出孟学士之前，阎伯屿还是客套了一下，“邀请”在座的宾客写一篇《滕王阁序》。除了王勃外，别人都知道其中的缘故，偏偏王勃不知道。

阎伯屿只是跟王勃客套一下，而王勃却没有跟阎伯屿客套，接过笔就开写，一下子让阎伯屿的算盘落了空。

本来阎伯屿没把王勃放在眼里，心想，你能写成什么样呢？

等王勃一气呵成之后，满座皆惊，传世经典的《滕王阁序》由此诞生。

秋日登洪府滕王阁饯别序

豫章故郡，洪都新府。星分翼轸，地接衡庐。襟三江而带五湖，控蛮荆而引瓯越。物华天宝，龙光射斗牛之墟；人杰地灵，徐孺下陈蕃之榻。雄州雾列，俊彩星驰。台隍枕夷夏之交，宾主尽东南之美。都督阎公之雅望，棨戟遥临；宇文新州之懿范，襜帷暂驻。十旬休暇，胜友如云；千里逢迎，高朋满座。腾蛟起凤，孟学士之词宗；紫电青霜，王将军之武库。家君作宰，路出名区；童子何知，躬逢胜饯。

时维九月，序属三秋。潦水尽而寒潭清，烟光凝而暮山紫。俨骖騑于上路，访风景于崇阿；临帝子之长洲，得天人之旧馆。层峦耸翠，上出重霄；飞阁流丹，下临无地。鹤汀凫渚，穷岛屿之萦回；桂殿兰宫，即冈峦之体势。

被绣闼，俯雕甍，山原旷其盈视，川泽盱其骇瞩。闾阎扑地，钟鸣鼎食之家；舸舰迷津，青雀黄龙之舳。云销雨霁，彩彻区明。落霞与孤鹜齐飞，秋水共长天一色。渔舟唱晚，响穷彭蠡之滨；雁阵惊寒，声断衡阳之浦。

遥襟甫畅，逸兴遄飞。爽籁发而清风生，纤歌凝而白云遏。睢园绿竹，气凌彭泽之樽；邺水朱华，光照临川之笔。四美具，二难并；穷睇眄于中天，极娱游于暇日。天高地迥，觉宇宙之无穷；兴尽悲来，识盈虚之有数。望长安于日下，目吴会于云间。地势极而南溟深，天柱高而北辰远。关山难越，谁悲失路之人？萍水相逢，尽是他乡之客。怀帝阍而不见，奉宣室以何年？

嗟乎！时运不齐，命途多舛；冯唐易老，李广难封。屈贾谊于长沙，非无圣主；窜梁鸿于海曲，岂乏明时？所赖君子见机，达人知命。老当益壮，宁移白首之心？穷且益坚，不坠青云之志。酌贪泉而觉爽，处涸辙以犹欢。北海虽赊，扶摇可接；东隅已逝，桑榆非晚。孟尝高洁，空余报国之心；阮籍猖狂，岂效穷途之哭！

勃，三尺微命，一介书生。无路请缨，等终军之弱冠；有怀投笔，慕宗悫之长风。舍簪笏于百龄，奉晨昏于万里；非谢家之宝树，接孟氏之芳邻。他日趋庭，叨陪鲤对；今兹捧袂，喜托龙门。杨意不逢，抚凌云而自惜；钟期既遇，奏流水以何惭？

呜乎！胜地不常，盛筵难再；兰亭已矣，梓泽丘墟。临别赠言，幸承恩于伟饯；登高作赋，是所望于群公。敢竭鄙诚，恭疏短引；一言均赋，四韵俱成。请洒潘江，各倾陆海云尔。

“落霞与孤鹜齐飞，秋水共长天一色”，当这一千古名句广为传诵时，王勃便与滕王阁紧紧联系在一起。此后历代，滕王阁几兴几废，然而无论兴废，王勃的《滕王阁序》始终是传世经典，有滕王阁就有《滕王阁序》，即便没有滕王阁，《滕王阁序》依然传承不休。

滕王阁最后一次毁于 1926 年的战火，北洋军阀邓如琢部纵火烧毁。

1942 年，古建筑大师梁思成偕同其弟子莫宗江根据“天籁阁”旧藏宋宫廷画《滕王阁》绘制了八幅《重建滕王阁计划草图》，这成为滕王阁第 29 次重建的建筑蓝图。

1989 年 10 月，滕王阁重见天日。

时至今日，滕王阁与岳阳楼、黄鹤楼并称江南三大名楼，王勃、范仲淹、崔颢也因为各自的诗篇成为三大名楼永恒的代言人。

写成《滕王阁序》后，王勃踏上南下探亲的路，同时也走到了人生的尽头。

这一年，王勃乘船进入南海，落水而卒，时年 27 岁。

是主动赴水，还是失足落水，皆有可能。

船入汪洋大海，回想人生经历，最易引发人生感慨，当此时，生死只是一闪念。

有的人虽生犹死，有的人虽死犹生。

既然生，就生如夏花之绚烂；淡然死，却死若秋叶之静美。

一抔之土未干，六尺之孤何托

骆宾王

在初唐四杰中，王勃和骆宾王都是有故事的人，相比于王勃，骆宾王的人生更加跌宕起伏。

同王勃一样，骆宾王也是一个神童，当别人七岁还只能“坐湿”时，骆宾王已经能作诗了！

据说骆宾王人生中第一首诗是源自一次家长的显摆。

显摆的是骆宾王的爷爷，当时骆爷爷正对来访的好友显摆自己的孙子聪明。好友不信，存心出难题，便指着河塘里正在游泳的三只白鹅说，你孙子不是聪明吗？干脆以眼前景色作一首诗吧！

骆爷爷紧张了起来，这是存心让人下不了台啊！

七岁的骆宾王却没有退缩，上前几步，看着眼前的一切，略微思索了一下，然后脱口而出：

鹅，鹅，鹅，
曲项向天歌。
白毛浮绿水，
红掌拨清波。

骆宾王吟诵完毕，众人皆服，骆爷爷更是高兴得找不着北，“神童”之说不胫而走，从此骆宾王被盖上了“神童”的印戳。

然而，同如今的神童一样，神童只是领先在起跑线上，在人生的马拉松里，神童却未必能够领先常人，这就是人们常说的“小时了了，大未必佳”。

高尚是高尚者的墓志铭，卑鄙是卑鄙者的通行证，一个成年人立足社会，有原则有性格的人往往路越走越窄，没有原则的人却越走越宽。

骆宾王的人生之路越走越窄，因为他是个有性格的人。

骆宾王成年之后，进入道王李元庆的府中，李元庆时任豫州刺史，府中养着一批像骆宾王这样的闲人。闲人骆宾王是孤傲的，他不肯低三下四，也不肯托关系走后门，因此在李元庆府中数年，李元庆只知道有这么一个人，却不知道这个人到底能做什么。

忽然有一天李元庆心血来潮，召来了骆宾王等闲人，让他们每人写一篇《自叙状》，个人有什么才能，就在《自叙状》上写出来。

对于一般人来说，这是一次求之不得的机会，孤傲的骆宾王却放弃了。

他在自叙状的结尾写道：

> 若乃脂韦其迹，乾没其心，说己之长，言身之善，腼容冒进，贪禄要君，上以紊国家之大猷，下以渎狷介之高节，此凶人以为耻，况吉士之为荣乎？所以令其能，斯不奉令。谨状。

骆宾王不屑于写这种自我吹嘘的东西，别人以为写《自叙状》是荣幸，而在他看来却是耻辱。

如此一来，骆宾王在道王府待不下去了，道王不能容忍这个有性格的大爷。

有性格是好事，但不经意间，骆宾王被自己的性格给耽误了。

有性格的骆宾王在现实中碰得头破血流，虽然有一身的本领，却一直没有遇到对他青眼有加的伯乐。

现实是最好的老师，骆宾王开始向现实屈服，他收起自己的孤傲，取而代之的是无比的谦卑。

骆宾王开始拼命寻找机会，寻找各种能让自己升迁的机会，在自荐信中，他也开始自我表扬，“九流百氏，颇总辑其异端；万卷五车，亦精研其奥旨”，这些昔日他不愿意写、不愿意说的话开始出现在自荐信上，对于骆宾王而言，是个不小的转折。

然而，即便骆宾王放低了姿态，现实给予他的阳光还是很有限的。

世间千里马少有，伯乐更少有。

骆宾王经过多年努力，终于步入官场，历任武功县主簿、长安县主簿。

县主簿是多大的官呢？从八品，副科级。

还好，骆宾王不嫌官小，他兢兢业业，勤勤恳恳，终于得到提升，当上了侍御史。

侍御史是监察官员，品级从六品，相当于副处级。

当上侍御史之后，骆宾王以为自己迎来了人生的转机，他频频给武则天上书，针砭时弊，对武则天的诸多做法提出批评，这让武则天不胜其烦。接着骆宾王又将矛头对准了盛极一时的酷吏，严词弹劾酷吏的不法行为。

骆宾王把武则天和酷吏都得罪了，等待他的自然没有好果子。

不久，骆宾王被指“贪赃”，被打入大狱，这一年骆宾王 51 岁。

在狱中，骆宾王悲愤不已，于是写下了《在狱咏蝉》。

西陆蝉声唱，南冠客思深。
那堪玄鬓影，来对白头吟。
露重飞难进，风多响易沉。
无人信高洁，谁为表予心。

“露重飞难进，风多响易沉”，这是蝉的现实，又何尝不是骆宾王人生的写照！

还好，武则天并不想要骆宾王的命，一年后，骆宾王被赦免出狱。

又过了一年，骆宾王被委任为临海县丞，品级从八品，副科级。

这一年骆宾王 53 岁，他已经把一切看透了。自己费尽心机，到头来不还是一个从八品的县丞吗？已经过了知天命的年龄，还要留恋县丞这个槽位吗？

这个官不当也罢！

骆宾王怀着一腔悲愤弃官而去，多年的郁闷已经在他的内心中形成了一个火药筒，他需要一个爆发的机会。

四年后，机会来了，骆宾王把握住了这次机会，把自己的名字永远留在青史之中。

公元 684 年，大唐王朝发生剧变。

刚刚登基一个多月的皇帝李显被皇太后武则天废黜，武则天改立时任豫王的李旦为皇帝。李旦名为皇帝，却只是一个傀儡，对国家大事不能过问，权力尽落皇太后武则天之手。

改朝换代的迹象已经显现，李唐王朝的重臣开始遭到打压。

哪里有压迫，哪里就有反抗，很快，三朝元老李世勣（《说唐》里徐茂公的原型）的孙子徐敬业（李世勣本姓徐，赐姓李）因为被贬，心绪难平，便在扬州举起了反叛的大旗。

骆宾王的机会来了。

对于骆宾王与徐敬业的聚合有两种说法，一种是骆宾王主动前往效力，另一种是徐敬业主动发出邀请，总之两个失意的人一拍即合，于是就诞生了那篇名垂青史的檄文《讨武曌檄》：

伪临朝武氏者，性非和顺，地实寒微。昔充太宗下陈，曾以更衣入侍。洎乎晚节，秽乱春宫。潜隐先帝之私，阴图后房之嬖。入门见嫉，蛾眉不肯让人；掩袖工谗，狐媚偏能惑主。践元后于翚翟，陷吾君于聚麀。加以虺蜴为心，豺狼成性，近狎邪僻，残害忠良，杀姊屠兄，弑君鸩母。人神之所同嫉，天地之所不容。犹复包藏祸心，窥窃神器。君之爱子，幽之于别宫；贼之宗盟，委之以重任。呜呼！霍子孟之不作，朱虚侯之已亡。燕啄皇孙，知汉祚之将尽；龙漦帝后，识夏庭之遽衰。

敬业皇唐旧臣，公侯冢子。奉先帝之成业，荷本朝之厚恩。宋微子之兴悲，良有以也；袁君山之流涕，岂徒然哉！是用气愤风云，志安社稷。因天下之失望，顺宇内之推心，爰举义旗，以清妖孽。南连百越，北尽三河，铁骑成群，玉轴相接。海陵红粟，仓储之积靡穷；江浦黄旗，匡复之功何远？班声动而北风起，剑气冲而南斗平。喑呜则山岳崩颓，叱咤则风云变色。以此制敌，何敌不摧；以此图功，何功不克！

公等或家传汉爵，或地协周亲，或膺重寄于爪牙，或受顾命于宣室。言犹在耳，忠岂忘心？一抔之土未干，六尺之孤何托？倘能转祸为福，送往事居，共立勤王之勋，无废旧君之命，凡诸爵赏，同指山河。若其眷恋穷城，徘徊歧路，坐昧先几之兆，必贻后至之诛。请看今日之域中，竟是谁家之天下！移檄州郡，咸使知闻。

《讨武瞾檄》让武则天背上千古骂名，同时也成就了骆宾王的千古盛名，从某种角度而言，骆宾王就是为《讨武瞾檄》而生。

当《讨武瞾檄》传到宫中时，武则天饶有兴趣地读了一遍。

当看到“入门见嫉，蛾眉不肯让人；掩袖工谗，狐媚偏能惑主”时，武则天笑了，尽管这是骂人的话，但也从反面证明自己的美艳，女人都希望别人说自己漂亮，武则天也不例外。

当看到“一抔之土未干，六尺之孤何托”时，武则天也被作者的文采折服了，写得真好！

这时武则天抬头问左右，这是谁写的？

左右回答说，骆宾王。

武则天一声叹息：宰相安得失此人！

成功是什么？成功就是连你的对手都深深佩服你。

数百年后，骆宾王的《讨武瞾檄》被另外一个人抄袭，这个人在檄文的最后写道：请观今日域中，仍是朱家之天下。

这个人就是吴三桂，他的檄文是《讨闯贼李自成檄》。

无论是骆宾王，还是吴三桂，他们都是无言的结局。

在骆宾王发布《讨武瞾檄》后，徐敬业的反抗大军从表面上看赢得了天下道义，但没有赢得最后的战争。

檄文发出，叫好声不绝，然而“班声动而北风起，剑气冲而南斗平”的局面并没有出现，徐敬业和骆宾王所期待的风起云涌也没有出现，自始至终，只有他们这一支反抗军，并没有想象中的一呼百应。

仅仅三个月，徐敬业的反抗军就告失败，徐敬业和骆宾王面临着何以家为的艰难抉择。

徐敬业原本打算乘船入海，前往高句丽避难，然而天公不作美，海上刮起了大风，而且是逆风。

树倒猢狲散。

有些猢狲顺势散了，有些猢狲起了二心。

徐敬业的部将王那相原本打算跟徐敬业一起前往高句丽，现在海上起风了，而且是逆风，王那相也改变了主意，不去高句丽了，去洛阳。

去洛阳？投名状在哪里？

徐敬业的头！

王那相为了去洛阳的梦想向徐敬业发难，徐敬业以下二十余位头领都被王那相所害，反武大旗就此倒下。

反武大业结束了，骆宾王的千古传奇却就此开始，至今难以破解。

骆宾王的最终结局究竟是什么呢？

《旧唐书》：敬业败，伏诛。

《新唐书》：敬业败，宾王亡命，不知所之。

《唐才子传》：及败亡命，不知所之。

《全唐诗》：敬业事败，宾王亡命，不知所终。

有人说他死了，有人说他跑了，总之，在那个丧乱的时间节点，初唐四杰之一骆宾王不知所终。

后来民间流传着这样一个故事：

诗人宋之问被贬往越州（今绍兴），途中夜宿灵隐寺。当夜月色清明，宋之问在长廊漫步，诗兴大发，于是吟出两句：鹫岭郁岧峣，龙宫隐寂寥。

然而吟出两句后，后面接不下去了。这时旁边有一老僧燃灯坐禅，问道："少年不寐，而吟讽甚苦，为何？"

宋之问曰："欲题此寺，而思不属。"

老僧笑曰："何不道'楼观沧海日，门对浙江潮'。"

经老僧一接茬，宋之问有了思路，接着吟道：

桂子月中落，天香云外飘。
扪萝登塔远，刳木取泉遥。
霜薄花更发，冰轻叶未凋。
待入天台路，看余度石桥。

第二天，宋之问又来找老僧，却怎么也没有找到，已经消失了。

宋之问询问其他僧人，僧人说，老僧的俗名叫骆宾王。

这个故事挺有传奇色彩，其实可能是编的，因为骆宾王和宋之问早就认识，而且骆宾王的诗集中还有几首送给宋之问的诗。两人交情到了赠诗的地步，却面对面不认识？

难道骆宾王学会了易容术？

易容术只存在于金庸、古龙的武侠世界里。

关于骆宾王的最后结局，已经说不清了，明代有人记载，曾经在江苏南通城东黄泥口发现了一座古墓，墓碑刻着：骆宾王之墓。

清代乾隆年间有人在南通发现这座古墓，并找到了刻有“唐骆”的石碑和枯骨，之后收殓骸骨，重新葬在了狼山脚下。

狼山骆宾王墓有一石坊，上写：

碑掘黄泥，五山片壤栖灵爽。
笔传青史，一檄千秋著令名。

如今，在骆宾王的老家——浙江义乌，在原骆宾王故居的地面上盖起了一座公园，名曰：骆宾王公园。在义乌城中，有一座市场叫“宾王市场”，有一条大街叫“宾王路”，有一座大桥叫“宾王大桥”，有一所中学叫“宾王中学”。

义乌不仅仅出小商品，还出了一个名人骆宾王。

尔曹身与名俱灭，不废江河万古流！

——杜甫《戏为六绝句》

李勣
国之长城，义名天下

当我们还在为骆宾王的人生际遇感慨时，有一个人却早已成为徐敬业和骆宾王反武的受害者，徐敬业的起兵让这个人一生的努力都化为乌有。这个人一生小心翼翼都抵不过徐敬业的一时冲动，而他也因为徐敬业的牵连，从终点又回到一生的起点。他原本姓徐，现在还姓徐。

这个人就是徐敬业的爷爷李勣。

他姓李，孙子姓徐，没搞错吧？没搞错！

说起李勣这一生，姓名是多变的。

李勣原名徐世勣，投降唐朝后被高祖李渊赐姓李，于是就变成了李世勣。

唐太宗李世民即位后，为了避李世民的讳，李世勣就把“世”字收藏了，名字改成李勣。

李勣的孙子徐敬业（原本叫李敬业）吹响反武号角后，李勣一门就被打回原形，剥夺李姓，重新姓徐，此时他应该叫徐勣，只是他本人已经改不了，此时他已经去世 15 年了。

李勣一生的努力，都毁于一个孙子的所谓义举。

李勣这个人在古代名将里是能排上号的，唐肃宗曾经把他列为古代十大名将。唐肃宗认为古代名将只有卫青和霍去病可以与他相提并论，而唐太宗李世民则认为，李靖和李勣，是可以跟古代名将韩信、白起、卫青、霍去病相提并论的。

有唐一代，李靖和李勣，堪称唐朝历史上数一数二的名将。

遗憾的是，相比于李勣的战功，他的知名度是打了折扣的，而且是大大的折扣。在他之前的李靖，被后世神化为“托塔李天王”，在他身后的薛仁贵，成了民间美誉度极高的大唐名将，在他身后的郭子仪，被称为中兴名将，而李勣，在他们的盛名下显得黯淡无光。

其实不然，以战功论，以当时之名，李勣相比于这几位，有过之无不及。

李勣是一个经历复杂的人。

李勣早年参加了隋末起义大军，大军的首领在后世的名声很响亮——翟让。在隋末农民起义的瓦岗军中，翟让和李密是相提并论的。瓦岗军最初的首领是翟让，后来流浪江湖的李密加入这支队伍，很快李密就和翟让相提并论了。

历史书中，很多农民起义领袖的名字是并列的，比如陈胜吴广、翟让李密、黄巢王仙芝，以及《水浒传》中的晁盖宋江，看到这些名字时会想当然地以为这些起义领袖之间必定存在着过命的交情和亲密无间的革命友谊，其实不然。

陈胜和吴广是有矛盾的，吴广最后死于陈胜之手。

翟让和李密是有矛盾的，翟让最后死于李密之手。

黄巢和王仙芝是有矛盾的，王仙芝和黄巢最终分崩离析。

晁盖和宋江是有矛盾的，宋江上山之后，晁盖就成为有名无实的空头领袖。

有人的地方就有江湖，有江湖的地方就有矛盾，有矛盾的地方就会你争我夺，这是自然界的客观规律，毕竟一山难容二虎。

李勣人生中的第一次险情就出现在翟让和李密的火并之中，当时李密交给翟让一张弓，这张弓做工非常精良，翟让爱不释手，李密笑着说，不妨张弓试一下。

翟让依言，用力张了一下弓，他没有想到，在他张弓的同时，李密的死士举起了刀。

别人是摔杯为号，李密改了，张弓为号。

火并开始了，翟让和他的亲信倒在了血泊之中，身为翟让亲信的李勣也没有躲开，他挣扎着跑了出去，脖子上还是挨了一刀。

正当杀手还要砍第二刀时，有人救下了李勣，李密知道李勣是自己需要的人才，便放过了李勣，并对他继续委以重任。

后来，李密在与宇文化及以及王世充的争斗中失利，队伍溃散，不得已投降了李渊建立的唐朝。

李勣也跟着投降了唐朝，他做了一件事，这件事让李勣赢得李渊的尊重。

李勣做了一件什么事呢？

他把原本归属李密帐下的城池地图包括户籍等资料一并呈送给了李渊，并且声明，这是李密的，不是我李勣的，我只是替李密转交而已。

城池地图以及户籍对于皇帝来说是至关重要的，取得这些就能取得最后的统治权。李勣明明可以把这些功劳归于自己名下，却拱手让给了李密，这让李渊对他刮目相看。

如此忠臣良将，那就赐姓李吧！

这样徐世勣就变成了李世勣，他的父亲徐盖也变成了李盖，别人是儿子跟着父亲姓，他家是父亲跟着儿子姓。

从此，李勣成为大唐王朝一员不可或缺的战将，历经高祖、太宗、高宗三朝不倒，堪称大唐历史上的奇迹。

在此期间，李勣有过战败被迫投降的时候（投降窦建德），也有过猝不及防丢盔卸甲的时候（被刘黑闼打得只剩一人一马），但他都挺过来了，成为李唐王朝最倚重的战将之一。

在唐太宗贞观年间，李勣跟名将李靖一起出征突厥，最终让突厥颉利可汗无路可走，颉利可汗被唐军俘获，猖獗一时的东突厥被灭国。

在唐高宗时代，李勣利用高句丽国内发生内乱的天赐良机，率军攻克高句丽都城平壤，最终将高句丽灭国，隋文帝、隋炀帝、唐太宗三代皇帝想做而没有做成的事，李勣做成了。

太宗李世民曾不无骄傲地对众臣说，隋朝靠修筑长城防范突厥，而我只把李世勣放在并州防范突厥，十六年烽烟不起，李世勣就是朕之长城。

国之长城，由此得名。

“日中则移，月满则亏，物盛则衰，天地常数”，李勣深知这个道理，在立功的同时小心翼翼，在坚持原则的同时也保持着处世的圆滑。

老领导李密伏诛后，李勣经皇帝李渊同意后，为李密收尸厚葬，并披麻戴孝。

老兄弟单雄信伏诛时，他割下自己大腿上的一块肉，煮熟后喂给单雄信吃，以此表达兄弟同死之心，而在单雄信死后，他又奉养了单雄信的妻子和孩子。

既能坚持原则，又有处世的圆滑，既赢得了有情有义的声名，又保持了对李唐王朝的忠诚。

贞观十七年，太宗李世民将有功于唐的忠臣良将画像凌烟阁，总共 24 人，李勣名列其中；唐高宗李治即位，重新画像凌烟阁，当时的大臣之中，唯有长孙无忌和李勣享此殊荣；武则天从昭仪升位皇后，长孙无忌等重臣被贬出京城，最后客死他乡，而李勣却依然列高位，恩宠不减。

历经高祖、太宗、高宗三朝恩宠不减的，唯此一人。

李勣之所以能够恩宠不减，归根结底还在于他有一双洞察世态的眼睛，在伴君如伴虎的氛围下，这双眼睛尤为重要。

唐太宗执政末期，李世民开始寻找托孤重臣，在锁定大舅哥长孙无忌后，李勣是他的重点考察对象。在这期间，李勣受到的恩宠别人无法比。

李勣患病，需要一例药引子——胡须灰，李世民剪下自己的胡须，烧成了灰，用来给李勣配药，李勣无言，唯有叩头谢恩，一直叩出了血。

李勣与李世民闲聊，李世民说，我正在寻找托孤大臣，在我看来，只有你了。李勣闻言，两眼含泪，无法表达自己的情感，生生把自己的指头咬出了血。

李勣参加宫廷宴会喝高了，躺在席上沉睡，李世民解下自己的黄袍轻轻给他盖上，此“黄袍加身”比赵匡胤的“黄袍加身”早数百年！

恩宠至此，一般人都容易模糊双眼，而李勣保持着清醒，他知道自己的地位，也知道自己的本分。

考验很快来了，贞观二十三年，太宗李世民病重，这时突然降下一道出人意料的诏书：将李勣贬出长安，出任叠州都督。叠州位于今天的甘肃省。

当天晚上，李勣的家人还在等他回来吃饭，等了许久还没回来，一问才知道，出差了，去哪儿？叠州！什么时候回来？不知道！

为什么李勣接到诏书连家都不回呢？因为他是聪明人，他看出了这道诏书背后的杀机。

在贬黜李勣的同时，李世民对太子李治说，李勣的能力出众，而你对他没有恩宠，恐怕不好使用，我现在把他贬黜，如果他有片刻犹豫，你就杀了他，如果没有犹豫，你即位后将他召回来重用。

这道诏书是什么？这道诏书是李世民父子给李勣出的考试题，试一试李勣是否唯皇命是从，试一试李勣是否将一颗忠心全部献给了李唐王朝。

幸亏李勣聪明，没做片刻停留，也没有回家拿刷牙的牙刷。

不然他就死牙刷上了！

所谓君王恩宠，说到底是一张美女画皮。

唐太宗驾崩之后，李治即位成为皇帝，自此李勣成为李治的股肱之臣，并且在关键时刻，经受住了考验。

这个关键时刻，就是武则天升任皇后的时刻。

武则天原本是唐太宗的才人，朝廷内外都知道这个事实，李治想把武则天扶上皇后宝座，以长孙无忌、褚遂良为首的大臣们坚决不答应。

这不符合礼仪。

长孙无忌和褚遂良反对武则天当皇后，一是因为礼仪，二是担心皇帝李治和武则天联手后会大大压制相权，这是长孙无忌他们所不愿意看到的。

皇权与相权之争，古往今来一直存在，两者就如同弹簧，你弱他就强。

就在长孙无忌和褚遂良拼命反对时，李勣已经看透了这个局，这既是在争皇后，也是在争未来的权力主体，说白了争的是权，他沉默了。

当皇帝李治征求他的意见时，老到的李勣给出了这样一句话，这是陛下的家事，何必再去问别人？

窗户纸一捅就破，形势急转直下，主意已定的李治力排众议将武则天扶上了皇后的宝座，而且将反对立后的褚遂良等人贬出长安，从此远离权力中心。

对于李勣在立后中的表现，史家有很多指责，很多人认为正是李勣的纵容，才让武则天登上了皇后之位，后来还革了唐命。

其实，李勣很明白，他知道武则天不是孤零零一个人，武则天的背后站着皇帝李治，即使他李勣不支持，仍然有人支持，即使他李勣不说话，仍然有人说话。他李勣所要做的事，就是守好自己的本分。

公元668年，李勣达到了一生功业的巅峰，他以统帅的身份，率领远征高句丽大军攻破高句丽首都平壤，太宗李世民终其一生未能实现的目标被李勣实现了。

这一年十二月十七日，皇帝李治在长安郊外祭祀天神，向天神禀告大唐攻克高句丽的消息。而在皇帝李治之后，李勣作为第二个献祭的人，在儒家的礼仪里，这是一份至高无上的荣誉，这也是李勣一生荣耀的顶点。

即便如此，李勣的头脑依然清醒，他知道所有的一切都是虚的，所谓荣耀，所谓富贵，都是虚的。

一年后，李勣病重，他对自己的弟弟李弼说，我死以后，严管子孙，发现谁的思想危险，谁在外结交行为不端之人，一律先行打死，再报告皇帝。

除此之外，李勣不再说话，直到病逝。

关于他的年龄，《旧唐书》和《新唐书》打起了架，《旧唐书》说他享年 76 岁，《新唐书》说他享年 85 岁，无论哪个数字是真的，在“人生七十古来稀”的时代，李勣都算高寿了。

在他身后，哀荣极盛，皇帝李治恩准他陪葬昭陵（太宗李世民陵寝），他的陵墓修筑得如同阴山、铁山、乌德鞬山，以表彰他攻破东突厥汗国、薛延陀汗国的不朽功绩，他还被谥号“贞武”。

明末清初著名思想家王夫之对李勣曾作出如此评价：

> 于李密，忠也；于单雄信，义也；于兵士，恤也；于唐朝，始终如一，灭之高句丽，功至高也。

此言不虚。

遗憾的是，尽管李勣一生功高至此，谨慎如是，他还是没有想到，自己的数十年功业就毁于一根小小的肇事火柴。

这根小小的肇事火柴就是他的孙子徐敬业。

徐敬业反武之后，李勣的所有官职被追夺，棺木尸体被毁坏，同时被剥夺李姓，改回徐姓，此时他应该叫徐勣了。

唐中宗李显复位后，徐勣得到了平反，李显诏书曰：宜特垂恩礼，令所司速为起坟，所有官爵，并宜追复。

在《旧唐书》里，李靖、李勣列传中有如此评语：功定华夷，志怀忠义。白首平戎，贤哉英、卫。

从徐世勣到李世勣，从李世勣到李勣，从李勣到徐勣，从恩宠到毁坟，从毁坟再到平反，生活对于李勣而言就是一张张票根，幸好他早有一颗驿动的心。

褚遂良
一颗忠心凭谁问

当唐太宗李世民不久于人世时，他的病榻前一直站着两个人，一个是他一直信任而且恩宠有加的大舅哥长孙无忌，另一个就是以一颗忠心赢得他信任的褚遂良。相比于长孙无忌的“近水楼台”，褚遂良凭借自己的忠心和能力赢得了李世民的最终信任。

褚遂良的身份是太宗托孤重臣，而他还有另外一个身份：初唐四大书法家。

初唐四大书法家分别是欧阳询、虞世南、褚遂良、薛稷。由于初唐的政治是贵族政治，因此四大书法家之间存在着不少交集，而褚遂良与另外三位都有着千丝万缕的联系。

欧阳询是褚遂良父亲褚亮的朋友，一直对褚遂良很是看重，最终褚遂良没有辜负他的期待。

虞世南是隋炀帝宠臣虞世基的弟弟，兄弟二人都是才华横溢，但是在历史上声名却判若云泥，由此可见，橘生于南则为橘，生于北则为枳，基因虽然相同，却因环境而大不同。值得一提的是，褚遂良跟虞世南学过书法，因此虞世南也就是褚遂良的书法老师之一。

至于薛稷，他跟褚遂良的关系更直接，他的书法正是跟褚遂良学的，因此他是褚遂良的徒弟。薛稷除了是书法家、是褚遂良的徒弟，他还有另外两个身份，隋朝文学家薛道衡的曾孙，唐朝良臣魏征的外孙，名门之后。

褚遂良最终进入唐太宗李世民的视线是因为书法，而他进入唐朝的官场则是因为他的父亲褚亮。

褚亮在历史上的名头没有儿子褚遂良大，不过在贞观年间，他也是有来头的，他跟长孙无忌、房玄龄、杜如晦一样，他们都出自一个集团：十八学士。

当初李世民在南征北战时不忘笼络人才为自己所用，经过他的笼络，先后有18位当时的能人归入他的帐下，长孙无忌、房玄龄、杜如晦是其中名头最响亮的，而褚亮和另外14人也是李世民不可或缺的人才，他们凑在一起，正好凑成了“十八学士”。

后来李世民命大画家阎立本为十八学士画像，是为《十八学士写真图》，而在每个人的写真图上，都有相应的评语称为“赞”。这些“赞”就是褚遂良的父亲褚亮写的，因此《十八学士写真图》其实也有褚亮的一份功劳。

褚亮官至散骑常侍，这个官是皇帝身边的近臣，主要负责陪伴皇帝，提出建议，另外还有顾问应对之职，品级从三品，相当于副部级。

从太宗李世民开始，“十八学士”的典故就流传开来，后来唐玄宗李隆基也搞了一个“十八学士”，不过那个“十八学士”与太宗李世民的“十八学士”已经不可同日而语。一千多年后，一位华人世界的武侠小说大师将这个典故用在了自己的武侠小说里，这就是《天龙八部》里段誉提到的茶花品种“十八学士”，这位大师就是金庸。

回过头来继续说褚遂良的故事，褚遂良跟父亲褚亮原本一起效力于割据势力薛举的帐下，太宗李世民将薛举父子势力铲平后，在乱军之中找到了褚亮，他早就听说褚亮的声名，现在他要把褚亮收为己用。

褚遂良由此进入唐朝官场，从秦王府铠曹参军做起。铠曹参军是主管军事器械的官员，虽然官不大，但是很重要，武则天的父亲就曾经在高祖李渊起兵时当过这个官，这个官一般都用信得过的人。

进入贞观年间，褚遂良先是升任秘书郎，后来又转任起居郎。秘书郎是负责皇家图书馆收藏和校写的官员，而起居郎则是负责记录皇帝每日言行的官员，这个官职虽然只有从六品，相当于副处级，但是担任者是跟随皇帝左右的人，是天子近臣。

不过一开始起居郎褚遂良并没有引起李世民的过多关注，此时一个人的辞世给褚遂良带来了转机。

贞观十二年五月二十五日，弘文馆学士虞世南逝世，享年 81 岁，虞世南的逝世让李世民非常悲痛。

李世民曾经称赞虞世南有五绝：一、德行；二、忠直；三、博学；四、文章；五、书法。曾经有一次李世民出行，属下官员准备给李世民带一些典籍以供有疑问时查阅，李世民摆摆手，不用，带着虞世南就够了。

现在虞世南走了，李世民有些伤感，他对魏征说："虞世南死后，无人可以论书！"（这里的书指的是书法）

听话听音，魏征马上反应了过来，虞世南走了，不是还有褚遂良吗，他的书法也不错。

魏征随即回应道："褚遂良下笔遒劲，甚得王逸少体。"（王逸少即王羲之）

这句话或许改变了褚遂良的一生。

听魏征如此一说，李世民马上征召褚遂良为侍书（御用书法教师），从此褚遂良走近了李世民。

事实证明，褚遂良的书法造诣确实很高，不仅字写得好，而且还是鉴定王羲之字迹的行家里手。当时李世民酷爱王羲之的字，从各地搜罗了很多王羲之的字，当然这些字真真假假，需要一个高手来辨认。此时褚遂良便扮演起鉴定专家的角色，结果真迹一一辨认而出，而假冒伪劣也没有了藏身之地。

三年后，褚遂良由起居郎升任谏议大夫，同时起居郎的职责仍由他担任。起居郎为从六品，副处级，而谏议大夫则为正五品，正厅局级，由此可见，还是近水楼台先得月。

对于褚遂良所做的起居注，李世民一直很感兴趣，他甚至问褚遂良，我能看看吗？

褚遂良严肃地说，起居注自古就有，为的就是让君王避免做非法的事，从来没听说过君王看关于自己的起居注。

李世民接着问道："朕有不善，卿必记之耶？"

褚遂良正色回应道："守道不如守官，臣职当载笔，君举必记！"

这时黄门侍郎刘洎插话说："就算褚遂良不记，天下人也会记的！"（"设令遂良不记，天下亦记之矣"）

李世民默然，他认同了褚遂良的做法。

如果说擅长书法和忠于职守让褚遂良赢得了李世民的信任，那么褚遂良的不断进言就为褚遂良不断加分，一直把他从一个贞观十年的小小秘书郎加分到太宗的托孤重臣。

褚遂良给李世民的进言有很多，其中比较重要的有四次。

第一次，他进言劝阻李世民进行封禅大典，李世民听从了，终李世民贞观一朝，没有举行封禅大典，不过未能封禅也是李世民一生的遗憾。

第二次，他进言建议李世民早定太子和亲王的身份。当时魏王李泰和太子李承乾争储，而李世民犹豫不决，褚遂良因此有了这次进言。

褚遂良的第三次进言与高宗李治的命运息息相关，如果不是褚遂良的力谏，或许就没有唐高宗李治，可能也没有了武则天。

贞观十七年，太子李承乾因疑似谋反被废黜，魏王李泰以为自己的机会到了。在李泰进宫殷勤服侍李世民时，李世民一度有了立李泰为太子的想法，因此便当面告诉李泰，准备立李泰为太子。李泰闻言，激动不已，他扑进李世民的怀中感慨地说道："儿臣今天才真正成为您看重的儿子，这是我的重生之日。我现在只有一个儿子，等儿臣百年之后，一定把这个儿子杀了，然后传位给晋王李治！"

酒不能喝多，同时话也不能说多，而李泰偏偏为了表示忠心，说了过头话。

当李世民把这句话转述给大臣们听时，褚遂良站了出来。

"陛下，您说错话了，希望您好好思考一下，别再犯错误。以前您立李承乾为太子，却同时宠爱魏王李泰，结果最后导致李承乾被废黜。这些事都刚发生不久，希望您能引以为鉴。现在您准备立魏王李泰为太子，那么您还是把晋王李治先处理掉吧！"

褚遂良的意思很明确，以魏王李泰连亲生儿子都能杀的性格，登基之后，必定对晋王李治以及前太子李承乾不利，现在他指出这个结果，让李世民看着办。

李世民被逼到墙角，动情地流下了眼泪，让一个父亲为了拥立一个儿子而杀另一个儿子，这是天底下最难的事情，最后他无奈地说："我不能！"

最终在长孙无忌和褚遂良的坚持下，晋王李治被立为太子，最终李治能够成为皇帝，褚遂良功不可没。

在李治被立为太子后，一段时间内频频有野山鸡飞临皇宫，李世民有些好奇，便问大臣们，这是什么征兆呢？

这时褚遂良站了出来，说道："昔日秦文公时，有童子化为野山鸡，雌者鸣于陈仓，雄者鸣于南阳。童子曰：得雄者王，得雌者霸。秦文公得到了雌鸡成为霸主，后来就把陈仓改名为宝鸡。后来汉光武刘秀得到了雄鸡，于是就从南阳起兵，最后登基做了皇帝。陛下旧封秦王，所以雄雉都在秦地出现，这是彰显您明德的征兆！”（今天的陕西省宝鸡市的名字即由此而来）

李世民闻言，大为高兴，随即说道：“立身之道，不可无学，遂良博识，深可重也。”

褚遂良的第四次进言出现在贞观十八年，这一年李世民计划出征高句丽，褚遂良上书阻止，然而这一次李世民却没有听从，还是坚持发动了远征高句丽之战。

遗憾的是，这次远征高句丽，虽未惨败，但最终也告失败，这一切都被褚遂良不幸言中。

贞观十七年，这一年对于贞观一朝是个分水岭。

这一年，太子李承乾被废黜，晋王李治被立为新太子。

这一年，千古良臣魏征病逝，劝谏皇帝的重担转到了褚遂良的身上。

就我个人感觉，我认为魏征的进言原则性的东西多，却空洞无物，有时纯粹是为了进言而进言，而褚遂良的进言，既有原则性的东西，也有很实际的东西，这样的进言其实对皇帝的帮助更大！（此为笔者一家之言）

从贞观十七年开始，褚遂良的地位逐渐上升。

贞观十八年，升任黄门侍郎（正四品），参综朝政，有了“参综朝政”这四个字，褚遂良便成了宰相委员会中的一员。

贞观二十年，加授银青光禄大夫（从三品，相当于副部级）。

贞观二十一年，兼任大理卿（最高法院院长，从三品，相当于副部级）。

贞观二十二年，升任中书令（最高立法长，正三品，相当于正部级）。

贞观二十三年，太宗李世民病危，长孙无忌与褚遂良进入李世民的卧室，接受李世民的临终托孤。

李世民指着长孙无忌和褚遂良对太子李治说道：“无忌、遂良在，国家之事，汝无忧矣！”然后又专门嘱咐褚遂良说：“无忌尽忠于我，我有天下，多其力也。我死，勿令谗人间之！”

一语成谶！

李世民在临终时担心将来会有人离间李治和长孙无忌的甥舅关系，没想到，几年后，担心的事情还是发生了。

李治和长孙无忌之间出现了第三者。

谁?

第三者的名字叫武则天。

在武则天进宫之后，皇帝李治的重心开始发生偏移，从原本无条件信任长孙无忌和褚遂良转变为逐步倚仗武则天。在他看来，武则天是他的妻子，是自己人，而长孙无忌和褚遂良说到底还是外人。

以废王皇后为起点，皇帝李治开始扶武则天上位，这一切看似只是废立皇后，其实却是皇帝李治收权的开始，收的便是长孙无忌和褚遂良的权。

这是一场皇权与相权的较量，只不过以废立皇后为名，审时度势的老将李勣看清楚了其中的局，他悄无声息地躲开了；长孙无忌是宰相群的代表，他无处可躲，只能抗争；而褚遂良，如果他愿意也可以悄无声息地躲开，然而他却坚决地与长孙无忌站在一起，他试着保护长孙无忌。

然而一切努力都是徒劳的，他们的对手武则天不是一个人，武则天的背后还站着皇帝，这是一场必输无疑的较量。

褚遂良和长孙无忌是不幸的，如果不是遭遇武则天这个千古难遇的强悍女人，他们或许还会与皇帝一起继续幸福地生活，很不幸，他们遭遇了武则天。

公元 655 年，褚遂良和长孙无忌对于武则天的抵抗失败，托孤大臣就此走上了下坡路。

这一年九月，中书令褚遂良被贬出长安，出任潭州都督，潭州即现在湖南一带，总部位于长沙。

两年后，褚遂良又调任桂州都督，桂州的总部在今天的广西桂林市。

桂州都督任上屁股还没有坐热，调令又来了，即日起调任爱州都督。

爱州的总部，在今天越南的清化市。

长安越来越远，从此长安只在记忆之中。

其实在褚遂良的记忆里，贞观二十三年太宗临终托孤的场景他记忆犹新，在太宗驾崩之后，时年只有 21 岁的李治抱着他的脖子痛哭不已，还是他和长孙无忌不断安抚，才平息了李治的心。

一切相隔只有八年，记忆深处的东西，怎么能说忘就忘呢?

或许李治也没有忘，只是他不想再提起。

在褚遂良人生的最后时刻，他只有一个愿望：终老长安。然而这个愿望没能实现。

他给皇帝的上书如泥牛入海，毫无消息。

一年后，初唐四大书法家之一的褚遂良在远离国都长安的爱州终老，享年63岁。

再一年后，同为托孤重臣的长孙无忌被诬谋反，在黔州被逼自杀，而褚遂良的两个儿子亦受牵连，被流放爱州，途中被诛杀。

46年之后，唐中宗李显复位，以武则天遗诏之名为褚遂良平反，追复爵位。

斯人已逝，一颗忠心凭谁问？

功成不去，竟逢鬼蜮

长孙无忌

贞观十七年，李世民46岁，虽然46岁的年纪也不大，但是李世民却越来越怀旧。随着股肱重臣们的离世，李世民意识到，该是自己做点什么的时候了。

他找来了大画家阎立本，给了他一个名单，名单上总共有24个人，这24个人就是李世民愿意永远记在心里的人。

不久，阎立本将24人的画像完成，李世民命人将这24幅画像挂到皇宫内三清殿旁的一座小楼里。

这座小楼原本默默无闻，随着24幅功臣画像的到来，小楼从此青史留名，这就是历史上声名赫赫的凌烟阁。

将功臣画像，然后挂到一个集中的地方，在中国是有悠久传统的。

西汉汉宣帝时，感慨匈奴纷纷内附，国家武功得到展示，于是想起了国家过往的功臣，并把11位对国家有功之臣的画像挂到了皇宫里的麒麟阁里，这便是历史上有名的“麟阁画像”。

自此，“麟阁画像”成为无数军人终极的梦想，有些军人直接将这个梦想嵌进了自己的名字里。20世纪30年代的抗日战争中，有一位将军血洒疆场，将军名叫佟麟阁。

东汉光武帝时，有感于开国将领的功绩，遂将开国将领与天上二十八星宿一一对应，便有了“云台二十八将”。后来又将另外四人加入，又称“云台三十二将”。

显然，“凌烟阁画像”是“麟阁画像”和“云台二十八将”的传承，是李世民对开国将领们功绩的肯定，24个闪亮的名字，从此与凌烟阁一起，千年不朽，青史留名。

排名24人之首的是一个熟人，李世民的大舅哥——长孙无忌。

长孙无忌这个人很有嚼头，光是他的姓与他的名就很有来历。

长孙无忌不是汉人，他是正宗的鲜卑人，先祖是北魏献文帝拓跋弘的三哥拓跋嵩，后来因为对皇室有功，再加上这一脉是皇族宗室中最长的，就改姓为长孙。

长孙无忌的父亲也是一个名人，他的名字叫长孙晟，长孙晟这个名字或许你会感到陌生，但“一箭双雕”的成语你一定听说过。那个能“一箭双雕”的人便是长孙无忌的父亲长孙晟。

长孙晟擅长骑射，有勇有谋，他的声名在突厥人中很是响亮，他拉弓的声音在突厥听来是“霹雳”，他战马奔跑的声音在突厥听来则是“闪电”，两者结合到一起，便是使突厥人闻风丧胆的“霹雳闪电”。

基于此，长孙晟希望最小的儿子能继承自己的衣钵，因此给他取名为“无忌”。

长孙无忌由此而来。

略显遗憾的是，公元605年，长孙晟的生命走到了尽头，这一年长孙无忌才仅仅八岁，与他一母所出的还有一个妹妹，便是后来的长孙皇后。

年少的长孙无忌和妹妹不被同父异母的其他兄弟所容，便来到了舅舅高士廉的家里，从此舅舅高士廉便担负起养育的责任，没想到，这一养便养出了一个大唐名臣，一个大唐皇后。

长孙家族与李氏家族的结合，便是高士廉从中撮合，正是他看好年少有为的李世民，便做主将外甥女嫁给了李世民。

高士廉嫁外甥女时，李世民和父亲李渊正在太原，那时的李家还只是晋阳留守，一般官宦人家而已。至于长孙无忌，与李世民从小就熟识，两人的关系情同手足，后来有了姻亲，关系更是亲密。

李渊和李世民父子在晋阳起兵时，开始并没有通知长孙无忌，起兵毕竟是九死一生的高危行业，李世民不知道该怎么跟长孙无忌说。

令李世民没有想到的是，就在义军渡河向长安挺进时，长孙无忌赶了上来，两个人并没有过多言语，只一个眼神便包含了万语千言。

从此长孙无忌开始了与李世民并肩作战的日子，李世民四处征战，他多数跟在身边。

武德九年六月四日，李世民发动了“玄武门事变”，参与“玄武门事变”的核心人物总共有九人，关于九人名单，不同的史书有不同版本，不过无论哪个版本，长孙无忌的名字始终列首位。

功成之日，论功行赏，长孙无忌排名第一，李世民多次在朝堂上表示：朕有此位，长孙无忌首功。

首先长孙无忌是故交，其次他是李世民得位的首要功臣，最后他还是长孙皇后同父同母的亲哥哥，三大利好消息叠加到一起，长孙无忌想不红都不行。

贞观一朝，政治清明，然而能从头红到尾的并不多，长孙无忌算一个，房玄龄算一个，杜如晦去世较早，其他如魏征、褚遂良、马周、岑文本在贞观初期并不红。

一个人红一年很容易，红十年不容易，红二十年更不容易，红三十年简直痴人说梦。长孙无忌从武德九年（626 年），一直红到了公元 659 年，屈指一算，整整 33 年。

贞观十七年，这一年是大唐王朝的一个重要节点，这一年同样也是长孙无忌个人奋斗的里程碑。在这一年，他协助李世民做了一件大事：废旧太子，立新太子。

旧太子名叫李承乾，因为生于皇宫内的承乾殿，因殿得名。

由于李承乾成年后行为不够检点，再加上魏王李泰不断与之争宠，因此李世民起了废旧立新的念头。等到贞观十七年，李承乾卷入“疑似谋反”，废立太子便被提上了议事日程。

李世民与长孙皇后总共育有三个儿子，分别是李承乾、李泰、李治，按照“立嫡”的原则，太子应该从这三个人中产生。

现在李承乾的太子资格被注销了，便要从李泰和李治两人中“二选一”，李世民本来中意李泰，不料就在准备立李泰的过程中又产生了波折。

已经被废黜的李承乾抱怨说，都是李泰逼人太甚，如果立他为太子，父皇便掉入了李泰的圈套。

此时李泰又说了一句不该说的话：我只有一个儿子，我死之前，我就把儿子杀了，然后传位给晋王李治。

这时褚遂良的奏疏到了："李泰的话不可信，如果要立李泰，那么还是先把李治处理掉吧！"

李世民陷入了两难的境地，他既想立李泰，又担心李泰即位后对李承乾、李治不利，一个连自己亲生儿子都能杀的人，还会在乎兄弟吗？

在此期间，长孙无忌一直在观察，他表面不动声色，内心却早有人选，他属意晋王李治。

长孙无忌为什么属意李治呢，一是因为年龄，二是因为性格。

李泰与李治相比，李泰明显年龄偏大，这不符合长孙无忌的胃口，如果即位的皇帝是成年人，他会失去施政的空间。

李泰与李治相比，更有主见，性格更坚毅，这样的人也不符合长孙无忌的胃口，他需要一个相对软弱的人。

两相对比，长孙无忌最终倒向了李治，尽管李泰和李治都是他的外甥，但是拥立李治，似乎能收到更大的回报，至少看起来是这样。

不过仅仅是看起来。

在长孙无忌的拥立下，时年 15 岁的李治被立为太子，如果没有长孙无忌的努力，李治的太子之位多半是得不到的。

在李治被立为太子之后，一度也有被换掉的可能，李世民一度想改立吴王李恪，然而这个想法一经说出，便被长孙无忌否决了。

李世民对长孙无忌说道："你劝我立李治为太子，可是他性格有些软弱，吴王李恪倒跟我的性格很相像，我改立李恪如何？"

长孙无忌回应道："万万不可！"

李世民追问道："莫非是因为李恪不是你的亲外甥？"

长孙无忌正色回应道："太子仁厚，而且太子是国之重器，哪能如此儿戏般地废来废去！"

在长孙无忌的坚持下，这次酝酿中的改立太子无疾而终，李治最终坐稳了太子之位，而吴王李恪只能在太子的光芒下咀嚼着落寞的滋味。

谁让你不是长孙无忌的亲外甥，谁让你的母亲是隋炀帝的公主呢？

然而这一切又岂是李恪能够选择的？人的一生或许什么都可以选择，唯独父母不能选择。他很幸运，他是千古明君李世民的儿子，同时他又很不幸，偏偏他的母亲是前朝的公主，他的身上还流淌着隋炀帝杨广的血脉。

不幸中的不幸，他还很有才，他便成了长孙无忌的眼中钉，不拔不快，不除不休。

贞观二十三年五月二十六日，千古明君李世民的生命走到了尽头，在病榻前他把李治托付给长孙无忌和褚遂良。从这一天起，长孙无忌和褚遂良的身份便是先帝托孤之臣，在新皇帝的治下，他们是左膀右臂。

贞观二十三年的年号一直延续到这一年的年底。

新的一年来临时，新皇帝李治宣布年号为“永徽”。

后世的人看皇帝的年号只是看一个名称，其实皇帝的年号很有讲究，李治的年号“永徽”，里面包含着“萧规曹随”的意思。

“永徽”，永远的永，徽章旗帜的徽，“永徽”，继承先皇遗志，高举贞观一朝大旗之意。

李治的“永徽”年间，政治上基本延续了贞观年间，变动不大，这六年的时间里，李治基本做到了“萧规曹随”。这六年可以被视为“贞观之治”的延续，在历史上也有自己的名字——“永徽之治”。

从李治登基起，舅舅长孙无忌就成为李治时刻都离不开的重臣，尽管长孙无忌避嫌辞去“知尚书省事”（相当于主持国务院工作）的高位，但李治还是让长孙无忌以太尉身份参与朝政。

永徽年间的政府大权还是掌握在太尉长孙无忌的手中。

永徽四年，长孙无忌的权力达到巅峰，这一年，他编织了一张“谋反”的大网，将吴王李恪、荆王李元景、房玄龄的儿子房遗爱、柴绍的儿子柴令武、高阳公主、巴陵公主、名将薛万彻统统装了进去，除两位公主被勒令自尽外，其余人一律处斩。

在被处斩前，李恪的官位是司空，李元景的官位是司徒，他们与长孙无忌一起位列三公，现在，长孙无忌只是略施小计，便把位列三公的司徒、司空装了进去。

这是长孙无忌的世界，这是李治与长孙无忌甥舅联手的世界。

自己栽的树，自然要自己乘凉，此时的长孙无忌是春风得意的。

被处斩之前，不甘心的李恪在天地之间播种下了自己的诅咒：长孙无忌窃取权柄，陷害忠良，用不了多久就会灭族！

一个诅咒的生效期会有多长？

不长，六年。

三年后，长孙无忌在空气中嗅到了不祥的味道，这一年原本应该是永徽七年，没想到在这一年的正月七日，李治宣布更改年号为“显庆”。

“显庆”？庆祝什么？

冠冕堂皇的理由是，正月初六，皇帝李治废黜了原来的太子李忠，因为李忠是庶出。新立的太子叫李弘，李治和武则天的大儿子。

长孙无忌这才意识到，自己遭遇了此生最大的对手——武则天。

那时的武则天并不叫武则天，“则天大圣皇帝”是武皇退位后儿子李显奉上的尊号，因此后世的人都称她为武则天。

不过不称她为武则天又不知道该称呼她什么，武曌是她称帝时给自己起的名字，武媚娘相传是李世民给她起的名字，还是得顺从习惯，叫她武则天吧！

武则天与长孙无忌的较量从永徽五年就开始了。

永徽五年，后宫争斗进入白热化，李治打算废黜王皇后，改立武则天，他想寻求舅舅长孙无忌的支持。

李治和武则天为了得到长孙无忌的支持，专门御驾前往长孙无忌的家中，不仅将长孙无忌小妾生的三个儿子全部封为从五品的朝散大夫，而且还奉送十车金银财宝。

皇帝和武则天都下了血本，长孙无忌却岔开话题，顾左右而言他。

武则天的母亲杨氏频频到长孙无忌家中请求长孙无忌帮助，长孙无忌虚与委蛇，就是不点头。

礼部尚书许敬宗在武则天的授意下频频游说长孙无忌，却屡屡遭到长孙无忌的驳斥。

长孙无忌在抵抗，他在维护皇室的尊严（武则天本来是李世民的才人），他在维护传统的礼法，他多么希望外甥李治能够明白他的苦心，然而一切都是徒劳的。

李治已经长大了，羽翼丰满了，他不再像以往那样仰视舅舅，甚至没有平视，他已经恢复了一个帝王惯有的俯视视角。

这场争后风波，武则天不是一个人在战斗，武则天要的是皇后的名分，而李治要的是长孙无忌和褚遂良手中的权柄。

皇权才是普天下最大的权。

永徽六年，武则天得偿所愿，原来的王皇后被废黜，与萧淑妃一起被打入冷宫，不久死于武则天之手。

李治同样得偿所愿，褚遂良被贬出长安，长孙无忌被敲山震虎。

该来的，是躲不掉的。

显庆四年，也就是吴王李恪在天地间种下诅咒的六年后，长孙无忌的悲剧不期而至。

对长孙无忌下死手的是许敬宗，他的背后站着武则天。

许敬宗向李治奏报：长孙无忌意图谋反！

李治做出一副不知所措的样子，他不明白舅舅为什么会谋反，怎么自己的运气这么差，先是姐姐高阳公主和姐夫房遗爱谋反，现在舅舅也谋反了。

许敬宗不断开导李治，即便是舅舅，该杀时也是要杀的，汉文帝的舅舅薄昭也曾经有功，最后还是被赐死。

长孙无忌究竟有没有谋反，李治比谁都清楚，这个一手将他扶上皇位的舅舅如果要谋反早就反了，何必等到60岁以后？

然而李治还是将错就错，尽管他对舅舅感恩，但皇权面前没有父子，遑论甥舅！

显庆四年四月二十二日，长孙无忌被剥夺太尉职位以及采邑，被发往黔州（今重庆市彭水县）安置，正一品待遇保留。

此时的长孙无忌已经隐约看到人生路的尽头，他知道那个女人不将他置于死地是不会罢休的。

三个月后，长孙无忌在黔州被逼自杀，此时距离武德九年已有33年，距离他追随义军渡河已有42年。

42年的马拉松，终以自杀收场。

33年长红的奇迹，终究没能延续。

公元674年，李治下诏恢复长孙无忌官爵，命长孙无忌曾孙长孙翼继承长孙无忌的赵公爵位，同时恩准长孙无忌灵柩运回长安，陪葬于太宗李世民的昭陵。

此时距离长孙无忌冤死已有16年。

如果真的存在异度空间，那么长孙无忌和李世民见面，该是怎样一幅景象呢？

盖棺终于论定，《旧唐书·长孙无忌传》赞曰：赵公右戚，两朝宣力。功成不去，竟逢鬼蜮。

魏征 盖棺论不定

夫以铜为镜，可以正衣冠；以古为镜，可以知兴替；以人为镜，可以明得失。朕常保此三镜，以防己过。今魏徵殂逝，遂亡一镜矣！

——李世民

贞观十七年，当李世民对着诸多臣子发出如此感慨时，魏征作为千古良臣的形象便定格了，可以说是李世民成就了魏征，也可以说是魏征成就了李世民，他们在长达 17 年的时间里给世人留下了太多的事迹，经过后世的不断升华发酵，便升华为千年难遇的君臣际遇。

李世民之于魏征，便如同刘备之于诸葛亮，苻坚之于王猛，君臣联手，留下的便是千古佳话。

进入宋朝以后，宰相地位一降再降，李世民与魏征这范本式的君臣际遇不复存在，越是失去的东西越显得珍贵，于是李世民与魏征的君臣际遇至今为多数人津津乐道。

说起来，魏征这个人是个挺复杂的人，也是一个经历坎坷的人。

魏征并非出自传统的豪门大族，他家的历史只追溯到他的父亲，他的父亲曾经做过北齐的屯留令，仅此而已，至于他的爷爷，没有提及，可能与仕途无缘。

少年时的魏征是苦难的，《旧唐书》说他“少孤贫”，由此可见，可能在他比较小的时候父亲就去世了，由此生活陷入困顿之中。按照“穷人的孩子早当家”的规律，“少孤贫”的魏征应该早早挑起生活的重担，投入辛苦谋生的行列，然而“穷人的孩子早当家”的规律在魏征的身上并没有应验，魏征偏偏对赚钱谋生不感兴趣，那么他对什么感兴趣呢？道士！

在别人的不解中，魏征出家当了道士，从此魏征不再是凡人，而是一名道士。

其实，道士只是魏征的身份，甚至只是一个伪装，在当道士期间，魏征一直在看书，涉猎广泛。

就在魏征当道士看书期间，隋末天下大乱，魏征的心也动了。他将看书的重点进行了转移，他把重点放在了苏秦、张仪的合纵连横上，在他看来，天下大乱时，纵横学说将比一切学说都有用。

机会总是垂青有准备的头脑，不久，魏征就得到了一个机会。

武阳郡丞元宝藏见天下大乱，便也起兵造了隋朝的反，他听说有一个叫魏征的道士读过很多书，很有才气，便把魏征招到了帐下，做了自己的典书记。

典书记就是秘书，负责起草收发各种文件。

一直等待机会的魏征没有嫌弃元宝藏的山头小，他非常认真地做着元宝藏交给他的工作，起草文件，收发文件，写信，收信，每一件事他都做得非常仔细。

不久，魏征的平静生活被一封陌生男人的来信打破了。

这个男人对于魏征而言是陌生的，对于元宝藏而言却是比较熟悉的。

陌生男人叫作李密，就是那位青史留名的隋末农民起义领袖李密。此时的李密家大业大，收编了很多像元宝藏一样的小型起义军，元宝藏之前让魏征写的信，不少是写给李密的。

李密把来自元宝藏的信一封封都看了，他惊叹于来信的文采和恰到好处，难道元宝藏有这样的才气？

等李密写信询问元宝藏时，元宝藏坦言相告：有才气的不是我，而是魏征。

由于李密与元宝藏是上下级关系，李密也不再跟元宝藏客气，便又给元宝藏写了封信：把魏征让给我吧。

这样魏征就从元宝藏这个小山头跳到了李密这个大山头，如果李密起义胜利，魏征必定名列开国重臣。

遗憾的是，李密没能迎来最后的胜利，他的失败结局，竟然与魏征有关。

李密败了，因为他没有听魏征的话。

当时的形势是这样的：李密占据洛口仓，有米有兵，而占据东都洛阳的王世充有兵无米，粮草不济，基于此，魏征建议深沟高垒不必出战，过上十天半个月，军中无米的王世充自然会撤退，到时尾随出击，必然大获全胜。

从兵法上来说，魏征的建议是正确的，然而正确的建议并没有被采纳，李密手下的长史居然冲着魏征嚷道："此老生之常谈耳！"

魏征有些恼火，回击道："此乃奇谋深策，何谓常谈？"

眼看自己的建议不被采纳，魏征拂袖而去，他的内心多么期望李密能够叫住他进而采纳他的建议，然而，李密最终还是没有听魏征的话。

一种不祥的预感从魏征的心底升腾起来：李密要败了！

果不出魏征所料，李密兵败如山倒。

原本李密以为自己兵力占优，大米占优，直到面对饿红了眼的王世充，李密才明白，穷寇勿斗，然而一切都晚了。

要么饿死，要么战死，王世充的士兵选择了后者，当他们抱着"早死早托生"的信念冲向李密阵营时，双方的士气不在一个量级上。

李密败了，去向成了问题。

经过再三考虑，李密决定投奔曾经与自己有过书信往来的李渊，此时的李渊已经在长安登基称帝，那里或许还有李密发展的空间。

作为李密的随从，魏征跟着李密投奔了李渊。魏征和李密都没有想到的是，这一投便投出了一个千古良臣和一个孤魂野鬼。

千古良臣是魏征，孤魂野鬼则是李密。

在投奔李渊之后，魏征经历了长时间的等待，由于李密不受待见，魏征也跟着受牵连，在长安待了很久，依然没有起用的迹象。

不能再这么等下去了，得想想办法。办法很快有了，魏征上书李渊：愿为唐朝招降纳叛。

很快，李渊有了反应，即日授魏征为秘书丞，前往黎阳招降徐世勣。

魏征的机会来了，多年研读的"纵横"学说派上了用场。魏征给徐世勣写了一封信，信中替徐世勣仔细分析了当前的局势，话里话外都传达了一个意思：投降李渊，很有前途。

徐世勣也是一个审时度势的人，他认清了形势，火速投降了李渊，这让魏征高兴不已，在魏征的心中，他在期待着第二个徐世勣，第三个徐世勣。

遗憾的是，他没有机会了。

就在魏征准备继续施展“纵横”之术时，不速之客来了。

不速之客名叫窦建德，此时正在与李唐王朝争夺天下。窦建德来势迅猛，徐世勣镇守的小城黎阳无法抵挡，魏征就跟徐世勣父子一起落入了窦建德的手中，魏征又得换东家了。

还好，窦建德是个爱才之人，他把魏征留在了自己的身边，并交给他一项重要的任务：做起居注。

起居注专门用来记录皇帝的言行，皇帝一天说什么重要的话，做什么重要的事都要有记录，魏征便是给窦建德专门做记录的人。此时的窦建德已经自称夏王，他的目标是一统天下，如果窦建德成功，历史上将没有李唐王朝，取而代之的是窦建德的大夏王朝。

大夏王朝还是失败了，他们遭遇了能征善战的李世民。

窦建德失败之后，魏征灰头土脸地回到了长安，此时的他不再苛求受到李渊的重用，他对自己失望透顶。

跟着李密，李密败了。

跟着窦建德，窦建德也败了。

怎么这么倒霉呢?

就在魏征自怨自艾时，有一个人悄悄找上门来。

找上门的是太子李建成，他早听说过魏征的声名，眼下魏征灰头土脸成了丧家之犬，正好给了李建成出手拉拢的机会。

下一站，东宫。

在李建成的东宫，魏征出任太子洗马。

“太子洗马”并不是真的给太子“洗马”，而是东宫的一个官职，职位相当于东宫图书馆馆长，在替太子管理图书收藏典籍的同时，还有顾问的功能。

魏征很快成为李建成的死党，在李建成与李世民的斗争中出了很多主意，如果李建成最终成为皇帝，那么魏征……

遗憾的是，李建成也败了，他死于武德九年的玄武门之变。

树倒猢狲散，魏征的心再一次受伤。

雪上加霜的是，他落到了李世民的手中，按照历史上的惯例，等待他的不会有好的结局。

李世民铁青着脸问道：“你为什么离间我们兄弟？”

令人没有想到的是，此时的魏征居然从容不迫，他不卑不亢地说：“皇太子如果早听我的话，就不会有今日的祸事了！”

如果换作一般皇帝，不会再跟魏征废话，然而李世民不是一般的皇帝，他的皇位来得不容易，因此倍加珍惜，他在心中暗暗发誓，要做千古难求的好皇帝，要用行动证明，自己配得上这个皇位。

杀掉魏征？太容易了！

如果留下魏征呢？

齐桓公与管仲不是也有过一箭之仇吗？齐桓公不也包容了管仲，君臣联手完成了一段君臣际遇吗？那么自己为什么不能留下魏征呢？

发誓成为好皇帝的李世民留下了魏征，也就留出了一个千古良臣。

从贞观元年开始，魏征开始了与李世民长达17年的君臣际遇，两个人都是聪明人，他俩都知道，他们彼此被对方需要。李世民需要魏征做自己的一面镜子，能够在众口一词的背景下唱唱反调；魏征同样需要李世民做自己的一面镜子，照亮自己通往千古良臣的路。

一个进谏，一个纳谏，一个愿打，一个愿挨，既是君臣际遇，同时又是一场政治秀，一场配合默契的政治双簧。

李世民为什么会选魏征做自己的镜子？因为魏征的经历够复杂。

他跟过元宝藏，跟过李密，跟过窦建德，又跟过李建成，过往的复杂经历注定魏征不可能成为李世民的近臣，既然不能做近臣，那么就做诤臣吧！

李世民不是一般的皇帝，他不满足于只使用自己秦王府的旧人，像魏征、王珪、薛万彻这些太子建成的旧部，他照样使用，这既体现了皇帝的宽广胸怀，也为大唐的朝政掺进了一些沙子。

往通俗说，魏征就是李世民放进朝廷里的鲇鱼，他需要这条鲇鱼经常跟自己唱反调，顺便搅动一下容易懈怠的朝廷。

魏征和李世民都是聪明人，他们很快进入了角色，在长达17年的时间里，他们配合得天衣无缝。

君臣联手给后世留下了诸多经典：

比如“兼听则明，偏信则暗”；

比如经典的《谏太宗十思疏》。

在《谏太宗十思疏》中，魏征写道：

诚能见可欲，则思知足以自戒；将有作，则思知止以安人；念高危，则思谦冲而自牧；惧满溢，则思江海下百川；乐盘游，则思三驱以为度；忧懈怠，则思慎始而敬终；虑壅蔽，则思虚心以纳下；惧谗邪，则思正身以黜恶；恩所加，则思无因喜以谬赏；罚所及，则思无因怒而滥刑。总此十思，宏兹九德。

译文：

身为君主，果真能够做到：见了想要得到的东西，就想到知足以警诫自己；将要大兴土木，就想到要适可而止以使百姓安宁；考虑到帝位高随时会有危险，就想到要谦虚，并且加强自我修养；害怕骄傲自满，就想到江海是居于百川的下游；喜欢打猎游乐，就应该想到国君一年只可打猎三次的礼度；担心意志懈怠，就想到做事要谨慎有始有终；忧虑会受蒙蔽，就想到虚心接纳下属的意见；害怕谗佞奸邪，就想到端正自身以斥退邪恶小人；加恩于人时，就想到不要因为一时高兴而赏赐不当；施行刑罚时，就想到不要因为正在发怒而滥施刑罚。完全做到上述十个方面，扩大九德的修养。

《谏太宗十思疏》堪称奏疏的经典，值得历代皇帝细心研读，虽然魏征并没有给出具体的措施，但这封奏疏无形之中就是一个皇帝的行为规范。

终贞观一朝，魏征先后上疏言事二百多件，相当多的一部分被李世民采用，由此可见，贞观之治有李世民的功劳，魏征同样功不可没。

贞观十七年正月十七日，奋斗了一生的魏征终于停止了奋斗，享年63岁。

在魏征病重期间，李世民派往魏征家中慰问的使者不绝于路，同时还安排了一位中郎将长住魏征家中，一有情况随时向李世民汇报。

在魏征病重期间，李世民还携太子李承乾到魏征府上探望，并在魏征的病榻前，指着随同前往的衡山公主，为魏征的长子魏叔玉赐婚。

恩宠如此，夫复何求？

在魏征病逝后，李世民原本准备极尽哀荣，用正一品的规格为从一品的魏征安葬，然而却被魏征的妻子拒绝了，理由是魏征一生节俭，不喜欢排场。

最终一代良臣魏征在极简易的仪式下入土，只用有篷盖围幛的车运送灵柩，心中不忍的李世民登上皇家禁苑西楼遥望送葬的队伍，泪流不已。

一生功名尘与土，该是盖棺论定的时候了吧？

盖棺，论不定！

在魏征身后，意想不到的事情发生了。

太子李承乾疑似谋反被废黜，李承乾身边的人被一一清算。

曾经担任过太子左庶子的杜正伦被贬为交州都督，即日起到越南河内上班；曾经战功赫赫，出任过吏部尚书的侯君集卷入谋反，伏诛。

一个被贬，一个伏诛，谁推荐过这两个人？

魏征！

举荐这么两个人，莫非魏征结党？

不久，有人给李世民打了一个小报告：魏征经常在上奏疏之前把奏疏给负责做起居注的褚遂良看。

这意味着什么？意味着魏征想沽名钓誉，青史留名，他把奏疏的内容透露给褚遂良，就是为了在起居注上留下记录，彰显自己的名声。然而，这不就是向世人暴露皇帝的缺点吗？

结党？沽名钓誉？

魏征想做什么？

盛怒之下的李世民当即宣布，衡山公主与魏征长子的赐婚作废，另外他又做出了一个出人意料的举动——派人推倒了他亲笔为魏征书写的墓碑。

悔婚，推倒墓碑，魏征的形象一落千丈。

两年后，李世民远征高句丽失败，重新想起魏征的好，如果魏征在，或许就没有那一次徒劳无功的远征。

已有悔意的李世民派人前往魏征的墓地祭祀，重新将魏征的墓碑竖了起来。

墓碑又竖了起来，恩宠却没有再来，魏征用一己之力为家族带来了无限荣光，然而他的死，又带走了家族上空最后一片云彩。

在他身后，皇帝再没有赐婚。

在他身后，他的家族逐渐衰败，一度到了典卖祖屋维持生计的地步。

在他身后，他的五世孙魏谟议事天子之前，有先祖风采，然而魏征一脉终究荣光不再。

1918 年，河北邢台巨鹿县遇大旱，漳河水干，民众打井自救，无意中挖出大批古陶瓷；1921 年，北京历史博物馆对巨鹿故城三明寺进行正式发掘。

考古发现：巨鹿南门内路东靠北有一处唐代建筑物“魏征祠堂”，祠堂内有唐代所铸的魏征铁像。有人要发掘该祠堂，因南门外有一小村村民皆姓魏，言称为魏征后人，前来阻止发掘，所以保存未毁。

李密

负薪挂角，罄竹难书

说完魏征，就不得不说一下李密了，因为李密是魏征的第一个伯乐，如果不是李密慧眼识珠，魏征可能还长期徘徊在那个叫作元宝藏的小山头。正是李密将魏征从小舞台提携到了大舞台，因此魏征一辈子第一个要感谢的人不是李世民，而是李密。

在中国大历史上，翟让和李密被定格在历代起义军首领的名单上，给人感觉李密是跟翟让、陈胜、吴广一样的粗人，其实不然，刘邦、项羽是不读书的，而李密却是一个读书人。

关于李密的好学，在历史上还留下了典故。

在历代读书人的脑海里，有六个读书人给人的印象是极为深刻的，这六个人联手给后世读书人留下了刻苦学习的范例。

负薪挂角，悬梁刺股，囊萤映雪，三个成语的背后，是六个刻苦学习的读书人。

“负薪”说的是西汉名臣朱买臣，他做官前家里很穷，每天要靠打柴为生，即便这样他还是坚持读书，不仅休息的间隙在树下读书，而且还在挑柴赶路的同时把书放在担子上，一边走，一边读，这就是“负薪”。后来朱买臣时来运转，做了汉武帝跟前的高官，那个曾经嫌弃他穷离他而去的妻子想要回来跟他一同享受荣华富贵，朱买臣端来一盆水泼了出去，对前妻说，如果你能把泼出的水收回来，我就让你回来，这一幕就是后来戏剧里经常演的“马前泼水”。

“悬梁刺股”说的是两个人，“悬梁”说的将自己的头发悬在梁上防止自己打瞌睡的汉朝孙敬，后来成为当世大儒；“刺股”说的是用锥子刺自己的大腿让自己保持清醒的苏秦，后来以“合纵”红极一时，身挂六国相印，登上人生巅峰。

“囊萤映雪”说的也是两个人，两个人都是晋代人。“囊萤”说的是车胤，“映雪”说的是孙康。“囊萤”就是把萤火虫抓起来，放在一起，利用萤火虫发出的光来看书；“映雪”就是在夜里利用雪的反光来看书，都是利用一切可以利用的时间来苦学。

我在上初中时也有过借着月光看书的经历，现在再回头看，也会为自己当年的苦学精神所感动。这可不可以叫作“借月”？

接下来说的是“挂角”，“挂角”的主角便是李密。

有一天，李密骑着一头牛赶路，将《汉书》挂在牛角上，就这样一边骑牛，一边在牛背上看书，好学精神跃然牛上。这一幕正好被当时的高官杨素看到，杨素对这个书生很是好奇，便骑着马一路尾随。

等李密到达了目的地，杨素叫住了李密：“你是哪里的书生，怎么如此好学？”

杨素不认识李密，李密却认得身居高位的杨素，李密赶紧翻身下牛，给杨素行了礼。

杨素问李密，看的什么书啊？

此时李密却撒了一个谎，回答道：《项羽传》。

明明看的是《汉书》，为什么要撒谎说看的是《项羽传》呢？可能是《汉书》在那个时代是一般读书人都会读的书，而《项羽传》是有性格、特立独行的人读的书，李密撒谎说自己读的是《项羽传》，是为了表明自己与众不同。

撒谎还是有效果的，杨素回到家跟儿子们谈起李密，对儿子们说：“吾观李密识度，汝等不及！”

这便是李密给后世留下的“挂角”典故。综合来看，“负薪挂角”“悬梁刺股”“囊萤映雪”都是苦读，精神可嘉，但方法不可取，包括我借着月光看书，都很伤眼睛，不科学，不可取。

保护视力，人人有责。

李密的苦读不仅仅是出于个人志向，还有一个原因是受到了一个人的刺激，这个人就是隋炀帝杨广。

李密家族世代为官，他的曾祖叫李弼，西魏的八柱国之一，与李弼并列为八柱国的还有宇文泰以及唐高祖李渊的祖父李虎等人，李弼最后做到了司徒，位列三公。

李密的父亲李宽在北周以及隋朝奋斗得也不错，官至隋朝的上柱国，封蒲山公，从一品。

到了李密这里，他借助祖上的余荫走上了仕途，关于他起步时担任何种职务，《隋书》和《旧唐书》发生了矛盾。《隋书》说他被授予亲卫大都督，而《旧唐书》则说他被授予左亲卫，不过无论哪个职位，他都没有做多久，便辞职而去。

《旧唐书》里描述的辞职过程很是有趣：

李密被授予左亲卫以后，曾经出现在隋炀帝的仪仗队里，仪仗队里那么多人，杨广偏偏看到了李密。

活动结束后，杨广便问亲信宇文述："仪仗队左边一个长得比较黑的年轻人是什么人？"

宇文述回忆了一下，对答道："哦，他是蒲山公李宽的儿子，名叫李密。"

杨广说道："这个年轻人眼神有些异常，以后别让他参与宿卫了。"

杨广觉得李密的眼神中充满了风暴，这样的疑似危险分子还是不留在身边为好。

不久宇文述便去做李密的工作，告诉他当兵是没前途的，还是回去读书吧，想要继续祖上的辉煌还得靠读书，而不是刀枪。

李密当场谢过宇文述，便以有病为由辞职而去，就此开始了苦读的生涯。

宇文述尽管很艺术地将李密辞退，但李密心里知道，自己这个样子是不受皇帝杨广待见的，既然此处不留人，还是到书中找留人的地方吧！

从此以后，李密与杨广结下了一个死结。

时间走到隋炀帝大业九年，李密迎来了人生中的第一个机会。

这一年，杨素的儿子杨玄感发动叛乱，矛头直指皇帝杨广。与杨玄感一向友善的李密听到起兵的消息后，不请自到，他要跟杨玄感一起做这件大事。

然而起兵造反不是振臂喊口号那么简单，杨玄感这个公子哥喊口号可以，起兵造反却是十足的外行。李密给杨玄感出了三套方案：第一套方案，占领涿郡城所在地蓟县，堵住杨广从高句丽回军的咽喉；第二套方案，直扑关中，攻取首都大兴（隋朝时称长安为大兴）；第三套方案，占领洛阳。

李密的三套方案，第一套方案最险，同时收获也将最大，三套方案，风险依次降低，收获也依次降低，目光短浅的杨玄感选择了第三套方案，然而即便是第三套方案他也没能实现。

前后不过数十天，杨玄感的谋反刚开了头便收了尾，自知不妙的李密赶紧脚底抹油开溜，然而在过关隘的时候被官兵给抓住了。

等待他的是皇帝杨广的严惩，如果被押解到杨广面前，他将死无葬身之地。

李密眼珠一转，计上心来，他说服同行的囚徒拿出金银贿赂看守，每天只求酒肉管够，承诺他们死后所带金银将全归看守所有。

看守见财起意，每天给李密他们提供酒肉，李密与囚徒们天天晚上喝酒，一喝就是一晚上。

连续数晚如此，看守懈怠了，李密的机会来了。

一天深夜，李密和其他囚徒像鼹鼠一样在墙上挖了一个洞，然后从洞中穿过，扬长而去。

从此，书生李密从世界上消失了，取而代之的是起义者李密。

在这之后，李密开始在各路起义军中寻找机会，然而，理解他的人不多，看重他的人更是寥寥，艰难的时候，李密当过私塾先生，靠学生交来的一点学费维持生活，最艰难的时候，两手空空的李密还啃过树皮。

几年过去了，李密辗转来到了以翟让为首的起义军中。

在李密到来之前，翟让的起义军就是一帮乌合之众，李密来了之后，草莽部队有了文化气息，李密很快就用一场胜仗让翟让体会到知识的力量。

让李密一举成名的是隋朝剿匪将领张须陀，这是一个狠人，张狠人手下还有一个罗狠人，后来的唐初名将罗士信。

张须陀剿匪很有一套，而罗士信每次剿匪前的表演更是让各路起义军闻风胆寒。

罗士信的表演流程是这样的：先出阵杀死一名敌兵，将敌兵的首级割下，然后驱动战马高速奔跑起来，一边跑，一边将敌兵的首级抛向空中，接着一举枪，正好用枪尖接住首级，最后恶狠狠地向起义军阵营中一指。

这一指，胜过万语千言，无声胜有声。

以往遇到张狠人和罗狠人的剿匪大军，翟让很有办法，而且屡试不爽。

一个字，跑！两个字，快跑！四个字，撒丫子跑！

翟让还想如法炮制，李密抬手给阻止了，这一回咱不跑，咱让他跑，最后还让他跑不了。

李密进行了部署，他给张须陀布下了四面埋伏，不经打的翟让作为诱饵将张须陀引入了伏击圈。进入伏击圈之后，张须陀才发现，这一次跟以往不一样了，对手居然会四面埋伏了。

李密的伏击圈并没有困住张须陀，他策马杀出了埋伏圈，然而令李密没想到的是，张须陀居然又杀了回来，他是不愿扔下士兵自己逃生。

杀出，又杀入，杀出，又杀入，张须陀在李密的埋伏圈里三进三出，为的是拯救自己的士兵。

然而，事不过三，张须陀第四次杀进包围圈后，他没能再次杀出，这一次冲杀是单程。

一将战死，一将功成，战死的是张须陀，一战成名的是李密。

取胜之后，翟让分出一支队伍，交给李密独自率领，这支队伍号称“蒲山公营”。

在日后的发展中，李密爱兵如子，“蒲山公营”火速发展壮大，与此同时，李密的影响力越来越大，迅速超越翟让成为这支起义军最有号召力的领袖。翟让也表现出自己的大公无私，真诚地推举李密为盟主，尊号“魏公”。

自此，李密成为这支起义军的领袖，瓜分隋朝疆土的大旗上，字号分明写上了一个“李”字。

同中国历史上的其他起义军领袖组合一样，翟让李密的组合很快就度过了蜜月期，双方迅速陷入了不可避免的龃龉之中。

翟让的身边围绕着一些人，李密的身边也围绕了一些人，翟让和李密之间或许还可以做到肝胆相照，然而肝胆相照的范围并不能扩大到他们身边的人。

古往今来，“双核”技术只能用在电脑上，用在起义军里，最终的结果只能是分崩离析。

共苦易，同甘难。

九个月后，李密先下手为强，以“张弓为号”将翟让砍杀在宴席上，赴宴之前，翟让还是一个活人，饭还没有吃上，已经是个死人了。

“双核”消失了，领导这支起义军的是“单核”李密。

此后的李密，陷入了没有尽头的恶战，李密占据了洛口仓这个庞大的国家储备粮库，正因为有洛口仓，又让李密寸步难行。

洛口仓里的大米是李密唯一的法宝，手下的士兵愿意听命于李密，便是因为他的手里有米，跟着他，有米吃。吃饱饭的起义军士兵不思进取，争夺天下的目标太远大，吃饱饭的目标却很实际。

李密手下的将领和士兵多数是关东人，对处于关中的都城大兴城并不感兴趣，他们更愿意待在洛阳附近，而不愿意长途跋涉，去占领更有战略意义的都城大兴城。

手中有米，心中不慌，手中有米，李密的心很彷徨。他想去攻取大兴城，但是他一个人无法左右手下的数十万人，他知道，一旦离开洛口仓，失去了大米这个黏合剂，他李密就是彻底的孤家寡人。

洛阳，就洛阳吧，如果能攻占洛阳城，至少也是半壁江山。

然而，即便是半壁江山，也跟李密无缘。

他先是遭遇了从扬州杀来的宇文化及，这个在江都弑君的将军想要抢夺李密手中的洛口仓，因为他缺粮了。

二人的队伍在洛阳郊外进行了一场恶战，宇文化及的队伍损失惨重，悻悻离去，李密损失同样惨重，主力部队基本打光。

李密毕竟手中有米，心中还是不慌，赶走了宇文化及后，他又将矛头对准了洛阳城内的王世充，假以时日，王世充的队伍必将溃散，因为洛阳城里已经无米下锅了。

在这个时候，李密的亲信邴元真提出了一个“天才”计划：以洛口仓的大米换洛阳城内的绸缎。

大米换绸缎？听起来挺合算！

李密开始并不同意，架不住邴元真不停游说，他还是同意了，洛口仓的大米有的是，换点绸缎未尝不可。

这是一个馊得不能再馊的主意，大米是战争时期的必需品，而绸缎不是，人可以不穿衣服，但不能不吃饭。

显然这个换货计划对于王世充有利，那么身为李密的亲信，邴元真不知道吗？他为什么会同意呢？

因为他可以拿回扣。

经过“大米换绸缎”，王世充的士兵吃饱了饭，从此开小差投奔李密的情况绝迹。这时李密才明白过来，叫停了“大米换绸缎”计划。

此时的李密如果选择持久战，还是会将王世充大军拖垮拖死，因为毕竟李密手中的米有的是，而王世充的米吃一粒少一粒。

但虚假的敌我对比蒙蔽了李密的头脑，他认为目前的兵力足以碾压王世充，他拒绝了魏征等人的建议，选择了跟王世充速战速决。

决战的那一天，李密的队伍再次掉了链子，起义军的业余本性暴露无遗。李密准备趁王世充大军渡河到一半时发起攻击，兵法上这叫“半渡击之”。

然而，在这个关键时刻，李密派出的探马居然脱离了岗位，没能在第一时间发现王世充大军渡河。等擅离职守的探马发现险情向李密报告时，王世充大军的刀锋已经逼近了李密的大营。

一着不慎，满盘皆输。

即便到这个时候，李密还有机会与王世充死磕到底，没想到王世充又要了个小花招。

他居然找了一个跟李密长得非常相似的人。

就在李密大军与王世充大军杀得难解难分时，王世充将李密的“模仿秀”押上了高台，向还在抵抗的李密士兵高喊：“看，抓到李密了！”

王，被擒了。

兵，败如山倒。

李密败了，彻彻底底败了，纵然他还想收拾心情进而收拾残局，然而人心散了，队伍怎么带呢？

往何处去？

李密首选投奔镇守黎阳的徐世勣，手下人摇摇头，你忘了，你的手下曾经在徐世勣的脖子上砍了一刀？

黎阳去不了了，还是去长安找“五百年前是一家”的李渊吧，他以前还通过信，跟我套过近乎。再说，我手里还有一批依然听命于我的城池呢！

去长安的路上，假象还在持续，梦想还在延续，李渊派出迎接李密的使者络绎不绝，这个刚走，那个又来。

使者再密集一点，就可以手搭着手排小火车了。

这是重视的表现啊！

在李密心中，他自比东汉的窦融，以他带入长安的近两万人，再加上手中那些城池，在李渊的朝廷里做一个宰相级的高官不过分吧？

理想是什么？理想是你得不到却又想要的东西。

现实是什么？现实是你得到了却不太想要的东西。

进入长安，李密算是知道了理想与现实之间的差距，他的理想是宰相级的高官，现实是，李渊却只委任他为光禄卿。

光禄卿，从三品，相当于副部级，主管宫廷膳食。

理想与现实的差距，如同李白笔下的庐山瀑布，飞流直下三千尺。

两个月后，不甘心做李渊皇家饭店大堂经理的李密选择了出走。出走前，李密还想了个由头，替李渊前往山东招降旧部。

李渊是睿智的，更是狡猾的，他明知道李密是想出走，表面装作一无所知，暗地里却已经为李密安排了一条路——死路。

李渊先是命令李密将所属部众一分为二，一半带走，一半留下，留下的这一半就是走了那一半的人质。

被留下当人质的人知道李密将一去不返，他们不甘心，便有人给李渊上书：把李密追回来吧，他要跑。

李渊装作恍然大悟的样子，下诏让李密一个人返回，而此时李密率众已经走到了稠桑（今河南省灵宝）。

皇帝召回，而且只召李密一人，皇帝葫芦里卖的是什么药呢？

药名只有一个：凶多吉少。

李渊的诡异诏书逼反了李密，不敢回长安的李密索性举起了反唐大旗，他要召集旧部，重新与李渊争夺天下。

一切都晚了。

李密还想声东击西，口头宣称前往洛阳，却掉头前往襄城郡（今河南省汝州）。他的意图早被李渊猜中，在他必经之路上，唐军已经扎好了口袋。

穿过三门峡，翻过熊耳山，李密以为就此逃出李渊的手掌心，走上阳光大道。

阳光大道是别人的，不是李密的，他的路分明写着两个字：不归！

熊耳山下，李密“如约”走进了唐军的口袋，队伍被拦腰斩断，首尾不能呼应，魏公李密陨落于乱军之中。

在他死后，他成为别人的投名状，他命赴黄泉，别人加官晋爵。

这一年，李密仅仅 37 岁。

他给世间留下了两个成语，一个关于勤学，一个关于罪恶。

关于勤学的是“负薪挂角”，关于罪恶的是“罄竹难书”，后者被李密无偿赠送给了隋炀帝杨广。

《旧唐书》里，《李密列传》独立成篇，曾经与李唐王朝争夺过天下的王世充和窦建德却挤在一篇里，两人挤一个标准间，李密则是单间。

《旧唐书》赞曰：乌阳既升，爝火不息。狂哉李密，始乱终逆。

李密一辈子活了两字：乱、逆。

时代，胜者为王的时代。

杨广
其实你不懂我的心

罄南山之竹，书罪未穷；决东海之波，流恶难尽。

——《为李密檄洛州文》

当李密发布讨隋檄文时，皇帝杨广的形象随着檄文的传播一落千丈，如果有机会大家可以看看《为李密檄洛州文》的全文，我个人认为，这篇檄文的杀伤力要远远超过骆宾王的《讨武曌檄》。只是因为李密檄文的起草者没有骆宾王那么好的文采，但就杀伤力而言，李密檄文要高于骆宾王的檄文，而杨广的千古骂名，至少有一部分是李密檄文惹的祸。

不知道杨广有没有读到李密的檄文，如果读到过，他一定会对李密说，其实你不懂我的心。

中国的大历史一直延续着“胜者为王，败者为寇”的传统，向来重视结果，漠视过程。一个人如果做了一辈子好事，临终做了一件坏事，那么临终这件坏事将盖过之前所有的好事；一个人如果做了一辈子坏事，临终做了一件好事，那么临终这件好事也将盖过之前所有的坏事。

结果决定一切，过程永远服务于结果。

从过程而言，杨广原本想做一个好皇帝，毕生都在努力，想要成为比肩汉武大帝的千古一帝。

遗憾的是，在追求成为“千古一帝”的过程中，他被绊倒了，从此再也没有爬起来。

杨广是隋文帝杨坚的次子，是一个从小在赞叹声中长大的孩子。

《隋书·炀帝本纪》记载：美姿仪，少敏慧，意思是说杨广人长得很帅，从小就聪明。又帅又聪明的杨广自然讨人喜欢，13 岁时他就被封为晋王。

对于这个讨人喜欢的儿子，杨坚曾经安排过一次秘密的相面。他命令擅长相面的人悄悄地给杨广相了一个面，得出了结论：晋王眉上双骨隆起，贵不可言。

这句话为杨广一生的富贵埋下了伏笔。

杨广最终成为皇帝，靠的不仅仅是面相，更多的是靠自己的努力，他是一个追求完美的人，更是一个注重细节的人，这一点与他哥哥杨勇有着天壤之别。

有一次他与皇帝杨坚一起外出打猎，突然下起了大雨，手下的人忙不迭地给杨广递上了雨衣，没想到却被杨广拒绝了。杨广说道：“士卒皆沾湿，我独衣此乎！”

士兵们都淋湿了，我怎么能独自穿雨衣呢。

杨广与士兵们一起站在雨中，任瓢泼大雨往头上浇去，杨广很快被浇成了落汤鸡，不过他的仁者形象也被定格在雨中。

后世的人多数指责杨广作秀，其实在儒家的标准里，你分得清哪个是真实，哪个是作秀吗？作秀与真实，只有一步之遥，对于帝王而言，这一步之遥就取决于你最终成功与否。

雨中与士兵们站在一起，如果放在李世民身上，便让人津津乐道，而放在杨广身上，便会被指责作秀，同样的行动，竟然有着双重标准。

杨广 20 岁那年，他遇上了大场面。这一年，他作为主帅率军平定了陈国，南北分立数百年的局面，在 20 岁的杨广手上结束。当然，平陈是在皇帝杨坚的筹划之下，杨广只不过是站在父亲的肩膀上摘下了瓜熟蒂落的果子。

令杨广没有想到的是，这次平陈为他带来了一生中最大的转机，直到把他送上皇帝之位。

如果陈国没有被纳入隋朝版图，那么杨广可能会一直稳定在并州总管的任上。并州即今天山西一带，向北便是隋朝最头疼的突厥，战略位置非常重要，杨广在 20 岁前一直坐镇并州，向北防范突厥人。

随着陈国纳入隋朝版图，原来陈国所属的地区成为帝国的重中之重，南北分裂数百年，想要南北融合亲如一家，并非一朝一夕的事情。

原陈国地区时有叛乱，这让杨坚头疼不已，这时杨坚想到了杨广，这个儿子很能干，那么就让他去江都（今天的扬州）镇守吧！

杨广镇守江都很有成效，在他镇守江都的10年间，原陈国地区非常平稳，百姓安居乐业，迅速融入隋朝的全国版图之中。在王妃萧氏的带动下，杨广还学会了南方话，他可以熟练使用南方话与当地人交流，这比他的父亲杨坚进了一大步。

他的父亲杨坚只会说北方话，陈国亡国皇帝陈叔宝只会讲南方话，两人对话，就是鸡同鸭讲，杨广则不存在这方面的问题，他南北通吃。

不要小看掌握一门语言，在很多时候，语言的能量不可小觑。

1992年巴塞罗那奥运会开幕式，西班牙国王在宣布奥运会开幕之前特意说了一句加泰罗尼亚语，看似随意的一句话深深打动了加泰罗尼亚人的心。加泰罗尼亚是西班牙相对特殊的一个地区，一直以来都存在融合问题，国王在奥运会开幕式上看似随意的一句加泰罗尼亚语让很多加泰罗尼亚人有了认同感。在这个时刻，语言是最好的黏合剂。

而杨广镇守江都的十年，便是把语言当作帝国融合的黏合剂。

江都的10年，是杨广人生中最美好的10年，在这10年里，他把自己与江都融合在一起。

在江都初始的几年，杨广并没有当皇帝的野心，那时杨勇的太子之位非常稳固，而杨广也知道自己的角色和任务，至于当皇帝，不是他这个次子想的事。

随着时间的推移，太子杨勇开始走下坡路，作为储君，不太注意小节和礼数，渐渐地皇帝杨坚和独孤皇后都对杨勇产生了厌烦，杨广的机会就此到来。

镇守江都的杨广长年驻守江都，每年只去长安朝见一次。在一次朝见中，他敏锐地发现了母亲对太子杨勇的厌烦，他知道，鸡蛋终于有缝了。

杨广开始行动，以前他是没有机会，现在机会来了，他不能错过机会。

经过一段时间的运作，太子杨勇的形象江河日下，晋王杨广的形象日渐丰满，围绕在皇帝、皇后身边的人都在为杨广说好话，而泼向太子杨勇的基本都是脏水。尤为重要的是，独孤皇后坚决站在了杨广这一边，她特别喜欢次子杨广和儿媳萧氏，在她的眼中，这才是未来皇帝和皇后的组合。

太子杨勇呢，不仅不注意小节，而且不喜欢父母为他娶的正妻，最后导致正妻在被冷落中突然发病去世。更让独孤皇后不能容忍的是，杨勇不喜欢正妻，反而跟其他小妾生了 10 个儿子，最宠爱的那个小妾身世不清不楚，可能还是一个私生女。

让一个私生女成为母仪天下的皇后？让杨广这些亲王日后去看这个私生女的脸色？这让独孤皇后无法接受。

在独孤皇后以及权臣杨素的帮助下，晋王杨广如愿以偿地扳倒了太子杨勇，杨勇成为废太子，杨广一跃成为货真价实的太子。

杨广一生中最难忘的时刻来了，父皇杨坚将他册立为太子，在册立仪式上，杨坚对他说：吾以大兴，公成帝业！

这句话影响了杨广的一生。

要做皇帝，要做青史留名的千古一帝！

四年后，杨坚驾崩，杨广即位成为隋朝的第二任皇帝，在他面前是一片阳光灿烂，他要在这片灿烂中成为千古一帝。

最初的几年，他很上路，很有千古一帝的模样。

在这几年里，他整修长城，开挖运河，招抚西域，平定吐谷浑，在他的手上，隋朝的疆域达到最大。

后世对于杨广的指责集中在两个方面，一是挖运河，二是征高句丽。

对于运河，应该用发展的眼光来看待，教科书一味地指责杨广开挖运河是为了个人享乐，实则有失全面。杨广开挖运河或许有个人享乐的成分在里面，但更重要的是通过运河沟通南北，大大促进了南北的融合。

可以说隋朝大运河对于中国历史的影响非常深远，大运河影响了之后一千多年的中国历史，中国东部的城市群都是因为大运河的开挖而成型，这些城市群包括北京和天津、洛阳和开封、扬州和杭州。随着大运河的开挖，中国的经济重心由传统的西部向东部转移，东部随着历史的进程逐渐超过西部，一直延续到今天。

已故旅美历史学家黄仁宇先生说，皇帝似乎比同时代的人更懂得运河对于帝国的价值；老舍先生的儿子舒乙在考察过大运河遗址后发表过一篇文章，转发到网络后，文章的题目叫《仅凭大运河就应该为隋炀帝翻案》。

历史是有温度的，当时的人们为了开挖大运河付出了血汗，今天的我们无法真正感受那些民工的苦难。

可以对比一下万里长城和大运河，这两项工程都是历史留给后人的财富，然而两项大工程的倡导者得到的待遇却判若云泥。

万里长城的倡导者是秦始皇，后人尽管指责他残暴，但同时也承认他是开天辟地的“千古一帝”；大运河的倡导者是杨广，大运河非但没有成为他的丰功伟绩，反而成了他的罪证，由此背负千载骂名。

真的不太公平！

杨广第二个被后人指责的是穷兵黩武，三征高句丽。

这同样也是一个双重标准的问题。

征高句丽不是杨广的发明，汉武帝时便对朝鲜半岛进行了征讨，并在那里设立了汉朝的四个郡。杨广征高句丽，是效仿汉武帝。

在杨广之后，李唐王朝也征高句丽，千古一帝太宗李世民曾经有过一次御驾亲征，也失败了。在李世民之后，他的儿子李治继续对高句丽的征战，终于在公元 668 年将高句丽灭国。从隋文帝杨坚时便开始的对高句丽征战，历经隋文帝、隋炀帝、唐太宗、唐高宗四朝，终告完成。

征高句丽并非穷兵黩武，而是地域政治的需要。如果坐视高句丽在中国的东北部崛起，必然会对中原政权造成威胁。

无论是开挖运河，还是远征高句丽，都是杨广成为“千古一帝”计划的一部分，他想通过开疆拓土成为千古一帝，然而好的初衷，并没有收到好的结果。

这个世界就是这样，好的愿望并不一定收到好的结果，一分耕耘一分收获也仅仅是理论上的，有过生活阅历的人都知道。

三征高句丽终告失败，让杨广在追求“千古一帝”的道路上重重摔了一跤，随后在雁门他又遭遇了突厥人的包围。这次突如其来的包围沉重打击了杨广的自信心。

一个人在人生路上总会遇到挫折，遇到挫折并不可怕，可怕的是挫折来得不是时候。年轻时遭遇挫折，虽然会头破血流，但会越挫越勇；人到中年后遭遇挫折，很多人就会经不起考验，可能一次挫折就会一败涂地，再也没有东山再起的机会。

杨广在雁门被围时已经 47 岁了，人到中年，再也经不起这样的挫折。

雁门解围之后，杨广的“千古一帝”梦破灭了，在他看来，所谓“千古一帝”只是一个梦，可遇而不可求。

一年后，杨广做出了一生中最错误的决定：三下江都。

此时的杨广心意阑珊，再也找不回往日的雄心，他只想找一个地方让自己放松下来，至于“成为千古一帝，比肩秦皇汉武”，终究只是一个梦，就让它随风去吧！

杨广把江都当成自己的归宿，如同一个迷途知返的孩子执着回家一样，他想坐镇江都遥控全国，然而他没有意识到问题的严重性。

从隋朝的版图来看，以长安控制全国易，以江都控制全国难。以长安控制全国，如同心脏控制躯体，以江都控制全国，如同手指控制躯体，而杨广因为心灵的归宿，放弃长安这个“心脏”，选择了江都这根“手指”。

一个皇帝长期不坐镇国都，国家的民心还会稳定吗？

当杨广的大船向江都浩浩荡荡驶去，也就铸成了集天下之铁都无法铸成的大错，同时也把他自己送上了一条不归路，曾经的追梦皇帝，就这样决绝地走上了无法回头的路。

大业十三年七月，杨广的表哥李渊从晋阳起兵，用杨广授予他的权力造起了杨广的反。仅仅五个月，李渊以隋朝正规军为班底的义军就攻克了杨广孙子杨侑镇守的长安城，隋朝国都被攻占，权柄落于李渊之手。

远在江都的杨广应该在几个月后得知了这个晴天霹雳，他知道自己的皇帝头衔已经被李渊注销了，自己由皇帝变成了太上皇。

此时的杨广如果幡然醒悟，可能还有挽回的余地，然而他想的不是打回长安，而是迁都金陵，与李渊分庭抗礼。

可惜晚了，来不及了。

杨广的皇家卫队多数由关中人组成，他们都期待早点回到家乡。思乡心切的皇家卫队在宇文化及等人的煽动下发生了哗变，曾经高高在上的皇帝杨广，被推向了万劫不复的深渊。

大业十四年三月十一日，杨广被哗变的士兵逼到绝境，他苦求一杯毒酒竟然都得不到，最后解下自己的汗巾交给哗变士兵，被缢身死。

他的年号“大业”也在这一年终结。

“大业”，“大大的功业”，“千古一帝的功业”，最终却以“大孽”收场。

一失足成千古恨，再回首已是百年身。

登基之初的目标是千古一帝，最后的结局却是千古骂名，开局的美好，终究难抵结局的残酷。

于是杨广沉重地叹息一声，对后世的人说道：“其实你不懂我的心！”

杨素
『破镜重圆』背后的男人

隋炀帝杨广之所以能从亲王奋斗成皇帝，一是得益于自身的努力，二是得益于两个人的鼎力相助。

两个帮手，其中一个便是独孤皇后，另一个则是隋朝重臣杨素。

对于杨素这个名字估计绝大多数人都感到陌生，不过只要提起一个成语，很多人就会发出“哦”的一声，原来是他！

“破镜重圆”的成语都听说过吧？“破镜重圆”里就有杨素的角色，他就是那“破镜重圆”后面的男人。

“破镜重圆”的典故是这样的：

隋文帝开皇九年，隋朝大军大举进攻陈国。陈国太子舍人徐德言与妻子乐昌公主恐国破后两人不能相保，便打破铜镜，各执其半，约定来年正月十五在长安集市上卖铜镜，希望以此相见。

陈国灭亡后，乐昌公主作为战利品被皇帝杨坚赏赐给了越国公杨素。一年后，徐德言按照约定在正月十五那一天赶到了长安，果然看到集市上有一个老翁在卖只剩一半的铜镜，徐德言拿出自己的那一半，与老翁手中的一半比对，严丝合缝，顿时，眼泪模糊了徐德言的视线。

徐德言题诗一首，托老翁将诗带给乐昌公主。

诗云："镜与人俱去，镜归人不归；无复嫦娥影，空留明月辉。"

乐昌公主得诗后，又喜又悲又急，不禁放声大哭。接下来的几天她水米不进，心已经被徐德言带走了。

杨素弄清了来龙去脉，摆在他面前的有两条路，一条路是坚决不放，另一条路是成人之美。

杨素选择了后者，他马上让人找到了徐德言，以公主还之，徐德言终于与公主一起偕归江南终老。

破镜重圆，由悲剧开头，由喜剧收尾，成人之美者，杨素！

钱锺书先生曾经在家中做过试验，怎么摔也摔不破铜镜，钱老疑惑，破镜重圆究竟是真是假呢？

杨素成人之美并不只"破镜重圆"这一例，还有另外两例，一例叫作"偷情之美"，另一例叫作"红拂私奔"。

"偷情之美"的男主角是隋朝名臣李德林的儿子李百药，女主角是杨素的一个宠妾。

也不知道李百药与小妾是如何勾搭在一起的，总之两人已经有了事实。一天夜里，李百药居然色胆包天，夜宿小妾的房间，这下事大了，一下被杨素捉奸捉双。

杨素将"奸夫淫妇"一起抓到了庭院里。盛怒之下的杨素想杀了李百药泄愤，抬眼一看李百药二十岁不到的样子，仪神俊秀，杨素的怒气顿时消了一些，对李百药起了怜悯之心。

杨素对李百药说道："闻汝善为文，可作诗自叙。称吾意，当免汝死。"

解开绳索后，李百药接过纸笔，一会儿的工夫便写完一首诗。杨素接过一看，文采斐然，小子，还真有几分才气。

算了，小妾归你了，另外赠送"财礼"数十万。

被戴了绿帽子还反送几十万，杨素，真有你的！

说完偷情之美，再来说"红拂夜奔"，这也是一出经典。

在唐人笔记小说《风尘三侠》中，"红拂夜奔"是重头戏。

红拂女本来是杨素跟前的侍女，在她心仪的那人没出现之前，杨素就是她崇拜的偶像，然而随着那个人的出现，红拂女的心发生了偏移。

一天，杨素府上来了一个年轻人，年轻人眉清目秀，举止得体，与杨素对答从容。杨素对这个年轻人很是欣赏，于是拍着自己坐的椅子说道："你迟早会坐到这个位置的！"

此时杨素官至仆射，对于年轻人而言，那是一个可望而不可即的目标。

当夜，年轻人回到客栈，没想到，红拂女不期而至，红拂女是抱着私奔的念头来的。在红拂女的心里，杨素已经老朽了，而这个年轻人却如旭日东升，自己的一生就要托付给这样的人。

年轻人思考了一番，下定了决心，与红拂女一起私奔。

2006年，30集古装爱情浪漫武侠剧《风尘三侠之红拂女》在全国上演，红拂女的扮演者是舒淇。

那么跟红拂女私奔的年轻人是谁呢？大唐名将——李靖。

以杨素的地位，如果他要横加阻拦，三段浪漫故事都是无法上演的。然而三段浪漫故事都上演了，说明杨素是个有度量的人。

当然，三段浪漫故事可能都是后人演绎的。

后世的人因为他是隋朝的大臣，又帮助过杨广夺取皇位，因而对他不甚感冒，公允地说，在历史上，杨素是个了不起的人，有胆有识，文武全才。

文：擅长写文章，书法了得，草书、隶书都会，皇帝命令他起草诏书，下笔立成，词义兼美。

武：杀人如麻，有进无退。有犯军令者立斩之，一个不饶。每次大战之前就是杨素杀人之时，只要有点小错，马上处斩，最多一次杀一百多个，最少一次也杀了好几十，杀到最后血都流到他的脚跟了，他依然谈笑风生。等到对阵时，先令一二百人冲锋，如果完成任务，立刻重赏，如不能完成任务败退回来，不论剩下多少，一个字：斩！由是战无不胜，成为名将。

貌：美髯，有英杰之表。

识：看人眼光非常独到。他曾经拍着自己的椅子对青年李靖说，你迟早会坐到这个位子的，果不其然，李靖后来在唐朝风生水起；他曾经对隋唐两代的老油条封德彝说，你会做到仆射的。有一次封德彝坐船掉到了江中，不知死活，杨素说："不急，封德彝是当仆射的命，一定没事。"没过多久，封德彝自己从江中爬了上来，后来官至仆射。

胆：敢于跟皇帝硬碰硬。杨素的父亲杨敷为国尽忠，死于战乱，然而没有得到朝廷的表彰，杨素上表申理，皇帝不许。杨素不甘心，接二连三上表，皇帝大怒，命左右斩之。杨素却不为所动，大声说道："臣侍奉无道天子，死就死吧！"

一句话让皇帝为之折服，由此赠杨素的父亲杨敷为大将军，谥号忠壮。后来拜杨素为车骑大将军，仪同三司，礼遇越来越高。皇帝为了激励杨素，顾谓杨素曰："善自勉之，勿忧不富贵。"杨素应声答曰："臣但恐富贵来逼臣，臣无心图富贵。"

杨素，就是这样一个人。

不过即便杨素如此有才，他的仕途也不平坦。隋文帝开皇四年，已经官至御史大夫的杨素栽了个小跟头。

让他栽跟头的是他的妻子郑氏，这是一个悍妇。

夫妻俩吵架拌嘴，杨素随口说了一句："我要是当皇帝，你这样的肯定当不上皇后！"

杨素说完也就忘了，郑氏却没有忘，她把这句话的后半句给去掉了，只留下前半句，把这前半句报告给了皇帝杨坚。

杨素说，我要是当皇帝！

御史大夫杨素栽了跟头，被免去了官职。

不过，免官也只是皇帝一时生气，等杨坚明白过来，嘿嘿一笑也就过去了，厉害的妻子不能惹！这一点杨坚与杨素有同感，独孤皇后与郑氏相比，有过之而无不及。

杨素被杨坚重新起用，迅速投入讨伐陈国的准备工作之中。

杨素负责的是水师，同时负责造船。在杨素的指挥下，隋军迅速造出超级战船，最大的船叫五牙，船共五层，高百余尺，可以容纳士兵八百人；次一等的叫黄龙，可以容纳一百余人；余下的是各种小船，与大船配套使用。

开皇九年，平陈战役打响，杨素率领他的战船挺进三峡，从上游开始攻打陈国，一路势如破竹，最后从上游顺流直下到达汉口，杨素水师功勋不小。

战后论功，隋文帝杨坚封杨素为郢国公，采邑三千户。

然而即便如此，杨素还是不高兴，他居然嫌郢国公的封号不好。

他上书给皇帝杨坚说，里名胜母，曾子不入。逆人王谊，前封于郢，臣不愿与之同。

杨素的意思是说，有一个里（古代以五家为一邻，五邻为一里）的名字叫胜母，曾子认为名字不好，他就没有进去。之前那个叛逆的王谊曾经受封于郢，我不愿意跟他一样，您还是给我换个封号吧！

杨坚考虑了一下，那就封越国公吧，这便是杨素“越国公”封号的由来。

杨素的越国公确实不白给，在开皇十八年，仁寿初年，他又立下两次赫赫战功。

开皇十八年，突厥犯边，杨素率军迎战。按照以前的作战惯例，隋朝骑兵遇到突厥骑兵只有躲闪的份儿，一般都是用鹿角和战车将四周围起来，骑兵躲在里面。杨素一看，撂下了一句话：此乃自固之道，非取胜之方也！

随即命令撤去鹿角，所有骑兵列阵。

突厥达头可汗听说隋军骑兵撤去了鹿角，大喊一声，谢天谢地，随即带领十万骑兵向杨素的骑兵阵扑来。

突厥人以为隋军骑兵撤去鹿角对本方有利，没想到恰恰相反。

在杨素的指挥下，隋军骑兵奋起反击，居然大破十万突厥骑兵，连那位“谢天谢地”的可汗也遭受重创，恨恨离去。

此战杨素因功高受赏缣二万匹，另外还有万钉宝带，四个儿子也跟着不劳而获，加官晋爵。

仁寿初年，杨素将自己的胆识发挥到极致。

这一年已经贵为尚书左仆射的杨素又一次跟突厥人遭遇，再次让突厥人遭受重创。然而杨素没有见好就收，而是乘胜追击，他一直追赶四处逃逸的突厥人。在一个夜晚，杨素发现了突厥人的行踪，这一次他要放长线钓大鱼。

杨素下令本部所有骑兵后退，保持距离，他自己带领两名骑兵，另外带上已经投降的突厥人，与前面的突厥人一起赶路。一路下来，前面的突厥人竟然没有发觉。等突厥人到了目的地，杨素一挥手，后面一直尾随的隋军骑兵掩杀了上来，前面的突厥人这时才意识到，原来隋军一直是自己的尾巴。

这次重大打击之后，瀚海沙漠以南再也没有突厥人的王庭，他们被杨素打怕了，将王庭迁到瀚海沙漠以北，离杨素越远越好。

既有胆有识，又能文能武，杨素在隋朝想不红都难。

杨素与独孤皇后的私交也非常好，有些不方便跟皇帝说的话，可以跟皇后说。

督造仁寿宫时，为了赶工期，杨素督导严急，民工中有不少人在重压之下过劳死，御史们就此弹劾杨素。皇帝杨坚一调查，果有此事，而且仁寿宫造价过高，有奢侈之嫌。

杨素傻眼了，怎么办，干了半天还要落一身的埋怨。

想了一下，他想到了独孤皇后，他来到独孤皇后面前，说了这样一番话：历代帝王都有离宫别馆，现在都已经天下太平，国力强盛了，造一个宫还那么量入为出，不值当的！

独孤皇后体会杨素的难处，当即明白自己应该怎么做。她将话转告给杨坚，又对杨坚劝慰了一番。事情有了一百八十度的转变，杨素非但无罪，而且有功，赐钱百万，锦绢三千匹。

后来杨素与独孤皇后联手，将那位不应该当皇帝的皇子杨广扶上了太子之位。

按说忠于皇室，战功累累，又拥立皇子，杨素应该更得杨坚信任才对，然而事实恰恰相反，杨坚开始猜疑杨素了。

随着官位的上升，杨素在朝中开始拉帮结派，凡是依附于自己的，虽无才能，也能任用，凡是与自己不和的，虽有才能，一律打压。

这些事情传到了皇帝的耳朵里，皇帝杨坚开始对这位重臣另眼相看，以前是青眼，现在则是白眼。

杨坚下了一道让杨素减轻工作量的诏书：仆射是国家的宰辅，不必事必躬亲，隔三岔五去过问一下大事就行。

看似恩宠，实则夺权，等杨素真的隔三岔五去了，已经没有人向他请示汇报了，他这个仆射已经成了挂起来的闲职。

从此时到隋文帝杨坚驾崩，杨素被挂了起来，位很高，权没有。

好不容易熬到杨广登基，杨素以为自己的好日子来了，没想到，一切如旧。

表面的恩宠无以复加，深层的猜疑还在继续。

大业二年六月二十九日，杨素被提升为司徒（三公排第二），这更是一个闲职，一个能把自己闲出病的职位。杨素彻底明白，自己的政治生命已经结束了。

事情到这儿还没有完，随后杨素又被封为楚公，这也是一个荣誉称号，这个荣誉称号看着荣光，实际险恶，用通俗的话说，这个称号是杨广让杨素替国家踩地雷。

事情是由天文台引起的，一位天文官员经过连续观察星象做出了一份研究报告，报告显示：古随国地区将会有大规模的葬礼。杨坚在北周被封为随国公，在隋朝，古随国地区指代隋王朝。这份报告的意思就是隋王朝将会有一场盛大的葬礼，对此，杨广非常厌恶，怎么才登基两年就赶上这种事呢？

那个年头是讲究消灾的，杨广想了一下，想到了消灾的方法，就让杨素来担当这个大任吧。

杨广下诏将杨素封为楚公，楚和古随国都是指湖北中部地区，实际是同一个地方，只是不同时代的叫法不一样而已。杨广把杨素封为楚公意思很明显，杨素你就替国家死一回吧，我保证你会享受国葬的。

像杨素这样的高官，宫里是不可能没有几个朋友的，很快他就从宫里知道了皇帝给出这个封号的意思："为了国家，去死吧！"

任务够艰巨的。

杨素的政治生命到头了，自然生命也快到头了，一年多的抑郁加憋屈很快成了病，他正向生命的终点迈进。

得知杨素重病，杨广表现得很关切，频繁派出最好的医生开出最好的药，每次医生一回宫杨广就关切地问："怎么样，什么情况？"（"怎么还不死？"）

到了这个份上，杨素已经没有选择了，药是不能吃了，身体是不能要了，医嘱是不能遵了，目的只有一个，不想活了。

有的时候，活是一种折磨，死是一种解脱，杨素，同意请点点头。

大业二年七月二十三日，司徒杨素走完了他的人生路。

他受到了国葬，被追认为太尉和虢州等十个州的州长，谥号"景武"，谥法中规定，刚强直理曰武，威强敌德曰武，克定祸乱曰武，刑民克服曰武，夸志多穷曰武；由义而济曰景，耆意大虑曰景，布义行刚曰景。

唐朝名将李靖的谥号也是"景武"，对于武将，这是一个完美的谥号。

在追悼会上，杨素的悼词很长，很长。

悼词，是为死人写的，念给活人听的。

活人承受不起，而死人又听不到。

七年后，杨素的儿子杨玄感起兵造反，失败后，杨素所有的儿子全被诛杀。杨素那象征恩宠无边的坟墓也被挖开，尸骨被用火烧毁。

如果杨素地下有知，或许也会喃喃地说，我这一辈子，我这一辈子，我这一辈子！

我这一辈子……

李靖
完美战将

在唐朝三百年的历史中，留下盛名的名将有很多，比如李靖，比如徐世勣，比如哥舒翰，比如郭子仪，比如薛仁贵，不过在我看来，唐朝第一名将还是非李靖莫属。

在杨素一篇中，曾经提到过杨素对李靖慧眼识珠，其实在当时，对李靖青眼有加的还不止杨素，吏部尚书牛弘也对李靖刮目相看，一位隋朝名将更是曾经对旁人说过，可与论孙、吴之术者，惟斯人矣。

这位名将就是韩擒虎，同时兼任李靖的亲舅舅。

李靖出身官宦世家，祖父官至殷州刺史，父亲官至赵郡太守，到了李靖这一辈，家族的官宦基因仍然在延续。

《旧唐书》记载，李靖姿貌瑰伟，少有文武材略，说话口气非常大，经常跟亲朋好友说，大丈夫若遇主逢时，必当立功立事，以取富贵。

口气不小。

尽管李靖口气不小，相貌不凡，但是在起步初期，还是遭遇不少坎坷，在唐高祖李渊的手上，他差点死掉两回。

原本李靖与高祖李渊是没有交集的，是李靖自己上杆子去找交集，结果这一次差一点让他人头落地。

当高祖李渊策划晋阳起兵时，李靖正在晋阳附近的马邑郡做郡丞，马邑郡只有四千多户，在行政级别上属于下郡，李靖这个郡丞只是正六品，相当于现在的正县级。到李渊起兵的公元617年，李靖已经46岁了，46岁才混到一个正县级，在那个时代算混得惨的了。

惨不惨先不说，正六品的李靖很有责任心，他看出李渊“蠢蠢欲动”，便准备到长安向朝廷告密。

然而告密谈何容易，李渊既然已经准备起兵，就做好了防范，从晋阳以及马邑通往外界的路口都有人把守，为的就是拦截像李靖这样准备告密的人。

思来想去，李靖想了一个高招，用这个方法管保在李渊的防区内畅通无阻。

他居然找了一个囚车把自己锁了起来，然后找人拉着囚车前往长安，对外宣称往长安押送朝廷钦犯。

靠着囚车的掩护，李靖逃出了李渊的势力范围，一路自带干粮来到了长安。

向长安的官员汇报完毕后，李靖又准备去江都向杨广当面告密，没想到长安附近已经乱了，通往江都的路断了。

李靖只能困守长安，没过多久，李渊大军打到了长安，一下子把长安城包围个水泄不通，李靖想出长安城，要么先长出两只翅膀，要么学超人把内裤穿在外面。

无奈之下，李靖只能帮助守军守城，然而一切都是徒劳，长安城还是破了，李靖成了俘虏。

李渊盘点了一下俘虏，准备有怨报怨有仇报仇，一盘点，这个告密的李靖也在啊，一块儿砍了吧！

李靖前面的人被一个个斩首，马上轮到李靖了。

李靖有些不甘心，扯着嗓子大喊了一声：“公起义兵，本为天下除暴乱，不想着去成就大事，怎么能因为私人恩怨斩杀我这样的壮士呢?!”

这一幕是不是有点眼熟？没错，当初韩信也这么喊过，结果捡回了一条命，也捡回了一个千古名将。在李靖之后，唐朝还有一个人也这么喊过，也成功了，捡回了一条命。后来这个人做了一件惊天动地的大事——安史之乱，没错，他就是安禄山。(后面的文章要写这个人)

回过头来说李靖，在李靖喊出这一句豪言之后，李渊内心里对李靖产生了一丝佩服，当下有些犹豫，斩还是不斩呢？

正在李渊犹豫之时，李世民赶了过来，他也听到了李靖那句豪言，又看了看李靖，素有识人之能的李世民当即意识到，这可能是一个人才。

经过李世民求情，李靖被当场释放，躲过了李渊的兜头一刀，也就此开始了成为千古名将的征程。

武德三年，李靖跟随李世民征讨王世充，首立战功，以战功授开府。

随后，李靖在李渊的部署下，率兵征讨割据荆州的萧铣，没想到这次征讨又险些遭了李渊的黑手，差点又死一回。

话说李靖率军抵达峡州（今三峡一带），遭到萧铣部队的顽强阻击，李靖所部被阻挡很久，无法通过。

李渊失去了耐心，看来这个李靖也是个志大才疏的家伙，这么久逗留不前，留他何用?

李渊给峡州都督许绍秘密下了一道诏书：找机会把李靖给我干掉!

许绍接到李渊的诏书后大吃一惊，左右为难：如果遵旨干掉李靖，可惜了这个人才；如果不斩李靖，那就是抗旨不遵!

换作别的不负责任的人，可能就闭着眼把李靖给斩了，许绍是个负责任的人，也是一个爱才的人。在日常交往中，他知道李靖是个不可多得的将才，为了这个将才他愿意冒一下风险。

许绍没有动李靖，转而给李渊上了一道诏书，愿意以身家性命为李靖做担保，请求李渊再给李靖一次机会。

许绍以身家性命为赌注，为李靖赢得了喘息的时间，李靖在李渊的刀口下又一次捡了一条命。传说中猫有九条命，如果人有前世的话，李靖的前世可能是只猫。

不久，李靖以八百精兵攻破敌营，临阵又将敌将斩落马下，同时俘虏五千余人，这下李渊高兴了。

他一边下诏书勉励李靖“勿忧富贵”，同时又亲手给李靖写了一张纸条：既往不咎，旧事吾久忘之矣。

这张纸条给李靖吃了一颗定心丸，昔日告密的一页彻底翻过去了，在李唐王朝的大旗下就好好干吧!

从此之后，李靖更加勇猛，在李唐王朝所扩大的版图上，多数都与李靖有关。

武德四年，也就是公元 621 年，这一年李靖 50 岁，本应该是知天命的年纪，而作为名将的李靖才刚刚上路。

将军大器晚成。

这一年，李靖与李孝恭一起出击割据荆州的萧铣。时值秋天，江水暴涨，三峡一带水流湍急，行舟困难，萧铣就此认为李唐王朝不可能选择这个时间出兵，竟然未作防范。

萧铣是这样认为的，很多人也是这样认为的，但李靖不这么认为。

对方越认为不可能的，你反而越是要做，在兵法上，这就叫出其不意，攻其不备。

在李靖的坚持下，唐军顺着湍急的江流顺流而下，这下轮到萧铣傻眼了，此前他为了防止手下的将军拥兵作乱，已经将大部分部队遣散到各地，眼下能用来守荆州城的只有几万人而已。

李靖从长江上游逐渐逼近萧铣，在萧铣布重兵防守的夷陵，李靖的军队斩首以及溺死敌兵上万人，同时缴获四百多艘战船。

如何处理这些战船呢？

一些将领建议原地保存，万一战事不利，可以利用这些战船往上游跑（下游是萧铣的势力范围）。

李靖笑了，往上游跑？你划船的速度比得过湍急的江水吗？

所有战船一条不留，全部放到下游去！

为什么？空船计！

李靖的空船计果然奏效，这些战船顺流漂到下游，沿途集结的萧铣的军队看到空空荡荡的战船果然产生了疑惑，集结的军队走到半路不敢走了，他们怀疑荆州已经失守了，他们即便赶到也只是炮灰。

古有诸葛亮空城计巧妙退敌，今有李靖空船计吓退敌兵。

遭遇李靖这样的对手，萧铣只能自认倒霉，不久，萧铣宣布投降，南方各州县随之跟着投降。

李靖派人越过南岭向岭南各州招降，同样效果明显，总计招降 96 个州，60 余万户。具有对比意义的是，隋炀帝大业五年，隋朝达到顶峰，全国总户数为 890 万户，人口 4600 万；随着隋末战乱，全国户数大为减少，到李世民贞观十七年，全国总户数还不到 300 万，以此为参照，李靖招降的 60 万户，对于唐朝而言，意味着什么呢？

讨平萧铣之后，李靖又和李孝恭一起讨平了在安徽、江苏、浙江一带活动的辅公祏，唐朝版图进一步扩大。

南方平定之后，李渊又将李靖调到了北方。武德八年，突厥犯边，唐朝诸军接战不利，唯独李靖全建制返回，由此李靖在朝中的地位节节攀升，那个曾经要砍掉他首级的皇帝李渊已经完全成了他的粉丝。

对于李靖，李渊给出了自己的评价：“李靖是萧铣、辅公祏膏肓，古之名将韩、白、卫、霍，岂能及也！”

韩信，白起，卫青，霍去病，都赶不上！

捧得够高的。

武德年间的战功让李靖步入名将的行列，贞观年间的战功则让李靖步入名将之巅。

让他步入名将之巅的一战是贞观三年到四年对东突厥的灭国之战，这一战打掉了唐朝建国以来十几年的耻辱，也打出了唐朝的大国国威。

贞观四年，李靖59岁，这一年他率领三千骑兵从马邑出兵，直扑恶阳岭（今内蒙古和林格尔县南）。此时李靖是兵部尚书，正三品，名满天下。

东突厥可汗听到李靖抵达恶阳岭，一下子惊了，唐朝一定是动员了全国的兵力，不然兵部尚书李靖怎么都跑到恶阳岭了？

此时李靖的手下只有三千骑兵，只不过有这样一个主帅，胜似十万雄兵。

同是贞观四年，李靖以三千骑兵攻破东突厥的定襄城（今和林格尔县），在这里他有了意外的收获，他找到了隋炀帝的萧皇后以及隋炀帝硕果仅存的孙子杨政道。李靖安排属下将二人送回长安，后来萧皇后与杨政道都在唐朝颐养天年，得以善终。

定襄一战让东突厥人闻风丧胆，东突厥颉利可汗连忙给李世民上表示弱，请求内附。

这是唐朝与东突厥交往史上的一个转折点，从晋阳起兵开始，李唐王朝一直向东突厥示弱，李世民即位之初，东突厥更是咄咄逼人地逼近长安，逼迫李世民腾空府库贿赂东突厥，才换来渭水盟誓突厥退兵，现在形势被李靖逆转过来了。

不过，东突厥示弱是真是假呢？李世民看明白了，李靖也看明白了，东突厥的示弱其实是假，只不过想暂时躲过李靖的兵锋。

李世民派出安抚使节前往东突厥，李靖却看出了安抚之后的一步棋，李世民的安抚只是面子上的，里子上的，还是需要李靖彻底解决东突厥这个心腹大患。

就在安抚使节进入东突厥大营后，李靖与李世勣兵分两路，连夜行军，在东突厥人以为诈降成功时，李靖突然从天而降，这一战让颉利可汗一败涂地。

东突厥颉利可汗靠自己的千里马逃出了李靖的包围圈，他试图穿过瀚海沙漠，找一个地方休养生息，然而这个愿望也没能实现。因为李靖已经安排李世勣挡在他的必经之路上，想过去，问问手中的家伙答不答应。

颉利可汗只能掉转马头，往西方逃出，不久还是被唐军生擒。在颉利可汗之后，突利可汗也正式向唐朝投降，东突厥至此被李靖打至灭国。

四年后，李靖 63 岁，再一次主动请缨，挂帅亲征吐谷浑，最终将骚扰唐朝多年的吐谷浑灭国。

至此，李靖达到人生最高峰，平定萧铣，招降岭南，灭国东突厥，灭国吐谷浑，唐朝大大的版图上，李靖功高盖世。

然而，在灭国吐谷浑之后，李靖却开始急流勇退。

在灭国吐谷浑后，一位曾经被李靖训斥过的将军举报李靖谋反，经查证，纯属诬告，李靖清白，诬告者问罪。换作一般人，恨不得昭告天下，进而展示自己的威风，李靖恰恰相反，自此他关上了自己的家门，过上了深居简出的日子。

以前的旧部属老同事想叙旧，对不起，不开门。

亲戚朋友来串门，对不起，没事少来，最好不来。

贞观十四年，李靖已经 69 岁了，人生七十古来稀，李靖垂垂老矣。

这一年李靖的妻子去世了，李世民意识到，该是给李靖准备陵墓的时候了。古代给贵族提前准备陵墓并不是忌讳的事情，连皇帝都提前准备。

李世民下令，按照卫青、霍去病的标准，为李靖修一座陵墓，这座陵墓外形像突厥境内的铁山、吐谷浑境内的积石山，以此彰显李靖的赫赫战功。

贞观十七年，李靖与长孙无忌等二十四人一起绘像凌烟阁，从此成为凌烟阁二十四名将之首。李靖是幸运的，凌烟阁绘像之时，已经有十二人作古，他们没能看到自己的画像挂上凌烟阁。

同时李靖也是善始善终的，在活着看到自己画像挂上凌烟阁的人中，侯君集在数月后因疑似谋反伏诛，张亮在数年后因疑似谋反伏诛，长孙无忌在数十年后因被人诬告谋反自杀，他们的名誉都在身后遭到了反复，而李靖的名誉始终如一。

贞观十九年，74 岁的李靖还想做最后一次远征——高句丽。

李世民在征高句丽之前，曾经与李靖有一次对话。

李世民谓曰：“公南平吴会，北清沙漠，西定慕容，唯东有高句丽未服，公意如何？”

李靖对曰：“臣往者凭藉天威，薄展微效，今残年朽骨，唯拟此行。陛下不弃，老臣病期瘳矣。”

略显遗憾的是，这一次李世民没有同意，毕竟李靖已经是风烛残年的老人了。

后来这次远征以失败告终，李靖因为年老没有出征，倒是无意之中保全了百战胜将的光环，或许这也是上天的刻意安排。

贞观二十三年，李靖在家中病逝，享年 78 岁，之后数月，李世民病逝，享年却只有 51 岁。

在李靖病逝之后，李世民册赠司徒、并州都督，陪葬昭陵（李世民陵寝），谥号“景武”。

“景武”，武将最为完美的谥号。

《旧唐书·李靖李勣列传》赞曰：功以懋赏，震主则危。辞禄避位，除猜破疑。功定华夷，志怀忠义。白首平戎，贤哉英、卫。

安禄山、史思明 搅动盛唐

当安禄山和史思明在范阳（今北京境内）吹响反唐号角时，无数的大唐子民要大声痛骂安禄山：“姓安的，我感谢你八辈祖宗！”

其实，您骂错了，安禄山不姓安。

“安禄山”这个名字挺唬人，乍一看以为他是汉人，其实他不是汉人，他是营州柳城杂种胡人，本来连姓也没有，只有名叫“轧荦山”。

“轧荦山”在突厥语中是“斗战”的意思，从这个名字来看，安禄山就是为战斗而生。

安禄山的父亲在他很小的时候就去世了，父亲去世后，他与母亲相依为命，他的母亲是阿史德氏，是突厥的巫师，以占卜为生。

后来安禄山跟着母亲嫁到了一个姓安的人家，从此“轧荦山”就有了姓，取了个名字叫安禄山。

长大后，安禄山开始寻找发财的门路，很快他找到了，在边疆当互市牙郎。

互市是中原王朝与外国以及边疆少数民族通商的总称，安禄山活动的地方就相当于民族贸易市场，这个市场专门供汉人以及少数民族互通有无，安禄山这个互市牙郎就是一个贸易中间人。

为什么安禄山能当上互市牙郎呢？因为他有特长，通晓六种少数民族语言，由他居间交流，买卖容易成功。

在安禄山29岁之前，他一直在贸易市场上充当互市牙郎的角色，生活不好也不坏，如果就这么发展下去，或许他能够成为贸易市场上的大商人，而不是那个搅动盛世唐朝的人。

在安禄山29岁这一年，他差点送了命。

公元732年，安禄山29岁，这一年他犯事了，他偷了一只羊，被人发现举报到官府。

时任幽州节度使的人叫张守珪，他一向主张严格管理，因此安禄山的偷羊罪行被顶格宣判：乱棒打死！

安禄山的上衣已经被剥光了，等待他的将是一顿乱棒，谁让你偷羊！

此时安禄山能说会道的本领发挥了作用，大喊了一声："大夫不欲灭两蕃耶？何为打杀禄山？"

安禄山的意思是说，你张守珪身为幽州都督难道不想消灭契丹人和奚人吗？既然你想消灭他们，那你为什么还要打死我安禄山啊？留下我，对你有用啊！

张守珪闻听此言，愣住了，再看安禄山长得白白净净，又很富态，仔细想想也有道理，想对付契丹人和奚人还得重用当地人，这个人既然敢说如此大话，或许真有点本事。

张守珪一挥手，放了吧，留在军中效力。

就这样，安禄山进入了张守珪的帐下，成为张守珪手下的一名捉生将。

捉生将是官阶很低的军官，类似于今日的侦察兵，安禄山的任务是抓捕契丹和奚族的士兵，抓得越多，功劳越大。安禄山确实有能力，从担任捉生将之日起，一直贯彻"贼不走空"的原则，不行动则已，一行动便有收获。经过多次"贼不走空"后，安禄山从捉生将升为偏将。

此时与安禄山并肩作战的还有史思明，他也不是汉人，而是营州宁夷州突厥杂种胡人。

史思明原名叫崒干，小时候长得歪瓜裂枣，没个人样，瘦弱不堪，头发几乎掉光，驼背，肩膀不一般齐，一个肩膀莫名其妙地高，眼睛鼻子长得也不周正，总之是个不招人待见小孩的模样。不过长大后，他变得好看了一些，女大十八变，男大也能十八变。

后来史思明投奔到张守珪的麾下，张守珪给他起了名字"思明"，史思明。

从此安禄山与史思明并肩作战，并在二十年后搅动了盛世唐朝。

不过安禄山的日子也不是一帆风顺，在张守珪的手下他还是吃了很多苦。因为张守珪嫌他胖，安禄山从来不敢多吃，每顿饭只敢吃个半饱，每天都觉得饿，仍然不敢多吃。

饿着肚子的安禄山保持了骁勇能战的本色，逐渐赢得了张守珪的信任，几年后，张守珪收安禄山做了养子，安禄山有了靠山。

有了靠山的安禄山扶摇直上，不过几年后又遇到一道坎，又差点儿死掉。

公元 736 年，奚族和契丹族叛乱，安禄山受命讨伐，这一次安禄山一败涂地，几万人出征，全军覆没，安禄山只带了十几个人跑了回来。

丧师辱国，按律当斩。

幽州节度使张守珪念及安禄山以往有功，存心想留安禄山一命，便让人把安禄山押往长安，同时给朝廷写了呈文，把前因后果说明了一番，是杀是留，朝廷说了算。

最先看到呈文的是中书令（宰相之一）张九龄，就是写“海上生明月，天涯共此时”的那位。

张九龄一看呈文，再一看安禄山的长相，心中大叫一声不好，此人有反相，将来乱幽州者必定是这个胡人，还是早杀为好！

张九龄在呈文上签上了自己的意见：杀！

等到呈文递到皇帝李隆基那里时，事态有了 180 度的转弯。李隆基看过张守珪的呈文后，反而觉得安禄山是个不可多得的人才，这样的人才不能杀！

给他一个戴罪立功的机会吧，免除官职，以普通士兵的身份随军效力。

张九龄急了，这个人不能留，留下必为祸患。

李隆基摇摇头，你别老拿王衍和石勒说事，不要枉害忠良！

王衍和石勒是怎么回事呢？

王衍是西晋的高官，在石勒还是少年的时候，两人曾有一次偶遇，王衍一看石勒的面相大吃一惊：将来乱天下者必是此人！

为了将祸患消灭在萌芽之中，王衍派人去抓石勒，然而却没有抓到，石勒消失得无影无踪。

数十年后，石勒果然造反，建立了“后赵”国，王衍最终死于石勒之手。有意思的是，当王衍落入石勒之手后，居然反过头来向石勒献媚，劝石勒早日称帝。石勒对这个以清谈闻名的高官并不感冒，他把王衍安排到一个石屋里，他打心眼里烦这个人。

半夜，石屋被人推倒，那个有着惊人远见的王衍便无声无息地从世间消失了。

回过头来说安禄山，公元736年这次遭遇让他因祸得福，尽管官职被剥夺了，但却给李隆基留下了深刻的印象。在李隆基的脑海里，在幽州，有一个叫安禄山的人很能干。

三年后，安禄山和史思明的伯乐张守珪开始走下坡路，他因为谎报军情被御史弹劾，最终被贬为括州（今浙江省丽水市东部）刺史。张守珪悲愤交加，背部生疽，到任没几天就死在了括州刺史任上。

伯乐张守珪死后，“千里马”安禄山一发不可收。

公元742年升任平卢节度使。

公元743年加授骠骑大将军。

公元744年同时担任范阳节度使、平卢节度使。

公元748年受赐丹书铁券。

公元750年受封东平郡王，唐朝将帅封王，由此发端。

贞观年间，战功卓著的李靖、李世勣也不过被封为国公，而安禄山却一步到位，受封东平郡王。

电视剧《我这一辈子》里何冰饰演的赵二有这样一句台词：人这一辈子，都是自己作的！

这句话，李隆基可以与赵二共勉。

公元751年，安禄山再进一步，加封为河东节度使，至此手握三镇，分别是范阳（原幽州）、平卢、河东，唐朝诸镇中，兵力超过5万的总共有五个，而安禄山一个人就有两个这样的重镇。

范阳战区主要防范日益强大的奚族和契丹族，因此范阳是所有节镇中兵力最多的一个，手握三镇的安禄山手中兵力达到18.3万人，这还没加上随时可以从少数民族征调的雇佣兵。

安禄山是有准备也是有预谋的，而那位曾经英明神武的皇帝却已经老了，曾经的高昂斗志早已在杨贵妃的温柔乡里消磨殆尽。他已经对朝政提不起兴趣，更不去想安禄山这个让人头痛的问题。

李隆基不是没有怀疑过安禄山，他所信任的宰相杨国忠不断在他耳边提醒：安禄山必反！杨国忠不是为国为民，他是为他自己，对于这个不把自己放在眼里的安禄山，他早就想杀之而后快。

公元753年，安禄山与杨国忠掰了一下手腕，杨国忠信誓旦旦地对李隆基说，陛下召唤安禄山试试，他肯定不来！

然而安禄山来了，这一下让杨国忠坐了蜡。

在公元754年正月，安禄山用自己的表演证明，自己是一顶一的一级演员，明明心中已经磨刀霍霍，表现出来还是楚楚可怜，无比忠诚。

安禄山眼含热泪地对皇帝李隆基说："臣是外族人，不识字，也不懂得迎合上级，陛下您不嫌弃我不断地提拔我，可能正是因为这个原因，宰相杨国忠一直想杀我。陛下，您可得给我做主啊！"

说完，安禄山眼泪哗哗流淌，李隆基被打动了，如此一个性情中人，怎么可能会反呢？我从来不负他，想来他也不会负我吧？

李隆基将安禄山安抚一阵，心中对这个人的信任又加重了一层。

这次会面，安禄山同样"贼不走空"，他又请求担任闲厩、陇右群牧，这个职务是替朝廷管理战马，如此一来，天下好马尽入安禄山手中。

在返回范阳的路上，安禄山一改在长安城的沉稳，一路急行，日行三四百里，累死多少马无所谓，只要早日离开长安这个是非之地就行。

自此，安禄山反意已决，手握二十万精兵，天下上等战马皆收入帐中，战备已经暗中进行多年，反是必然，不反才是偶然。

公道地说，安禄山对李隆基还是有点感情的，原本他并不想在李隆基的任内反，毕竟李隆基对他不薄，至于继任皇位的太子，他是必须反的。当年为了表示效忠李隆基，他已经把太子得罪到家了。

安禄山曾经在长安遇到过太子，但是他装傻，愣是不拜。

李隆基好奇地问："见了太子，你为什么不拜啊？"

安禄山装傻："太子是什么？臣只知道有皇帝，不知道有太子！"

李隆基如同幼儿园的阿姨一样教导说："太子就是日后的皇帝，你应该参拜！"

安禄山这才对太子行了礼，太子的脸色已经铁青，他知道安禄山在装，但是隐忍没有发作，不是不发，而是时候未到。

除了太子的因素，宰相杨国忠也是安禄山必反的原因，这两个政敌早已水火不容，同样是李隆基跟前的红人，他们都看对方不顺眼，置对方于死地正是各自的梦想。

远在范阳的安禄山反意已决，他只是在等待时机，这时朝中上蹿下跳的杨国忠在不断地触摸着他的底线，你倒是反啊，反啊！

李隆基在做什么呢？他给自己找了一堆沙子，只要把头埋进去，他这只鸵鸟就看不到所谓的危机了，反正我有沙子，我看不到。

不过杨国忠在耳边说得多了，李隆基的耳根又软了，公元755年，李隆基再次征召安禄山进京面圣，安禄山拒绝了，理由是有病。

随后李隆基为他留在长安的儿子安庆宗赐婚，请他前往长安参加婚礼，他还是拒绝了。不去，就是不去！

危机一触即发，安禄山早有准备，而李隆基还是没有准备。

如果仅仅是一个安禄山，或许还不会谋反，要命的是安禄山身边还有两个谋士，两个人的名字都很有意思，一个叫严庄，一个叫高尚，这是两个不安于现状的人。

安禄山可以满足于手握三镇受封郡王的现状，严庄和高尚却不满足于仅仅是王府谋士的现状，如果跟着安禄山一起开天辟地，那不就是开国重臣了吗？

诱惑太大了！

几方因素交织在一起，公元755年十一月，范阳鼙鼓动地来！

大诗人白居易在《长恨歌》中写到“渔阳鼙鼓动地来”，其实写错了，“渔阳”和“范阳”是两地，看来白居易地理没学好。（也有一种可能，白居易是故意写错的，写诗不能太写实，不然容易有文字狱。）

接下来就是历史教科书上说的“安史之乱”。

盛唐梦碎，长安蒙尘，李渊和李世民父子开创的大唐王朝在这一年遇到了分水岭。

关于安史之乱的宏大叙事，大家去看教科书就可以了，接下来我将焦点对准安禄山、安庆绪、史思明、史朝义这四个人，历史教科书上对于他们的结局说得很简单——被杀。其实不然，他们的人生结局很有戏剧性，很值得说道。

前面讲安禄山如何处心积虑，怀有狼子野心，一直没有细说，安禄山是个胖子，而他在起兵之前，可能也淡忘了，自己是个胖子。

安禄山是个胖子还值得单独说道吗？值得，因为这里面有他的生死。

在张守珪手下当差时，安禄山还能控制自己的食量，因此尽管胖，但并不是很胖。张守珪去职之后，安禄山再也不用控制自己的食量了，逐渐心宽体胖起来，体重与日俱增，最后达到了三百多斤。

为此，他走路非常费劲，别人走路抬脚就走，他每次都要用力地晃动膀子，借助肩膀的力量，才能将自己的大肚子带离原地。

至于骑马，更是有严格的要求。手下买马需要提前测试一下马的承重能力，先把数百斤的重物放到马的背上，测试马的负重反应，如果能够承受住，好马！如果承受不住，撒丫子，滚蛋！

即使这样，安禄山骑马还有格外的要求，每到一个驿站，必须赶紧换马，换晚了，要么马已经被压死了，要么已经被压成了骆驼。

安禄山骑马跟别人不一样，他骑马需要两个马鞍，一大一小，大的放屁股，小的放他那无处安放的肚子。下次如果你看到备有两个马鞍的马，那么骑马的人一定是个胖子，像安禄山一样的胖子。

想想也难为安禄山了，都胖成这样了，还要迎合李隆基，为他跳胡人舞，据说一旦跳起舞来，他旋转如风，肥胖的肚子也成了一道独特的风景。想来，安禄山受恩宠，跟胡人舞也有一定的关系。

然而，成也萧何败也萧何，安禄山用一副胖胖傻傻的模样赢得了李隆基的信任，并以此搅动了盛世唐朝，然而他人生的结局居然也跟他的胖有关。

公元756年正月，在起兵两个月后，安禄山在洛阳称帝，自称大燕皇帝，改年号为“圣武”，那两个忽悠最起劲的谋士严庄和高尚被任命为中书侍郎，都算大燕国的高官。

按说开国之后，应该是喜气洋洋，从此过上幸福的生活，然而安禄山的好日子没有维持多久，这一切都是因为肥胖。

从范阳起兵开始，安禄山眼中的世界越来越朦胧了，视力直线下降，等到他登基之后，已经全盲。

也就是说，那个搅动盛唐的安禄山在体会到做皇帝的感觉之后，就再也看不到这个世界的花花草草了，黑夜给了他黑色的眼睛，他却寻找不到属于他的光明。

身体过于肥胖的安禄山可能有糖尿病，此时引发了诸多并发症。

安禄山不仅眼睛全盲，身上也长了大疮，这让安禄山黑暗世界里的日子非常难过。从此他的脾气变得极度暴躁，左右随从被痛打是家常便饭，运气不好的还被诛杀，就连那个恩宠无边、贵为中书侍郎的严庄也逃脱不了挨打的命运。

这日子没法过了！

被安禄山打得最多的人叫李猪儿，他是近侍，因为距离近，所以挨打最多。

李猪儿是安禄山最喜欢的侍从，正因为喜欢，安禄山亲手把李猪儿阉割了，这样就可以安心地放在身边，不必担心绿帽子不期而至。

李猪儿从此死心塌地跟着安禄山，每天最重要的一个任务是给安禄山系腰带，在平常人看来这是轻松愉快的活儿，在李猪儿看来，这是一个很有难度的活儿。

每天早上，安禄山起床之后，李猪儿和另外两个人便来到安禄山的跟前，另外两个人负责抬起安禄山的肚子，李猪儿则低下头，一边用头顶着安禄山的肚子，一边迅速将腰带系上。整个过程必须一气呵成，时间不能过长，长了，李猪儿可能被安禄山的肚子压得窒息过去。

就是这样顶肚子系腰带的关系，却也逃不过安禄山的毒打，李猪儿的怨气与日俱增。

如果仅仅有一个李猪儿也不足成事，长久以来他已经习惯了逆来顺受，挨再多的打也认了。

现在情况起了变化，最当红的中书侍郎严庄动了心思，安禄山的儿子安庆绪也动了心思。安庆绪的郁闷从父亲安禄山登基之后就开始累积，这段时间，他体会到封建王朝皇子的不易。

安庆绪不是安禄山唯一的儿子，他还有几个兄弟，其中一个叫安庆恩，安庆恩的母亲是安禄山最宠爱的段皇后。

子凭母贵，母凭子贵，说的是不同阶段。段皇后经常在双眼失明的安禄山面前推荐安庆恩，试图让安庆恩取代安庆绪的位置，久而久之，安禄山也有了让安庆恩做自己继承人的想法。

事情到这个份儿上，安庆绪的接班人位置摇摇欲坠，如果不展开生产自救，被安庆恩取而代之只是时间早晚的问题。

善于投机的严庄又把宝押到了安庆绪身上，如果拥立安庆绪当皇帝，自己的地位是否会更进一步呢?

三方一拍即合！安庆绪，严庄，李猪儿，为了共同的梦想走到一起来了。

公元 757 年正月初五深夜，李猪儿跟平常一样进入安禄山的寝殿，与以往不同的是，这一次他的手里多了一把刀。

严庄和安庆绪守在寝殿门口，他们等待着李猪儿胜利的消息。

进入寝殿后的李猪儿屏住了呼吸，在他的眼前，安禄山睡得昏天黑地，肥胖的肚子尤其扎眼。

李猪儿对准安禄山的肚子手起刀落，连砍数刀，然后迅速躲到角落。

睡梦中的安禄山被疼醒了，条件反射般去摸自己往常放刀的位置，然而刀不见了，早被李猪儿偷偷拿走了。

两眼漆黑的安禄山疯狂地大喊："这一定是家贼干的，一定是家贼干的！"

一切都晚了，你曾经对别人做的，现在连本带利都还了回来。

黑暗中，安禄山声嘶力竭，肚子不断地汩汩流血，搅动盛世唐朝的一代枭雄，为数千万人带来无边黑暗的人，最终被黑暗吞噬。

此时距离他范阳起兵，也不过一年多的时间。

第二天清晨，严庄对外宣布，皇帝安禄山病重，下诏立安庆绪为太子。

不久，安庆绪登基称帝，尊安禄山为太上皇，然后发布安禄山的死讯。到这时，安禄山这一页就翻过去了，接下来是安庆绪时间。

虎父无犬子，看上去很有道理，但多数情况下，只是奉承人的漂亮话，到头来还需要具体问题具体分析。

安禄山这个虎父，却偏偏生了安庆绪这个犬子，安禄山可以算作狼王，安庆绪却连小狼王都算不上，要算，也只能算是披着狼皮的羊。

登基之后，安庆绪性格懦弱，头脑不清，说话不着边际的缺点就一一暴露了出来，这让安庆绪和严庄都有些苦恼。最后经过商议，严庄决定让安庆绪装神秘，不与大臣们接触，朝中一切大事都交由严庄解决，安庆绪只管在后宫喝酒吃肉就成。

然而革命不是请客吃饭，当皇帝也不能只喝酒吃肉，不久之后，安庆绪就遇到了一系列难题。

安庆绪遇到的第一个难题是史思明。安禄山在世时，史思明对安禄山言听计从，负责镇守范阳，兢兢业业地为安禄山看护老巢。安禄山死后，史思明动了心思，一是因为手握精兵，二是因为安禄山从长安和洛阳掠夺的财富都源源不断地运回范阳，全在史思明的掌握之中。又有兵，又有钱，论辈分还是安庆绪的大爷辈，为什么要听命于你安庆绪呢？

史思明与安庆绪从此貌合神离。

安庆绪遇到的第二个难题是唐朝政府聘请了回纥雇佣兵。

唐朝政府用"饮鸩止渴"的方式从回纥借来了精兵，这些回纥兵战斗力非常强，单兵作战能力在安禄山兵马之上。借兵的代价是惨重的，功成之日，土地归唐朝，土地以上的财富以及妇女孩子全归回纥所有！

两大难题压得安庆绪喘不过气来，渐渐地他支撑不住了，长安丢了，洛阳也岌岌可危。

这时倒是显示出严庄的审时度势了，严庄在跟郭子仪打过一仗之后，意识到形势已经发生逆转，马上跑到洛阳，敦促安庆绪赶紧放弃洛阳，退守邺郡（今河南省安阳市）。

严庄本来也跟着安庆绪一起跑，然而跑到半路，他改变了主意，掉头往回跑，一直跑到长安，向唐朝政府投降，随即被委任为司农卿（相当于农业部部长）。

严庄的审时度势能力太强了，在安禄山、安庆绪父子这只股票跌破发行价深度套牢之时，人家却悄悄解套了，只留下安庆绪一个人在那里死扛。

公元 758 年十月，安庆绪的苦日子来了，郭子仪率领大军连连重挫安庆绪的军队，最后安庆绪被压制在邺郡城中，城中粮草日渐枯竭，城外则是郭子仪的重重包围。

安庆绪没有办法了，只能低下头向大爷史思明求救，为了表示诚意，安庆绪表示，愿意将大燕皇帝的皇位拱手相让。

史思明还真没跟安庆绪客气，两个月后，自己便在魏州（今河北省大名县）称帝，自称大圣燕王。

在史思明忙着称帝期间，安庆绪在邺郡过着水深火热的日子。唐军统帅郭子仪截断了河水，将河水倒灌到安庆绪困守的城中，城中所有的水井都满了，全城遍地是水，想要找个干爽点的地方，需要自己搭木架子。

如果说到处是水还能忍受，那么饥饿就让人无法忍受了，全城断粮，到最后，一只老鼠都卖到了四千钱。

日子没法过了。

安庆绪一直硬挺到了公元 759 年三月，大爷史思明终于来了。

按照双方士兵的数量来说，史思明本来不是唐军的对手，唐军总计六十万，史思明只有五万，战争的初期双方一度胶着，如果正常发展下去，史思明抵挡不住六十万唐军的进攻。

诡异的事情发生了，大风漫天而起，飞沙走石，遮天蔽日，大白天居然伸手不见五指，从描述来看，应该是一场沙尘暴。

搞笑的事情发生了，沙尘暴中，史思明的部队向北逃命，唐军向南逃命，此时不比刀枪，比的是谁跑得快。

混乱中，史思明一路向北，跑了很久才停了下来，派出探马一侦察，唐军跑得比他们还彻底，已经全线撤退，不回来了。

六十万唐军隶属于不同将领，各打各的算盘，沙尘暴一起，阵脚大乱，索性各回各家了。

一场诡异的沙尘暴便这样刮走了六十万唐军，史思明却没有走，他又回到了邺郡城下，还有些事他没跟安庆绪交代清楚。

煎熬了四个多月的安庆绪总算缓了一口气，他的士兵出城接收了唐军逃跑时没有来得及带的粮草，一统计，真不少，六七万石，够吃一阵了。

大爷史思明已经到了邺郡城下，安庆绪却不准备开门迎接，他想把史思明挡在门外，反正已经有粮食吃了，不用再理大爷了。

然而安庆绪的属下们却有不同看法，人家史思明大老远来给你解围，你不去迎接，太不讲究了吧？

安庆绪无奈，只好随口说了句，你们爱去见就去见吧，随你们！

又过去了三天，安庆绪还是没有跟史思明相见。在这三天里，安庆绪的一些部下已经去见过了史思明，这些人的心已经从安庆绪这里飞到了史思明那里，也就自然而然扮演起无间道的角色。

在无间道们的怂恿下，安庆绪率领三百骑兵前去晋见史思明，在那里他看到了笑容可掬的大爷——史思明。

史思明笑着将安庆绪以及他的几个兄弟引到庭院里，安庆绪也笑着跟在后面，只不过史思明士兵的全副武装让他有些别扭，旧友故交相见，如此全副武装，有点煞风景吧。

安庆绪先跟大爷史思明客气了一下，说："我能力有限，把长安和洛阳都给丢了，还在这里遭到包围，没想到大爷您看在太上皇的分儿上来为我解了围，真是万分感谢！"

安庆绪原本以为史思明会跟他客气一下，没想到史思明没跟他客气，而是瞬间变脸。

史思明说道："丢失两京，用兵不利，这些都不算事。但是你身为人子，却杀父篡位，这不是大逆不道吗？今天我就为太上皇讨伐你这个逆贼！"

说翻脸就翻脸，又是一个一级演员。

在史思明的指示下，大燕国第二任皇帝，安禄山的儿子安庆绪以及安禄山的另外一个儿子都被缢杀。同时被杀的还有那个叫作高尚的高参，他没有像严庄那样及时解套，最后将自己的人生套了进去。

从公元 755 年十一月范阳起兵，到此时仅仅三年有余，而始作俑者安禄山一脉，已经殊途同归，化为尘土。

接下来进入史思明时间，作为安史之乱的二号人物，他在忠奸两条战线上反复无常。

安庆绪逃出洛阳后，曾经派人到范阳调兵，史思明心中产生了犹豫，是继续跟着安庆绪一条道跑到黑呢，还是投降朝廷，当忠于朝廷的节度使呢？

经过慎重考虑，他选择了向朝廷投降，并得到了一系列封赏，朝廷给他的任务也不重——讨伐安庆绪。

如果事情一直平稳发展下去，史思明或许可以成为朝廷的一位不可或缺的重臣，然而毕竟他是有过案底的人，而且手握重兵，这样的人即便投降，也是不稳定因素，皇帝会始终惦记着他。

皇帝李亨试图暗地策反史思明的部下，被史思明识破，史思明被逼无奈，又反了。他知道，既然已经跟着安禄山走上了叛乱这条不归路，只能一条道跑到黑了。

收拾掉弑父的安庆绪之后，史思明成为叛军最高领袖，他没想到的是，安禄山死于自己的儿子之手，他同样也没有躲过自己儿子的黑手，对他下手的便是长子史朝义。

史朝义作为长子常年跟随史思明出征，却一直没有得到史思明的绝对信任。在史思明心中，他最宠爱的还是另外一个儿子史朝清，他一直想让史朝清取代史朝义的地位。

史思明的小心思被身边的近臣泄露了出来，这让史朝义非常恼火，常年鞍前马后还是得不到信任，而且还不知道哪一天就会遭到父亲的黑手。

公元 761 年三月，史思明与史朝义父子关系跌到了冰点。

三月十三日，史思明命史朝义修筑“三角城”。“三角城”是靠在山脚的一种战术城堡，可以用来储备军粮。史思明规定的工期是一天，然而一天过去了，工程进度让史思明很不满意。

三角城虽然修筑好了，但还没有抹泥，史思明质问史朝义，为什么还没抹泥？史朝义回答，战士们都累了，休息一会儿再干。

史思明一瞪眼，命令亲信骑兵就地监工，一会儿的工夫泥就抹完了。

这时史思明说了一句不该说的话："等我拿下陕州，再来斩你这个贼东西！"

话说过头了！

当晚，史思明下榻在驿站中，史朝义则住在客店里，无边的恐惧笼罩着史朝义，史思明对自己白天的话说过就忘，全然没有意识到危险已经向自己袭来。

史朝义还在犹豫，手下的部将不干了，直接摊牌：要么动手做大事，要么不动手，我们转身投降朝廷，到时剩你一人，看你怎么办！

史朝义最后下定了决心，点了点头。

当晚史思明做了一个梦，梦中他看到了一件奇怪的事，一群鹿到水边喝水，正要喝的时候，水中的沙涌了上来，水却干了，没有喝到水的鹿一头接着一头都渴死倒在了沙里。

梦意味着什么呢？

鹿，禄也，水干鹿死，你的禄到头了，你的路也到头了！

当夜，史思明起身上厕所之后，被史朝义的部将抓获，随后被处斩。这个安史之乱的二号人物就这样不明不白地死于自己儿子之手，起因仅仅是一句话。临死之前，史思明说了这样一句话：我白天说错话了，结果导致现在的祸事。不过你们杀我杀得太早了，等我打下长安不是更好吗？你们这样终究成不了大事的！

史思明的确有军事指挥才能，他说这句话时已经重新占领了洛阳。如果他不是遭遇意外，安史之乱恐怕远远不止八年。

安史之乱进入史朝义时间，他在弑父之后，登基称帝，改年号为"显圣"，随后派人秘密进入范阳，诛杀同父异母的弟弟史朝清以及史朝清的生母。

要不是你们，也没那么多事。

史朝义试着像父亲一样发号施令，结果大大出乎他的意料，原来听命于史思明的部将们多数不买他的账。

想想也是，这些将领原本听从安禄山这个一号狼王的命令，一号狼王死后，他们甩开一号狼王的儿子转而听命于二号狼王，现在二号狼王也死了，二号狼王的狼崽子出来发号施令，凭什么？二号狼王都不能完全服众，更何况你这个狼崽子。

公元 762 年十二月，史朝义的苦日子来了。

朝廷再次集结各路大军加上雇佣的回纥兵向史朝义扑来，如果史朝义选择躲避，或许还能撑一些时间，然而他没有听从部下的劝告，选择与唐军死磕。

没有悬念，史朝义败了，洛阳又丢了。

洛阳百姓以为从此迎来了好日子，没想到迎来的是长达三个月的噩梦。

朝廷雇佣而来的回纥兵一进洛阳城就开始抢劫，挖地三尺，将洛阳城洗劫一空，随同到来的唐军居然认为洛阳城是史朝义驻扎过的“匪区贼巢”，该抢！

整整三个月，地狱一般的三个月，三个月后，洛阳城能抢的都抢干净了，幸存下来的人身上穿的都是纸，连衣服也被抢光了。

在洛阳城遭受劫难时，史朝义龟缩在莫州城，他把希望寄托在范阳城，只要从范阳城调来兵马，他还能撑下去。

大将田承嗣建议史朝义亲自前往范阳调兵，由自己留下守城，一直坚守到范阳援兵到来。

史朝义想了一下，同意了。

就在史朝义带着三千兵马走出莫州城不久，田承嗣下令逮捕史朝义的“皇后、皇子、皇太后”，以这些人为投名状，向朝廷投降。

莫州丢了，史朝义唯一的希望就是范阳了。

等史朝义来到范阳城下，心彻底凉透了，范阳守将不再听从他的指挥，转而向朝廷投诚了。

最后的希望破灭了，史朝义唯一得到的补偿是在范阳城下草草吃了一顿饭。此时人心已散，范阳籍的士兵跟他打过招呼，星散而去。

史朝义把仅存的希望寄托在广阳城，然而到了广阳城下，又吃了闭门羹，他成了一只无家可归的老鼠，前面无洞可钻，后面是一路紧紧跟随的猫群。

史朝义把最后最后的希望寄托在奚族或契丹族上，或许北上投奔他们也是个不错的选择。

还是来不及了，追兵又追了上来，史朝义看到了一片树林，他明白了，自己的归宿是一根树枝。

至此，安禄山、安庆绪、史思明、史朝义，安史之乱的四个首领一一找到了自己的归宿，方式不同，殊途同归，别人在手中传递红色的绣球，他们手中传递的却是死神通知书。

此时已经是公元 763 年，那场从风暴中心范阳刮起的安史之乱持续了整整八年。

在这八年里，国破山河在，城春草木深，烽火连三月，家书抵万金，诗人杜甫看到了一个盛世王朝所遭受的切肤之痛，数千万民众在这场浩劫中叫天天不应叫地地不灵。

长达八年的安史之乱将大唐王朝的江山一统击得粉碎，安史之乱后，江山一统成为过去时，江山仍在，一统已成幻梦。

安禄山曾经的势力范围均由他的部将接管，他们以口头投降的方式宣布接受朝廷的号令，然而从此之后，朝廷统治大打折扣，田赋、军队、人事均不由朝廷控制，这些区域再也不是传统意义上的郡县，取而代之的是地区的高度自治。

八年的安史之乱，从唐明皇李隆基的天宝十四载开始，持续八年，耗死了唐明皇和唐肃宗两任皇帝。

父子俩相互猜忌达数十年，却在安史之乱结束的前一年，在一个月中相继撒手人寰，如果没有安史之乱，唐肃宗未必能够成为皇帝，然而有了安史之乱，他所接手的又是怎样的山河？

如果时光可以倒流，让安禄山和史思明有一次重新选择的机会，他们是否还会选择搅动盛世，发起安史之乱呢？

如果李隆基可以选择，他是否会将苗头早早扼杀在摇篮之中呢？

该你遭受的，你一样也逃不掉，即便没有天宝十四载的安史之乱，也会有其他时间的叛乱。当边将手握重兵已呈尾大不掉之势，仅靠所谓的忠心是远远不够的。

烽烟已随风去，往事未付红尘。

李白的归宿

安禄山有了归宿，史思明有了归宿，大诗人李白也在安史之乱中有了归宿。

李白原本与安史之乱没有交集，原本他可以继续过自己的放歌纵酒的生活，只是因为不甘寂寞，他卷入了由安史之乱产生的插曲之中。

安史之乱爆发之后，皇帝李隆基前往蜀地，太子李亨则率领另外一批人辗转到了宁夏灵武，大唐王朝的皇权在这时遭遇了非典型更迭。

远在蜀地的李隆基还不知道，自己已经被太子李亨奉为太上皇，从此他不再是皇帝，而只是皇帝的爹。

那时没有即时通信工具，李隆基还在按照皇帝的思路发布命令，任命太子李亨为天下兵马大元帅，永王李璘等亲王都各有任用。李璘的职务是山南东道、岭南、黔中、江南西道节度使。

一个月后，李亨的特使到达蜀地，向李隆基通报：李亨已经称帝，现在您是太上皇。

如果倒退十年，李隆基或许会火冒三丈，跳起来下诏诛杀“大逆不道”的李亨，朕不给，你居然敢抢！

然而，公元756年的李隆基已经72岁了，他老了，他心爱的贵妃杨玉环在马嵬坡香消玉殒了，此时的他对于权力看得很淡了。

贵为皇帝，连自己的贵妃都保护不了，还算是皇帝吗？

既然李亨已经即位，随他去吧！

李隆基认命了，永王李璘却不准备认命，一个月前他刚刚被委任为四道节度使，让他就这么白白放弃，向李亨俯首称臣，他有些不甘心。

仅从个人情感来说，李亨和李璘的关系还是很好的。李璘的生母去世早，李亨这个同父异母的哥哥给予李璘无微不至的照顾，甚至在李璘小的时候，还是李亨抱着他睡觉，哥儿俩的感情原本非常不错。

今时不同往日，李亨自说自话地在宁夏灵武称了皇帝。如果永王李璘两手空空，毫无资本，他也会乖乖地向李亨俯首称臣，偏偏他手中有资本。

李璘所属的四道总部在江陵（今湖北省荆州市），安史之乱后，江淮各地运往朝廷的贡品以及田赋全由江陵周转，李璘取得了对贡品和田赋的控制权，手中便有了钱。

原本李隆基同意李璘招募兵马对抗安禄山，经过招募，李璘手里又有了兵。既有权，又有兵，让李璘再对李亨俯首称臣，就有难度了。

李璘本人还在犹豫，他的儿子襄城王李玚却心动了。李玚勇猛有力，又酷爱军事，再加上麾下还有几个蠢蠢欲动的高参，割据的念头油然而生。在他们看来，安史之乱后，北方烽烟四起，南方大体平静，此时李璘手握四道兵权，控制的疆域有数千里，如果能顺势占领金陵（今江苏省南京市），自立政府，这不正是比拟东晋王朝的基业吗？

经过李玚游说，李璘同意了，开始大规模招兵买马，同时延揽社会名士为己所用，大诗人李白便是在这个时候被永王李璘招入帐下。

历史教科书说，李白参与永王李璘叛乱，其实是成王败寇的逻辑导致。在李白看来，他参与的不是叛乱，而是创业，如果李璘功成，自己不就成了开国元勋了吗？

五十步笑百步，李亨和李璘同为皇子，都有不臣之心，谁也不用说谁，只是成王败寇，李璘最终兵败，创业便成了谋反，而李白也成了参与谋反的人。

一开始，李璘的创业还是有几分模样的，李白则跟李璘一起见证了初期的火红场面。

李白从隐居的庐山出发，进入李璘的幕府，得到了相当高的礼遇，在李璘东巡长江的楼船上，大诗人李白参与了高层才能参与的军事会议。

沿途，李白看到了民众对永王的欢迎，这让他诗兴大发：

二帝巡游俱未回，五陵松柏使人哀。

诸侯不救河南地，更喜贤王远道来。

二帝指的就是唐明皇李隆基和唐肃宗李亨，既然二帝巡游未回，不救河南之地，那么贤王李璘远道而来收拾残局有何不可呢?

诗人总是浪漫的，他没有意识到，自己已经触摸到了高压线。

远在宁夏灵武的李亨发布诏书，下令李璘返回蜀地，回到老爹李隆基身边，李璘拒不理睬，他要前往金陵开创属于自己的基业。

然而开创基业并不是说说而已，常年身居宫城，未曾经历过风霜的李璘并不是一个适合创业的人，他的儿子李玚更是眼高手低，有纸上谈兵之嫌。更关键的是，李璘和李亨的较量是皇族内战，李璘手下的士兵也是唐朝士兵，这就注定了他们左右摇摆不定，反正都是皇子，给谁当兵不是兵呢?

形势很快急转直下，在北方安史之乱烽烟正盛之时，在南方，一场皇族的内战也在同步进行。

公元757年二月，永王李璘在丹阳郡（今江苏省镇江市）与李亨的部队遭遇，从未有过沙场经验的李璘一看对方的阵势，顿时慌乱起来，而他手下的将领们在这时也动了心思。

将领们对比了一下双方的实力，发现永王李璘的胜算还是没有已经称帝的李亨大。如果李璘失败，将领们就将变成乱臣贼子，与其战后背上这样的黑锅，还不如趁没打开溜。

仗还没有打，手下将领已经有多人开了小差，李璘在气势上已经输了一着。

随后，李璘在胆量上又输了一着。

李亨的队伍在夜间对阵时燃起了大量火炬，以壮军威，李璘的队伍不甘示弱，也在军营中点起了火炬，以示对抗。

本是势均力敌的火炬对抗，没想到素无作战经验的李璘却理解反了，他看到军营中的火炬，居然以为是李亨的部队已经打进了自己的军营。

就这素质!

李璘带着家属紧急撤离，连夜逃出了丹阳郡。

天亮后一打听，原来自己的军营还在，是昨晚看错了，李璘这才又带着家属回了丹阳郡。

此时丹阳郡已经守不住了，由于昨夜李璘连夜逃跑，动摇了军心，属下士兵大量开了小差，剩下的只是一帮残兵，用这些残兵守城，那是天方夜谭。

三十六计，走为上计，李璘带着残兵逃出了丹阳郡，沿江东下，没想到还是被追上了。李璘的儿子李玚率军抵抗，被一箭射落马下，死于乱军之中。

李璘收拾残兵，准备南下岭南，然而来不及了。江西采访使皇甫侁派兵搜捕，将李璘捉获，随即在驿站之中将他诛杀。

皇甫侁的马屁拍马腿上了，得到奏报的李亨认定皇甫侁私自诛杀，陷自己于“杀弟”的不义之中，将之免职，永不录用。

这就是永王李璘的“谋反”，只开了个头，都没来得及收尾，他有一个割据江东的梦，只可惜梦很快便破碎了。

李璘梦碎，那么身为幕府高参的李白又该怎么办呢?

他跑了。

然而跑得了初一，跑不了十五，等李白跑到陶渊明曾经做过县令的彭泽县时，他还是被抓了，被关到了浔阳的监狱中，这一年大诗人已经57岁了。

回想几个月前尚在庐山时，夫人就反对他出山投奔永王，而他却偏偏踏上了永王的楼船，这一踏，再下也就难了。

在浔阳的监狱里，李白前后待了一年的时光。在这一年里，他面对的是糟糕的伙食，糟糕的监狱环境，更让他难堪的是，狱卒居然以戏弄这个名人为乐，哎，龙游浅水，虎落平阳。

幸好，57岁的李白或许什么都不剩了，剩下的都是名气，朝野上下知道他的人太多了，想要伸手救他的人也有不少。

御史中丞宋若思就是其中的一个。

宋若思带兵平叛，路过浔阳，听说李白被关押在这里，便决定把李白给捞出来。然而李白犯的是谋反大罪，皇帝李亨不肯轻易点头，即使宋若思不断求情，李亨还是没有点头。

狱中的李白能做的只有等待，然后就是假想，他甚至假想自己是宋若思，假想自己正在给皇帝上书，于是就有了《为宋中丞自荐表》。

在这封自荐表中，李白写道：

> 臣所荐李白，实审无辜。怀经济之才，抗巢、由之节。文可以变风俗，学可以究天人，一命不沾，四海称屈。伏惟陛下大明广运，至道无偏，收其希世之英，以为清朝之宝。

见过擅长自我表扬的，没见过这么能自夸的。

不过自荐表写完也是白写，没人愿意担着血海干系为一个参与谋反的人送信，等待李白的只有无边的黑狱。

难道这就是我的归宿吗？

李白有些不甘心。

这时，救星出现了，这个人的出现让李白的牢狱生涯有了转机。

多年前，当这个人还是一个小兵的时候曾经犯过一次错，因为这次犯错，他将被依照军法处斩。

千钧一发之际，李白碰巧出现了，他看此人相貌不凡，眉宇之间有并非凡人之志，或许这是个人才。

爱才的李白跟这个人的上司是不错的朋友，便抬抬手把这个人给救了，后来李白把这件事都给淡忘了，而被他搭救的人却一辈子把李白这个名字刻在心里。

现在，恩人李白落难，到了自己出手相救的时候。

这个人跟皇帝李亨求了情，皇帝最后还是给了他面子，卖给他这个人情。因为皇帝知道，这个人对于大唐王朝有再造之功，这个面子还是要给的。

这个人就是唐朝中兴名将——郭子仪。

在郭子仪的斡旋下，李白逃过了死罪，然而死罪已免，活罪难逃，浔阳不用待了，流放夜郎（今贵州省桐梓县）。（李白救过郭子仪属于有此一说，未必是真实历史）

或许是皇帝和他的智囊团刻意安排，全国那么多地方可以流放，为什么偏偏把李白流放到夜郎呢？或许便是因为“夜郎自大”的典故。

汉朝时，夜郎国王不知天高地厚地向汉朝使节问道：汉与我夜郎国，谁大？

谁大？地球人都知道，就你不知道，只看到井口瓦蓝瓦蓝的那片天。

这便是“夜郎自大”，你李白也曾经不知天高地厚，跟着那个夜郎自大的永王李璘，还想割据江东？夜郎自大，不自量力！

58岁的李白出狱后，带着满腹的惆怅溯江而上，过去发生的一切如同戏剧，让他云里梦里，此去夜郎，是否还有返程的那一天呢？

公元758年的春天，58岁的李白开始了自己的流放之路，从浔阳前往夜郎。幸运的是，此时他依然名满天下，沿长江一线出现了奇异景观，沿途的官员纷纷出来迎接还是囚犯身份的李白。

从浔阳到夜郎，李白走了一年半，走走停停，倒不是很仓促，沿途因为有官员们接待，境遇还是不错的，只是他的胸口一直有一块巨石，压得有些难受。

前面就是奉节，又称白帝城，也就是三国时刘备兵败之后向诸葛亮托孤的地方，再往前，夜郎也就近了。

这时好消息从天而降，皇帝大赦天下，死罪改流放，流放以下的罪改为无罪释放。如此一来，大诗人李白无罪了，不用再去夜郎了。

李白掉转船头，顺江而下，一日千里，欣喜之余还写下了千古名篇《朝发白帝城》：

朝辞白帝彩云间，千里江陵一日还。
两岸猿声啼不住，轻舟已过万重山。

既写实，又写意，既写的是沿江美景，又写的是看风景的心情，风景一切如故，变化的只是看风景的心情。

心情大好的李白此时居然有了从军的念头，他一生不仅酷爱剑法，而且还有一颗侠客的心。在他的诗篇里，曾经有过这样的文字：

侠客行

银鞍照白马，飒沓如流星。
十步杀一人，千里不留行。

在李白的诗篇里，从文字来看，他似乎杀过人，但是究竟杀的是什么人，又是在什么情况下出手，语焉不详，后世的人也弄不清楚，李白究竟有没有杀过人？或许李白地下有知，会悠悠地回应一句：我吹牛呢！

任侠的李白怀着从军的梦想，却似乎忘记了自己的年龄，一个60岁的老人，再残酷的征兵条例也会将你排除在外的。

被拒绝的李白很是失望，于是又写下了一首诗：

学剑翻自哂，为文竟何成。
剑非万人敌，文窃四海声。

60岁的李白终于承认，自己的文章享誉四海，剑法其实一般般。

其实李白也不需要惭愧，毕竟他已经占了唐朝的一绝，该知足了。

后世的唐文宗认为唐朝有三绝：李白的诗歌，裴旻的剑舞，张旭的草书。三绝之中有李白的一绝，何必还要苛求剑法呢？再把剑法占了去，还让不让裴旻活了？

此后，李白的足迹又到过浔阳和金陵，在金陵的日子，他的生活已经难以为继，靠朋友的接济度日，为了喝酒，他最后把宝剑卖掉了。

宝剑陪伴了李白大半辈子，现在宝剑卖掉了，似乎宣布李白的四海遨游结束了，剩下的时光，他将选择难得的定居生活。

李白生命的最后时光是在安徽当涂县度过的，当时的当涂县令叫李阳冰，是李白的族叔，李白去投奔他，便是为了有一个照应。没想到，当涂就是他人生最后一个落脚点。

李白病了，病得很严重，由此产生的花费很大，他病得再也起不来了。

在李白最后的时光里，有一个朋友始终在惦记着他，这个朋友几次在梦中梦到他过世了，醒来发现自己已经泪流满面，于是就写下了诗篇《梦李白》。

这位朋友先后写了两首《梦李白》，其中一首为李白的一生定了调：

冠盖满京华，斯人独憔悴。
孰云网恢恢？将老身反累！
千秋万岁名，寂寞身后事。

朋友的名字叫杜甫。

关于李白的人生结局，不同的书籍有着不同的记载：

《新唐书》：李阳冰为当涂令，白依之。代宗立，以左拾遗召，而白已卒，年六十余。

《旧唐书》：永王谋乱，兵败，白坐长流夜郎。后遇赦得还，竟以饮酒过度，醉死于宣城。

《唐才子传》：白晚节好黄、老，度牛渚矶，乘酒捉月，遂沉水中。

《新唐书》的说法大约是病逝，《旧唐书》的说法是饮酒过度醉死，《唐才子传》的结局最为浪漫，酒醉后入水捉月，沉于水中。

第一种结局最平实，第二种结局符合人物性格，第三种结局最是浪漫，这便是大诗人李白，单单一个人生结局，竟然让后人有着三种猜测。

至于哪种结局最真实，已然不重要了，总之那个“笔落惊风雨，诗成泣鬼神”的诗人已经去了，后世留下的是他那九百多首诗。

时至今日，四川江油市和湖北安陆市展开了“李白故里”之争，如果李白地下有知，该作何感想呢?

李杜文章在，光焰万丈长。

飘飘何所似，天地一沙鸥

杜甫

提到唐代的诗人，说完李白则一定要说杜甫。他们都是写进唐诗里程碑的人物，声名也在伯仲之间，然而个体命运却迥然不同。

在我们的印象中，李白的一生洒脱浪漫，尽管也有人生的起起落落，但人生的评语依然离不开“洒脱”二字。

杜甫呢？他的一生似乎总与苦难有关，李白被称为“诗仙”，杜甫则被称为“诗圣”，诗仙可以不食人间烟火，而诗圣则是从人世间的苦难中走来。

如果杜甫的运气够好，他原本可以少一点苦难。

杜甫的祖上很有来头，他的远祖是西晋名将杜预，他的祖父杜审言是武则天面前的红人，不仅身居高位，而且还是知名诗人，也是唐诗发展史上一个不可或缺的人物，所以杜甫有句话经常挂在嘴边，“诗乃吾家事”，这份底气正是由祖父杜审言而来。

杜审言虽然红极一时，但是因为性格的原因并没有给子孙留下多少财富，不仅没有留下殷实的家底，也没有留下纵横交错的人脉，这也在不经意间为杜甫一生的坎坷埋下了伏笔。

杜审言进士出身，才华出众，才华出众的人往往都有个通病——恃才傲物，杜审言也不能免俗，他不说话则已，一说话就要气死一批人。

杜审言至少先后“气死”了四批人。

第一批被他“气死”的是与他并列“文章四友”的苏味道。

苏味道时为天官侍郎，主持判词考试，杜审言参加了这次考试，考完交卷后，杜审言当众说了一句话：“苏味道必死！”

好端端地，怎么说苏味道必死呢？你杜审言又不是刑场上空的乌鸦，莫非你闻到了苏味道身上的死亡气息？

众人不明所以，连忙追问。

杜审言晃晃悠悠地说道：“你们都理解错了，我是说苏味道一看我的判词写得那么好，他一定会羞愧死的！”

哦，原来是“羞死”啊！

第二批被他“气死”的是三个名人，分别是屈原、宋玉、王羲之。

杜审言跟这三个人挨得上吗？

挨得上，完全挨得上。

杜审言曾经如此说道：“吾文章当得屈、宋作衙官，吾笔当得王羲之北面。”

这话是什么意思呢？

杜审言的意思是说，我的文章写得好极了，如果屈原、宋玉在世，他们只配给我打打下手，我的书法也棒极了，王羲之见了我也得俯首称臣。

一个字，狂！

第三批被杜审言“气死”的是他的一位同事，不过这次的“气死”是一个复杂工程，由杜审言和他13岁的儿子杜并联手完成。

由于杜审言恃才傲物，他被排挤到江西吉安出任司户参军，在司户参军任上他依然不消停，同事关系处理得一塌糊涂。司马周季重和司户郭若讷索性捏造了一个罪名安在了杜审言的头上，杜审言就被打入大牢，不日将被处斩。

杜审言被打入大牢后不久，杜审言的次子杜并来了，这一年杜并刚刚13岁。

杜并表面上是来替父亲求情，实际上却另有打算。当周季重还在漫不经心地应付杜并时，杜并迅速抽出了藏在袖中的利刃，对着周季重连捅数刀，周季重当场倒在血泊之中。为父报仇的杜并当然也没有好结局，他被周季重的随从当场打死，结束了自己轰轰烈烈的一生。

在生命的最后时刻，周季重说了一句话：“我早知道杜审言有这样的孝子，我怎么也不会去惹杜审言了！”

说完这句话，周季重就断了气，成为被杜审言“气死”的第三批人。

由于杜并的血性复仇，杜审言的冤案得到了朝廷上下的关注，不久冤案便得以昭雪，这样他就又有了继续“气人”的资格。

第四批被杜审言“气死”的人也是名人，宋之问和武平一。

这是杜审言最后一次气人，也是气死人不偿命的一次。

杜审言最后一次气人时已经病危，宋之问和武平一奉皇帝之命前去慰问，寒暄之后，两人便问杜审言，还有什么话要说吗?

杜审言开口了:“造化弄人啊，我还有什么好说的?不过因为我一直在，压得你们抬不起头，我死了，你们的日子就好过了。不过可惜的是，在你们中间我没有发现一个能代替我的!”

如果杜审言地下有知，没事就偷着乐吧，幸亏他的床边没有沙袋，不然把宋之问逼急了，顺手再弄个沙袋压在他的胸口上，就像当年对付自己的外甥刘希夷一样。

写到这里，我们看到了一个恃才傲物、口无遮拦的杜审言，这个武则天时期的高官把写诗的基因传给了杜甫，遗憾的是，没有为他留下一个良好的家族平台。

在杜审言之后，他的儿子杜闲继续在官场打拼，杜闲一生最高的职位也只是奉天县令，跟父亲杜审言的膳部员外郎还有一段距离。

久在官场的杜闲已经认命了，他把希望寄托在儿子杜甫身上，他希望儿子能超过自己，甚至超过自己的父亲，如果能赶上远祖杜预，那更是梦寐以求的事情。

公元732年，杜甫20岁，此时的他并不急于入仕，他最愿意做的是远游。那时，大唐王朝在唐明皇李隆基的治理下已经进入鼎盛时期，山河秀美，交通发达，物质丰富，物价低廉，天时地利人和的背景，激发了杜甫远游的心思。

带着父亲给的盘缠，杜甫开始了自己的远游，他先南游吴越之地，后北游齐赵之地，用他自己的话说，这一时期的他，“裘马轻狂”。

不过杜甫并非只“裘马轻狂”，在远游的日子里他还写诗，一写就写出了千古经典。

《望岳》是现存的年代最早的杜甫诗，杜甫写这首诗时大约25岁。

岱宗夫如何?齐鲁青未了。
造化钟神秀，阴阳割昏晓。
荡胸生层云，决眦入归鸟。

会当凌绝顶，一览众山小。

在历代咏泰山的诗中，《望岳》被公认为第一，无人可以超越，然而对于杜甫本人而言，或许这首诗只是他的练笔之作，或许只是一首尚显稚嫩的处女作而已。

从《望岳》不难看出，在写诗方面，杜甫是一个不世出的天才，然而这个不世出的天才，在接下来的生活中即将遭遇四面碰壁。

说起来，杜甫的运气实在不好，在他父亲身为奉天县令或多或少还有一些能量时，他无心求仕，一心远游，原本就不多的求仕机会在他的十年远游中一一离他而去。

等到他一心想求仕时，命运又跟他开了一个比天还大的玩笑。

公元747年，杜甫35岁，此时的他再也没有“裘马轻狂”的勇气，也没有了“裘马轻狂”的资本，35岁的男人，是时候挑起生活的重担了。

这一年，杜甫参加了科举考试，结果证明，这是一场在荒唐时间荒唐地点由荒唐之人把持的荒唐考试。

这一年的科举，录取率为零！

科举结束之后，荒唐之人给唐明皇李隆基上了一道奏折：恭喜陛下，贺喜陛下，在您的英明领导下，野无遗贤。

“野无遗贤”是什么意思呢？意思是说，有本事有能力的人已经都被朝廷网罗到帐下了，民间没有一个有才华的人被遗漏。

荒唐之人是谁？他为什么要这么做？

荒唐人叫李林甫，他给后世留下一个成语——口蜜腹剑。

荒唐人如此做，为的是避免中举的考生与李隆基直接接触，怕考生见皇帝一激动什么都说，一不留神就有可能把民间对李林甫的真实评价报告给皇帝。

就这样，因为荒唐人李林甫急于“自我保护”，一心求仕的杜甫就跟同一届考生一起莫名其妙地全军覆没。

不甘心的杜甫挖空心思写了一篇歌颂皇帝的大赋，投进了大唐王朝设置的意见箱，他期待着这篇赋能敲开皇宫的大门，然后他能拿到皇帝给的船票，登上大唐王朝的客船。

杜甫的文章确实惊动了李隆基，李隆基特批杜甫直接参加集贤院的考试，如果这次考试过关，杜甫的面前将是一条阳光大道。

杜甫信心满满地参加了考试，然后开始了漫长的等待。

一天，两天，三天……

很多天过去了，杜甫没有等来下文，他的心渐渐地从沸点降到了冰点，以前他还充满希望，现在他已经不抱希望了。

与杜甫失望同步的是，荒唐人李林甫对杜甫的试卷看都没有看上一眼，随手便把试卷扔进了垃圾堆。

杜甫失落到了极点，雪上加霜的是，在这个时期，他的父亲杜闲去世了，杜甫自此失去了经济来源，人世间的苦难向他扑面而来。

此后的杜甫，生活类似乞丐。

用他自己的话说，“朝扣富儿门，暮随肥马尘，残杯与冷炙，到处潜悲辛”。

这个时期的杜甫在长安的富人宅里游走，忍受着富人不期而至的白眼，一边藏着委屈，一边虚与委蛇，用自己堪称传世经典的诗篇，充当着一块又一块敲而不响的敲门砖。

当时的人，要么都是瞎子，要么是他们不配欣赏杜甫的诗篇。

困顿的杜甫，囊中一贫如洗，为了维持生计，他到长安城外的山中采药，然后在城中四处溜达，兜售自己的草药。他的草药卖给熟人，也卖给生客，躲避过别人鄙夷的眼神，他却在心中暗暗庆幸又多了一笔看起来不少的收入。至于他有没有摆过地摊，我们就无从知晓了。

公元750年以后，杜甫的日子有了点暖色，他的朋友岑参、高适、郑虔等人先后来到长安，他又有了喝酒的机会，开始时还是轮流买单，等到岑参加入后，基本上都是岑参买单，因为在杜甫的朋友中，他是经济条件最好的。

在朋友们的帮助下，杜甫在长安南郊的少陵原上盖起了房子，在长安飘零数年后，他终于有了属于自己的家，从此再也不用看客栈老板的脸色。

有了房的杜甫心情大好，他把妻子和孩子接到了长安，按照他的设想，他们一家将在长安过上幸福的生活。

设想虽好，终究抵不过现实的残酷，因为连月大雨，长安米价翻着番地往上涨，杜甫撑不住了，他那微薄的收入抵挡不住长安米价的侵袭。

有钱男子汉，没钱汉子难，这时杜甫又犯难了，一家人总不能就这样嗷嗷待哺吧？

还是分开，让妻子和孩子暂时到奉先（今山西省蒲县）投奔亲戚吧。

刚刚实现的团圆又破灭了，一家人再次各奔东西。

在一家人各奔东西之后，杜甫又开始写求职信，一封接着一封，不知求了多少人，也不知道碰了多少次壁。

就在杜甫已经对仕途不抱希望时，惊喜从天而降，朝廷居然委任他为河西县尉，这是一个还算不错的职位。

职位就在眼前，杜甫面临着抉择，你是要啊，要啊，还是要啊？

出人意料的是，杜甫说，我不要！

难道杜甫已经无意于仕途？不是！

因为他知道县尉难做，做不好就要人格分裂。

杜甫的朋友高适做过县尉，他就遭遇过人格分裂，对上要笑脸相迎，温柔得像只猫，对下则恶脸相向，凶残得像只虎；高适不愿意委屈自己一味逢迎上级，也不愿意转身向平民百姓凶神恶煞，他做出了自己的抉择——辞职！

可能是因为受了高适的影响，面对来之不易的职位，杜甫也放弃了，他不想人格分裂，更不想因为做官委屈了自己的良心。

在县尉和良心之间，他选择了自己的良心。

天宝十三载十月（754 年），杜甫终于得到了一个官职：右卫率府胄曹参军，这是一个看管军械库的小官，品级从八品，相当于现在的副科级。这一年杜甫 42 岁。

在大老粗军人的呼来喝去中，杜甫平静地履行着自己的职责，那些军汉只把他当作一个可有可无的看仓库老头。没有一个人知道，他们面前站着的其实是一个名垂千古的一千年才出一个的大诗人。

别人理解也好，不理解也罢，杜甫不再在意别人的语气和目光，对于现在的日子他知足了，最起码不用上山采草药，然后再沿街叫卖了。

俸禄积累了一个月，杜甫意识到该到奉先看看老婆孩子了，积攒下的俸禄或许可以为孩子们改善一下伙食，让久别的肉味再次回到孩子们的味蕾之中。

天宝十三载十一月，杜甫从长安出发前往奉先，他在夜里出发，长安凛冽的寒风把他吹得瑟瑟发抖。

在杜甫起身的同时，开元天宝盛世走到了顶点。到这时，大唐王朝总计 906 万户，人口 5200 万，用曹雪芹在《红楼梦》里的话说，“鲜花簇锦，烈火烹油”。

旅途中，杜甫路过了骊山，他向骊山上皇帝的行宫看了一眼，他知道此时此刻皇帝和贵妃正在温柔乡里，而他则在寒风中连夜赶路。

满怀着希望，杜甫赶到了奉先，他期待着妻子儿女的笑脸相迎，一进门却得到晴天霹雳：最小的儿子饿死了，刚刚断气！

还有比这更意外的打击吗？

杜甫刚提起一个月的心气一下子全没了，自己在长安漂泊了十年，委顿了十年，刚刚走上仕途一个月，一回家就遭遇这样的打击。

男人，你的名字叫作苦难。

苦难从天而降，杜甫的文思却如泉涌，于是便写下了那篇可以载入中国诗歌史的《自京赴奉先县咏怀五百字》。朱门酒肉臭，路有冻死骨……五百个汉字，一字一血，每个字都见证了杜甫的苦难。

所谓盛世，所谓辉煌，原来如此不堪一击，开元盛世已是封建王朝的顶峰，大诗人杜甫的幼子却被活活饿死。

所谓盛世，几多谎言，又有几多水分？

当杜甫还沉浸在中年丧子的悲痛中时，更大的苦难扑面而来，苦难不只扑向了杜甫一个人，而是扑向了整个大唐王朝，那个叫作安禄山的胡人起兵造反，拉开了长达八年的安史之乱的序幕。

个人的命运与王朝的苦难在杜甫身上交织，悲愤得到几何级数累加，个体的不幸和集体的不幸累积到了顶点，从此之后，杜甫诗中的苦难越来越多，他的诗，就是一个王朝苦难的集合。

不过苦难并没有压倒杜甫，在国家丧乱之际他还在寻找为国效力的机会，当时唐玄宗李隆基已经到了成都，太子李亨则趁机在宁夏灵武即位，是为唐肃宗。

杜甫知道李隆基的时代已经成为过去，他把宝押在了唐肃宗身上，或许在这个皇帝任上，自己可以实现治国平天下的理想。

杜甫注定是不幸的，他第一次投靠李亨居然以失败告终，走到半路被安禄山的部队抓住，然后押回了长安。

好在他其貌不扬，一个糟老头子引不起胡人的兴趣，羁押了一段时间后，又被释放，想再去投奔李亨，道路已经被封锁，杜甫就在长安住了下来。

我们不知道杜甫如何熬过了那段苦难的日子，而且还在苦难日子里写下了不朽的诗篇：

国破山河在，城春草木深。
感时花溅泪，恨别鸟惊心。
烽火连三月，家书抵万金。
白头搔更短，浑欲不胜簪。

后来杜甫辗转投奔了新皇帝李亨，并得到了左拾遗的职位。左拾遗是言官，专门给皇帝提建议，虽然官小职轻，但如果做好了，一样可以成为皇帝重用的大臣。

杜甫在诗歌方面是天才，在仕途上却是一个庸才，他没有仕途中人察言观色的眼光，也没有灵敏的政治嗅觉，在皇帝决意修理宰相房琯时，他不合时宜地站了出来为房琯鸣不平，这一下触了李亨的霉头。

自此，杜甫的仕途一片漆黑，再也看不到一丝光亮。

自觉无趣的杜甫从此于仕途无意，过上了四海为家的生活，这一次不再是“裘马轻狂”的远游，而是拖家带口的逃难。

杜甫的足迹到过秦州（今甘肃省天水市），到过同谷（今甘肃省成县），到过成都，一度，有意在成都长久住下去。

可惜，杜甫注定与苦难相连，在成都的杜甫草堂里，他前后不过住了两年的光景，这两年算是杜甫后半生难得的好时光。

在这两年里，他参观了纪念诸葛亮的武侯祠，写下了“出师未捷身先死，长使英雄泪满襟”的诗句。在这两年里，他感受到了春夜喜雨，写下了“好雨知时节，当春乃发生”。

如果时光就这么一直延续下去，该有多好！

现实对杜甫就是那么残酷，一直对他有所资助的剑南节度使严武突然暴卒，杜甫失去了重要的经济支柱。杜甫无法在成都立足，他想起去投奔好友高适，命运再次跟杜甫开了个玩笑，高适也去世了。

雪上加霜的是，杜甫草堂的屋顶也被大风卷走了，一代大诗人，上无片瓦，下无立锥。

公元 765 年五月，杜甫再次开始迁徙，这次迁徙从成都迁往了夔州，在夔州一待就是两年多，在夔州待着不动没有别的原因，只是因为没钱，寸步难行。

在夔州的日子依然艰难，杜甫还在写诗，“无边落木萧萧下，不尽长江滚滚来”。

公元 768 年，杜甫再次迁徙，从夔州前往江陵，本来跟从弟约好在江陵见面，然而到了江陵，从弟却躲了起来，不肯见面，杜甫再次陷入断粮的境地。

迁徙，接着迁徙，杜甫在迁徙中渐渐走近了生命的终点。

在杜甫生命的最后几年，他在迁徙途中遇到了一个人，这个人的名字叫李龟年，唐代著名乐手，与杜甫有过数面之缘，当年“岐王宅里寻常见，崔九堂前几度闻”，如今“正是江南好风景，落花时节又逢君”。

当年的青年诗人与青年乐手，如今都已是风烛残年的老人，曾经的那些风流，早已无可奈何随花落去，从此他们都是靠记忆活着的老人。

唱不尽兴亡梦幻，弹不尽悲伤感叹，凄凉满眼对江山。

公元770年，杜甫因遇洪水，受阻于耒阳城外的一个小岛，十天没有吃上一顿饭。耒阳县令听说杜甫被困，前来营救，并送来了白酒和牛肉，让困顿的杜甫顿时感到了温暖。

生命的悲剧不期而至。

《新唐书》：县令尝馈牛炙白酒，大醉，一昔卒，年五十九。

《旧唐书》：大历二年，啖牛肉白酒，一夕而卒于耒阳。

郭沫若先生分析说，杜甫可能死于食物中毒，隔夜的牛肉变质食用后可能导致中毒。

在杜甫弥留之际，他最大的愿望是归葬首阳山，他的祖父杜审言长眠于斯，他想陪伴在祖父身边。

杜甫这个小小的愿望被搁置了43年，他的儿子们一直没有能力完成他的遗愿，43年后他的孙子杜嗣业终于帮爷爷完成了这个遗愿。

为了彰显祖父的成就，杜嗣业特意邀请了与白居易齐名的大诗人元稹撰写墓志铭，一向崇拜杜甫的元稹欣然接受，提笔为自己的偶像写下了墓志铭。

杜甫是不幸的，他写得出名垂千古的诗篇，却挑不起生活的重担，他一下笔就是千古名句，一生却受困于柴米油盐。他生时寂寞，死后却享盛名，生前死后境遇天差地别，古往今来或许只有一人可以与之相比——孔子，活着困顿如丧家之犬，死后却是万世之师。

然而，幸与不幸，都是生活的给予，或许正是个人的苦难，增加了杜甫诗篇的厚度，杜甫个人的不幸，或许正是中国文化之大幸。

谁让你是诗圣！

白居易

胡儿能唱《琵琶》篇，童子解吟《长恨》曲

诗圣杜甫去世两年后，唐代又一位大诗人出生了，这个人就是白居易。

在现代的一些资料中，很多时候把白居易认定为汉族诗人，白居易究竟是不是汉族，还需要我们仔细分析。

在《旧唐书・白居易传》中，对于白居易的祖上是这样介绍的：

北齐五兵尚书白建生子名叫白士通，白士通生子叫白志善，白志善生子叫白温，白温生子叫白锽，白锽生子叫白季庚。白季庚便是白居易的父亲。

单从白居易传里还看不出白居易到底属于哪个民族，按白居易自己的说法，他们这个白姓的历史可悠久了，一直可以上溯到楚国贵族白公胜和秦国名将白起。按照这个说法，白居易似乎是白起的后人，这么算的话，应该是汉族。

真是这样吗？

事实并非如此。

白居易的真正身份是龟兹人后裔，他的祖上姓白并非因为白起，而是因为龟兹国境内有一座白山，一些龟兹人就因为这座白山而姓了白，后来在汉朝名臣班超的扶持下，一位姓白的龟兹人当上了龟兹国王，从此世世代代龟兹国王都姓白。直到唐朝安史之乱时，龟兹国还是白氏当家，白居易则与龟兹国王室同宗同源，他的堂弟白敏中认可这一点，白居易认不认可呢？史无明载。

那么当年的龟兹国又在哪里呢？就在今天的新疆阿克苏地区的库车县，“库车”据说是古龟兹语翻译过来的，意思是“龟兹人的城市”。在很多很多年以前，白居易的祖上曾经在龟兹国生活，后来向东迁徙，先迁徙到了山西太原，到白居易曾祖白温时，又迁徙到下邽（今陕西省渭南县），到白居易父亲白季庚时，他们又迁徙了。白季庚时任巩县县令，与新郑县令是非常不错的朋友，白季庚见新郑风光秀美，便举家迁徙到了新郑，白居易便在新郑出生，一直长到了 12 岁。

白居易 12 岁那一年，河南发生了叛乱，为了躲避战乱，白居易跟随母亲到江南避难，那次避难经历深深印在白居易心底。从那时起，他见识了藩镇的割据，他的体内也对藩镇的不法作为产生了天然抗体。

叛乱结束之后，白居易回到家乡，回归正常的家庭生活。

同杜甫年轻时的随意相比，白居易要上进得多，他五六岁时开始学诗，九岁谙识声韵，十五六岁时，知道有进士考试，更加发奋读书，一刻不敢放松，以至于口舌生疮，手肘都长出茧，长大后身形也不够强壮，还没老，牙齿就松动，头发早早出现发白的迹象。

白居易是个天才，同时这个天才还很勤奋。

天道酬勤，在白居易的身上更为明显，16 岁时，他初露锋芒。

这一年他来到长安，拜谒大诗人顾况。顾况既是诗人，也是官员，这位诗人加官员向来不把别人放在眼里，说话也是阴阳怪气，白居易一上门就挨了顾况一记“闷棍”。

顾况看白居易拿出诗集，不以为然地接了过去，一看落款，“白居易”，顾况脱口而出：“长安米贵，居之不易啊！”

意思很明显，就你这小子，还想“白居易”！

不过等到看过白居易的一首诗后，顾况又说话了：“不过照你这才华，白居也易呀！”

是哪首诗让顾况改变了态度呢？正是《赋得古原草送别》。

离离原上草，一岁一枯荣。
野火烧不尽，春风吹又生。
远芳侵古道，晴翠接荒城。
又送王孙去，萋萋满别情。

自此，16 岁的白居易在长安小有名气，不过他真正大红大紫，还要等上一些年。

在他大红大紫之前，白居易要做的就是考试，不断地考试。同杜甫的屡试不第相比，白居易在考试方面就是一个考霸，用他自己的话说，十年三登第。

公元 800 年，白居易高中进士。

公元 802 年，白居易参加“拔萃科”考试，再次榜上有名，与他一起中举的还有一位名人，就是写出“曾经沧海难为水”的元稹。正是同年之谊让他们成为一生的朋友，在诗坛上他们并称“元白”。

公元 806 年，白居易参加了第三次考试，登“才识兼茂明于体用科”，这个考试可能相当于现在的国家公务员考试。凭借这次考试的优异成绩，白居易被委任为周至县尉，正九品，正股级。

白居易走上周至县尉岗位时已经 34 岁，虽然年龄已经不小，但是在官场他还是一个新人，面对县尉这个职位，他有些不知所措。

县尉负责捕盗和催缴赋税，捕盗白居易还不含糊，可让他挥着鞭子向百姓催缴赋税，他狠不下心，下不去手。

他想到了一个办法：装病。

总不能让一个病人去向老百姓催缴赋税吧，多不人道啊！

县令一看白居易泡起了病号，知道这位进士出身的官员是在故意躲避，县令也不着急，泡吧，看你能泡到什么时候。

借着泡病号的机会，无事一身轻的白居易下到了田间地头，看到了他之前不熟悉的一幕幕，农民的辛苦被他一一收入眼中，内心顿起波澜，波澜之余，就诞生了关注民生的《观刈麦》：

田家少闲月，五月人倍忙。
夜来南风起，小麦覆陇黄。
妇姑荷箪食，童稚携壶浆。
相随饷田去，丁壮在南冈。
足蒸暑土气，背灼炎天光。
力尽不知热，但惜夏日长。
复有贫妇人，抱子在其旁。
右手秉遗穗，左臂悬敝筐。

听其相顾言，闻者为悲伤。
家田输税尽，拾此充饥肠。
今我何功德，曾不事农桑。
吏禄三百石，岁晏有余粮。
念此私自愧，尽日不能忘。

《观刈麦》之后，白居易下定了泡病号的决心，索性将泡病号进行到底，反正不能向老百姓挥鞭子，爱咋地咋地。

也幸亏白居易心肠软，不能狠下心向老百姓挥鞭子，假如他能狠下心去，投入无休无止的催缴赋税工作中去，或许就不会有千古名篇《长恨歌》。

《长恨歌》是如何诞生的呢？是白居易泡病号泡出来的。

公元806年十二月，装病的白居易与朋友王质夫和陈鸿一起郊游，来到了周至县郊外的仙游山上，仙游山上有一座仙游寺，三人便在寺庙里闲逛了起来。

在闲逛的过程中，便谈论到唐明皇与杨贵妃，此时距离公元755年的安史之乱已经过去了五十余年，但唐明皇与杨贵妃依然是人们津津乐道的话题。

这时王质夫对白居易说道："这么好的题材，一定要有出色的诗人润色才行，不然随着年代的久远就湮没了。乐天，你感情那么丰富，又经历过风花雪月，又会写诗，你不妨试试看，把这段故事写出来，看是否能流传于世。"

一边的陈鸿连声叫好："乐天，你不妨试试看！"

白居易听着也来了兴趣，试试就试试。

传世经典《长恨歌》因这次郊游而生。

公元807年春，王质夫和陈鸿作为《长恨歌》的前两位读者先睹为快，这一睹就是如醉如痴。陈鸿更是连夜写下《长恨歌传》，为后世记录下了《长恨歌》产生的来龙去脉，由此我们要感谢陈鸿，感谢王质夫，感谢赵钱孙李，感谢周吴郑王，更要感谢白居易。

汉皇重色思倾国，御宇多年求不得。
杨家有女初长成，养在深闺人未识。
天生丽质难自弃，一朝选在君王侧。
回眸一笑百媚生，六宫粉黛无颜色。
春寒赐浴华清池，温泉水滑洗凝脂。

侍儿扶起娇无力，始是新承恩泽时。
云鬓花颜金步摇，芙蓉帐暖度春宵。
春宵苦短日高起，从此君王不早朝。
承欢侍宴无闲暇，春从春游夜专夜。
后宫佳丽三千人，三千宠爱在一身。
金屋妆成娇侍夜，玉楼宴罢醉和春。
姊妹弟兄皆列土，可怜光彩生门户。
遂令天下父母心，不重生男重生女。
骊宫高处入青云，仙乐风飘处处闻。
缓歌慢舞凝丝竹，尽日君王看不足。
渔阳鼙鼓动地来，惊破霓裳羽衣曲。
九重城阙烟尘生，千乘万骑西南行。
翠华摇摇行复止，西出都门百余里。
六军不发无奈何，宛转蛾眉马前死。
花钿委地无人收，翠翘金雀玉搔头。
君王掩面救不得，回看血泪相和流。
黄埃散漫风萧索，云栈萦纡登剑阁。
峨嵋山下少人行，旌旗无光日色薄。
蜀江水碧蜀山青，圣主朝朝暮暮情。
行宫见月伤心色，夜雨闻铃肠断声。
天旋地转回龙驭，到此踌躇不能去。
马嵬坡下泥土中，不见玉颜空死处。
君臣相顾尽沾衣，东望都门信马归。
归来池苑皆依旧，太液芙蓉未央柳。
芙蓉如面柳如眉，对此如何不泪垂？
春风桃李花开日，秋雨梧桐叶落时。
西宫南内多秋草，落叶满阶红不扫。
梨园弟子白发新，椒房阿监青娥老。
夕殿萤飞思悄然，孤灯挑尽未成眠。
迟迟钟鼓初长夜，耿耿星河欲曙天。
鸳鸯瓦冷霜华重，翡翠衾寒谁与共？

悠悠生死别经年，魂魄不曾来入梦。
临邛道士鸿都客，能以精诚致魂魄。
为感君王辗转思，遂教方士殷勤觅。
排空驭气奔如电，升天入地求之遍。
上穷碧落下黄泉，两处茫茫皆不见。
忽闻海上有仙山，山在虚无缥缈间。
楼阁玲珑五云起，其中绰约多仙子。
中有一人字太真，雪肤花貌参差是。
金阙西厢叩玉扃，转教小玉报双成。
闻道汉家天子使，九华帐里梦魂惊。
揽衣推枕起徘徊，珠箔银屏迤逦开。
云鬓半偏新睡觉，花冠不整下堂来。
风吹仙袂飘飘举，犹似霓裳羽衣舞。
玉容寂寞泪阑干，梨花一枝春带雨。
含情凝睇谢君王，一别音容两渺茫。
昭阳殿里恩爱绝，蓬莱宫中日月长。
回头下望人寰处，不见长安见尘雾。
惟将旧物表深情，钿合金钗寄将去。
钗留一股合一扇，钗擘黄金合分钿。
但教心似金钿坚，天上人间会相见。
临别殷勤重寄词，词中有誓两心知。
七月七日长生殿，夜半无人私语时。
在天愿作比翼鸟，在地愿为连理枝。
天长地久有时尽，此恨绵绵无绝期。

如果说16岁时白居易只是小荷才露尖尖角，那么35岁的白居易已经站上了一个世人难以企及的高峰。

《长恨歌》之于唐明皇与杨贵妃，就如同现代小提琴演奏曲《梁祝》之于梁山伯与祝英台，它们相互支撑，成就彼此的经典。

然而有谁能想到，这经典的背后，躲藏着一个泡病号的白居易。

凡事都有个极限，白居易的病号泡不下去了，再泡下去，估计县令就要押着他上测谎仪了。

白居易也厌烦了泡病号的生活，他决定洗心革面，从头开始，再也不能辜负组织上对自己的信任了。

他一转身回长安出任了左拾遗，彻底避开了向百姓挥鞭的县尉职位。

左拾遗属于言官，级别不高，只是从八品，相当于现在的副科级，主要负责向皇帝进谏。

向皇帝进谏的方式一般有两种，一种是上奏章，另一种是当面廷争。如果想沽名钓誉的话，一般选择后者，因为在场的文武百官都能看到你的表现，很容易出彩。

白居易选择哪一种呢？他选择前者，他不想沽名钓誉，他只想尽自己的职责。

在左拾遗任上，白居易是称职的，他能言别人不能言之事。

唐宪宗元和年间，名臣魏征的子孙穷困潦倒，最后到了典卖祖宅的地步。魏征的子孙已经把祖宅典卖了出去，没想到这一典卖竟然朝野哗然，魏征的子孙怎么能卖祖宅呢？面子上也太说不过去了。淄青节度使李师道送来了一批绢，让魏征的子孙用这批绢把祖宅赎回来。

一个愿意给，一个愿意要，看起来两全其美的事情，结果遭到了白居易的反对。白居易给唐宪宗李纯上了一道奏折：昔日太宗把建筑大殿的木材赐给魏征，帮他盖了一个正室，以示对魏征的格外恩宠。今天魏征的子孙们典卖了祖宅又想赎回来，钱也不需要太多，干吗让李师道得这个人情啊，这事这么办不太合适。

唐宪宗李纯看了奏折一想，也是，真要让李师道帮魏征的子孙赎回祖宅，那人家只领李师道的情，皇帝又往哪儿摆呢？

李纯下令，自己出钱帮魏征的子孙将祖宅赎了回来，满朝文武纷纷感慨：皇恩浩荡。而这个主意，说到底是白居易出的。

如果说帮魏征的子孙赎回祖宅是成人之美，那么接下来白居易就是挡人之路了。

太原人王锷行伍出身，因为有战功被调到京城，后又外放到广州当刺史。王锷贪婪成性，刮地皮的本事一流，这样就积累了很多财富。有了钱的王锷在仕途上还想更进一步，还想当宰相，于是就上下活动，用金钱铺路，满朝上下不少人拿了他的好处，纷纷向皇帝说王锷的好话，好话说得多了，唐宪宗李纯也有点动心了。此人群众关系这么好，或许真有两把刷子，那就给他加个“平章事”吧。

加“平章事”，就意味着成为宰相班子的一员，王锷已经无限接近了宰相的位置。

这时，白居易又上了一道奏疏：宰相是陛下辅臣，非贤良不可当此位。王锷诛剥民财，用来收买人心，如果陛下把王锷擢升为宰相，那么全国各地的人就会说陛下也拿了王锷的好处，所以才让他当宰相，这样的话，对圣朝不是好事。

白居易的奏疏递上之后，王锷加“平章事”一事戛然而止，王锷对白居易恨得咬牙切齿，但一时还是找不到办法。

谍战剧《潜伏》里情报贩子谢若林有一句台词：你挡人家财路，人家就断你生路。

白居易有意断了人家的官路，他个人的危机也在无形中慢慢累积。

不久，白居易又出手了，这一次断的是宦官的官路。

公元 809 年，成德（今河北正定一带）节度使王士贞去世，他的儿子王承宗向皇帝李纯要求继任成德节度使，遭到李纯的拒绝。王承宗索性宣布割据，不再接受李纯的统治，战争一触即发。急于消除藩镇的李纯调集数个节度使前去平叛，但又怕在平叛的过程中有节度使趁机扩充势力，便委派宦官吐突承璀出任制将都统，节制参加平叛的节度使。

命令一出，舆论哗然，为了平叛居然将兵权交给一个完全不懂军事的宦官，而且这个宦官还是外族的，太儿戏了吧？

白居易又站了出来，这一次他选择的是廷争，他知道上奏章已经不管用，皇帝在这个问题上不看奏章了。

这一次白居易说了很多话，基本都是别人想说而不敢说的话，说得皇帝频频点头，看来廷争有效果了。然而说到吐突承璀时，皇帝有些不悦了，白居易还是没有停止，神色平常地将要说的话说完。

事后，李纯还有些恼火，对信得过的重臣李绛说道：“白居易这小子，是朕拔擢致名位，而无礼于朕，朕实难奈。”

李绛连忙回应道：“白居易之所以不避死亡之诛，事无巨细必言者，是为报答陛下特力拔擢，并非信口开河。陛下欲开谏诤之路，不宜阻止白居易发言。”

李纯若有所思地点了点头。

在这之后，白居易的上谏依然在继续，因为上谏的次数多，朝廷每月发给的上谏用纸都不够用，每个月他都要额外申领。有关部门嫌每个月发太麻烦，索性一次发给白居易很多纸，省得每个月都来添乱。

积极上谏的日子持续了三年，这三年是白居易工作热情最高的三年，也是白居易个人危机迅速累积的三年。

不知不觉之中，满腔热血的白居易已经走到了多数官员的对立面，在这些官员看来，白居易这个人，太不懂官场潜规则了。

后来白居易在写给元稹的信中这样总结道：

> 凡闻仆《贺雨诗》，众口籍籍，以为非宜矣；闻仆《哭孔戡诗》，众面脉脉，尽不悦矣；闻《秦中吟》，则权豪贵近者，相目而变色矣；闻《登乐游园》寄足下诗，则执政柄者扼腕矣；闻《宿紫阁村》诗，则握军要者切齿矣！大率如此，不可遍举。不相与者，号为沽誉，号为诋讦，号为讪谤。

白居易将目光投向劳苦大众，关心民众疾苦，他的立场和姿态几乎激怒了所有官场中人，他们纷纷攻击白居易沽名钓誉，白居易一下子成了孤家寡人。

此时如果皇帝还站在白居易一边，白居易也不会太孤独，但是皇帝李纯对白居易也厌倦了：白居易总是想哗众取宠，让朕难堪。

千里马常有，伯乐难寻，敢于直言的良臣常有，有雅量肯纳谏的明君少见，因此便注定白居易这样的人，只能像寂寞的鸵鸟孤独地奔跑。

公元810年，皇帝李纯对白居易的忍耐到了尽头，他不想再听白居易的上谏，他要收回白居易上谏的权力。

这次收权是以升官为名，做得冠冕堂皇。李纯对大臣崔群说："白居易现在官小俸禄也少，不过碍于他的资历尚浅，也不能再破格提拔，你去问问他吧。他还想当什么官，尽管报上来。"

皇帝把话说到这个份上，白居易明白了，自己该安静地走开了。

白居易向皇帝表明愿在京兆府为官，一是离家近，二是俸禄也不少。李纯乐意做个顺水人情，委任白居易为京兆府户曹参军，品级正七品，相当于现在的正县处级，比之前的副科级升了两级。

一般人获得这个官职，晚上做梦也会笑醒，然而白居易晚上做梦只会哭，虽然京兆府户曹参军主管户口税赋，是个肥缺，但这不是白居易想要的生活，他想要的是"兼济天下"，用自己的才能为这个王朝服务，而不是中饱私囊，做一个庸俗的守财奴。

想到这一层，白居易叹息一声：其实你不懂我的心！

一年后，白居易的母亲去世，白居易在家丁忧三年。

丁忧结束，白居易重返官场，他又升官了，出任太子左赞善大夫，成为东宫的官员，这个职位主要负责向太子提建议，有点思想品德老师的味道，品级正五品，相当于现在的正厅局级。

皇帝李纯把白居易放在这个位置上，是把他挂起来养起来，压根儿就没有指望白居易再做什么贡献，而白居易却不打算混日子，他在时刻准备着。

公元 816 年七月，大唐王朝发生了一件大事，宰相武元衡居然在上朝的路上被刺杀身死!

谁干的?舆论指向淄青节度使李师道。

宰相武元衡一直主张削藩，触动了节度使们的既得利益，淄青节度使李师道索性一不做二不休，派杀手刺杀了武元衡，反正他人在淄青，天高皇帝远，皇帝又能拿他怎么样?

满朝上下陷入了沉默，他们都知道武元衡死于节度使们的恶意报复，但他们并不准备为武元衡讨回公道。他们中有一些人早就拿到了节度使们给的好处，吃人嘴软，此时保持沉默，多一事不如少一事。

白居易坐不住了，他第一个站了出来，这一年他已经 44 岁了，混迹官场已经十余年了，但血还是热的。

他再次上书给皇帝李纯，要求追查凶手，不然宰相在上朝途中无缘无故被杀，就是不可洗刷的国耻!

白居易没有想到，这一次他越位了。

你已经不是左拾遗了，你的职位在东宫，你是东宫的左赞善大夫!

白居易的这次上书给了攻击他的人口实，他们纷纷指责白居易“越职言事”，白居易的麻烦大了。

针对白居易的流言蜚语漫天飞舞，攻击他的人甚至拿他已经去世的母亲做文章。他们说，白居易的母亲是赏花的时候不小心掉到井里淹死的，而白居易却还做《赏花》及《新井》诗，这是什么行为，这是大逆不道啊!

事实上，白居易的母亲是精神失常后自然去世的，压根儿没有掉到井里淹死一说，欲加之罪，何患无辞?纵使白居易写得出《长恨歌》这样的千古名篇，也无力挡住众口铄金的悠悠之口，他是诗人，不是吵架王。

在漫天的攻击下，白居易在东宫也待不下去了，一纸诏书将他贬为江表刺史，从此他不再是京官，而是一个远离京城的地方官。

诏书刚刚发出，白居易又被参了一本，中书舍人王涯上奏说，白居易犯了这么大的事已经不再适合担任刺史了，还是再降一级吧。

白居易被再降一级，出任江州（今江西九江）司马，司马为一个郡的副职，位于别驾和长史之后，品级从五品，副厅局级，由于白居易是贬官，因此他这个江州司马虽然俸禄不低，但有职无权，形同虚设。

失意的白居易陷入了人生的低谷，然而与此同时，却在逐步接近诗歌的又一巅峰之作《琵琶行》。

被贬到江州的白居易迅速调整了心态，他在江州的山山水水中找到了寄托，在写给朋友的信中，他这样写道：

> 仆去年秋始游庐山，到东西二林间香炉峰下，见云水泉石，胜绝第一。爱不能舍，因置草堂。前有乔松十数株，修竹千余竿，青萝为墙援，白石为桥道，流水周于舍下，飞泉落于檐间，红榴白莲，罗生池砌。

诗人就是诗人，羡慕死别人不偿命，别人以为他被贬之后的生活一团漆黑，他却给出了人间仙境般的写意。

真是这样吗?

别人读到的只是表面，有谁能读懂他“兼济天下”的心?

白居易在江州的山山水水中寻觅了很久，终于在浔阳江边，他找到了，找到了久违的知音，于是他登上了诗歌的又一巅峰——《琵琶行》。

浔阳江头夜送客，枫叶荻花秋瑟瑟。
主人下马客在船，举酒欲饮无管弦。
醉不成欢惨将别，别时茫茫江浸月。
忽闻水上琵琶声，主人忘归客不发。
寻声暗问弹者谁，琵琶声停欲语迟。
移船相近邀相见，添酒回灯重开宴。
千呼万唤始出来，犹抱琵琶半遮面。
转轴拨弦三两声，未成曲调先有情。
弦弦掩抑声声思，似诉平生不得志。
低眉信手续续弹，说尽心中无限事。
轻拢慢捻抹复挑，初为霓裳后六幺。

大弦嘈嘈如急雨，小弦切切如私语。
嘈嘈切切错杂弹，大珠小珠落玉盘。
间关莺语花底滑，幽咽泉流水下滩。
冰泉冷涩弦凝绝，凝绝不通声暂歇。
别有幽愁暗恨生，此时无声胜有声。
银瓶乍破水浆迸，铁骑突出刀枪鸣。
曲终收拨当心画，四弦一声如裂帛。
东船西舫悄无言，唯见江心秋月白。
沉吟放拨插弦中，整顿衣裳起敛容。
自言本是京城女，家在虾蟆陵下住。
十三学得琵琶成，名属教坊第一部。
曲罢常教善才服，妆成每被秋娘妒。
五陵年少争缠头，一曲红绡不知数。
钿头银篦击节碎，血色罗裙翻酒污。
今年欢笑复明年，秋月春风等闲度。
弟走从军阿姨死，暮去朝来颜色故。
门前冷落鞍马稀，老大嫁作商人妇。
商人重利轻别离，前月浮梁买茶去。
去来江口守空船，绕船月明江水寒。
夜深忽梦少年事，梦啼妆泪红阑干。
我闻琵琶已叹息，又闻此语重唧唧。
同是天涯沦落人，相逢何必曾相识。
我从去年辞帝京，谪居卧病浔阳城。
浔阳地僻无音乐，终岁不闻丝竹声。
住近湓江地低湿，黄芦苦竹绕宅生。
其间旦暮闻何物，杜鹃啼血猿哀鸣。
春江花朝秋月夜，往往取酒还独倾。
岂无山歌与村笛，呕哑嘲哳难为听。
今夜闻君琵琶语，如听仙乐耳暂明。
莫辞更坐弹一曲，为君翻作琵琶行。
感我此言良久立，却坐促弦弦转急。

凄凄不似向前声，满座重闻皆掩泣。
座中泣下谁最多，江州司马青衫湿。

人生有时就是这样，你无法预知在未来某个时刻你将要得到什么，又会失去什么，得与失永远没有定数。

35岁时，因为泡病号，白居易写就了千古名篇《长恨歌》。

45岁时，因为被贬江州，白居易写就了另一名篇《琵琶行》。

历史不容假设，但是我们依然要假设：假设35岁时白居易不是在泡病号，那么是否还会有《长恨歌》？假设45岁时，白居易不是被贬，不是遭遇了人生的巨大落差，那么是否还会有《琵琶行》？

有时候，苦难对于一个人并不是绝对的坏事，杜甫因为苦难而深刻，白居易因为苦难而成就经典，总结陈词，他们像无数的明星一样，说那一句烂大街的话——感谢生活！

白居易在江州感谢了三年生活之后，命运发生了转机，公元819年冬他由江州司马转任忠州刺史。忠州就是今天的重庆忠县。

从公元819年冬开始，白居易断断续续做了三个州的刺史，分别是忠州刺史、杭州刺史、苏州刺史。伟大领袖毛主席说过，一个人做一件好事不难，难的是一辈子做好事。这句话放在白居易身上同样成立，一个人做一州的好刺史不难，难的是在任职的每个州，他都是好刺史。

在忠州刺史任上，白居易终于找到了做好官的感觉，他一方面鼓励农民从事生产，另一方面打击不纳税的地主。不是地主老钻政策的漏洞吗？好，那就推倒重来，重新制定纳税法，让地主逃无可逃，一样照章纳税，这就是白居易的“均赋”；随后，白居易又减轻徭役，降低刑罚，这就是“宽刑”。用白居易自己的话说，“要使枝叶茂，必先救根株”，只有把老百姓给安抚好了，这个王朝才有希望，如果老百姓这个“根株”不存在了，“枝叶茂”还会存在吗？

遗憾的是，古往今来，能有白居易这样见识的好官并不多，很多官只顾着摘桃子，哪还管桃树的根株？

白居易在忠州的努力没有白费，尽管他在忠州的日子前后不过三年，但忠州的百姓记住了他，忠州的山水记住了他。在他离去八百多年之后，明崇祯三年，忠州人民为他建造了一座祠堂，地点在城西巴台侧，与唐陆宣公祠隔江相望，这就是今天被人称为“白公祠”的地方。

请注意“白公祠”的建立时间，明崇祯三年，正是大明王朝开始倒计时的年代，或许正是因为那时民生的凋敝，引发了当地百姓对白居易的无比思念。老百姓太可怜了，他们需要活在对好官的思念之中。

结束了忠州刺史任期后，白居易又被调回了京城，不久唐宪宗李纯驾崩，唐穆宗李恒继位，白居易的官职又得到了升迁，升任中书舍人。

在宋之问一篇中，曾经提到过，宋之问只差一步到中书舍人，因为太平公主的反对而功亏一篑。白居易顺风顺水地当上了中书舍人，他的文字功底和行政水平在当时都属一流，足以胜任中书舍人。

然而，白居易的老毛病又犯了，他还在给皇帝提各种建议，这又让皇帝不高兴了。如果说唐宪宗李纯还有点明君的味道，那么唐穆宗李恒截然相反，明君的味道一味没有，昏君的味道倒有三味。

几个来回下来，白居易洞若观火，再在长安待下去也是自讨没趣，不如外放做刺史吧。

因为白居易主动申请外放，地点可以任他挑。白居易在地图上寻觅了一下，然后在杭州的上空画了一个圈，就当杭州刺史吧。

白居易是幸运的，他把自己和这座古往今来的历史名城联系到了一起，从此再也无法分开。无论时代怎样发展，杭州的老百姓都会记得，在杭州的历史上，曾经有一位叫白居易的刺史，他为老百姓疏浚了六井，让百姓吃上了甘甜的淡水，他为西湖留下了一座防波堤，这座防波堤被老百姓叫作白堤。

今天杭州西湖边的白堤其实并不是白居易留下的那条“白沙堤”，白居易的“白沙堤”已经湮没在历史长河之中，但是后世的人们还是愿意相信，此白堤就是白居易留下的“白沙堤”。因此，时至今日，西湖白堤依然是怀念白居易的重要载体。

关于杭州，白居易留下了一首词和一首诗：

忆江南

江南好，
风景旧曾谙。
日出江花红胜火，
春来江水绿如蓝，

能不忆江南？

七律·钱塘湖春行

孤山寺北贾亭西，水面初平云脚低。
几处早莺争暖树，谁家新燕啄春泥。
乱花渐欲迷人眼，浅草才能没马蹄。
最爱湖东行不足，绿杨阴里白沙堤。

在杭州任职一年半后，白居易又得走了，古代把官场中人叫作“宦游人”，说的就是白居易这样四海为官的人。

回京途中，白居易又升官了，升任太子左庶子，这个官是东宫的主官之一，做得好的话，日后可以随着太子的登基成为国之重臣。

别人对这个职位趋之若鹜，白居易却食之无味，因为他看到了朝中的一团漆黑。

此时唐穆宗李恒已经驾崩了，这个有三味昏君味道的皇帝只折腾了四年。如今朝堂换上了唐穆宗的长子唐敬宗李湛，李湛这个16岁的小皇帝比他的父亲更能折腾，白居易看不到光亮了。

他索性留在东都洛阳，看长安朝中的宦官弄权，看朝中的大臣斗来斗去。

至此，“兼济天下”的梦收了起来，生逢这样一个时代，还是独善其身吧。

公元825年，53岁的白居易心思又动了，他还想做点事情，于是便再次拿过地图，在苏州的上空画了一个圈。

白居易太幸福了，一生之中能与两个历史名城结下不解之缘，而且能在不长的任职时间里在这两个城市的史册上留下自己的名字，很不简单。

在杭州一年半，他疏浚六井，建设白堤，与后世的苏东坡一起成为杭州历史上不可磨灭的两任刺史。

在苏州，他同样政绩突出，后来当地百姓将白居易、韦应物、刘禹锡这三位担任过苏州刺史的诗人并称为“三贤”。

在苏州一年半，白居易疏通了阊门至虎丘的河道，整修七里山塘，为明清时代苏州的大发展埋下了伏笔。到了近几年，苏州市还在老阊门山塘街口建了一座白居易纪念苑，厅堂里陈列着白居易在苏州的史料，其中还有一件高达160厘米、宽264厘米的《白居易为民修山塘》大型漆画插屏，也放置在厅中。作品反映的便是白居易出任苏州刺史时，发起并修筑阊门通往虎丘山的“七里山塘”水陆街河的场景。

如果白居易地下有知，或许会像一些影片中的主人公一样热泪盈眶：你看，我只是做了一点力所能及的事情，就让你们这么长久地记住我。

任何给老百姓做过好事的人，老百姓都会记得，历史也会记得。

在白居易任职一年半后离任时，苏州百姓恋恋不舍，出现了十里相送洒泪挥别的动人场面。用刘禹锡的诗说：

闻有白太守，抛官归旧谿。
苏州十万户，尽作婴儿啼。
太守驻行舟，阊门草萋萋。
挥袂谢啼者，依然两眉低。

做官做到这个份上，值了！

公元826年之后，白居易的仕途依然在继续，不过此时的白居易已经从当初的“兼济天下”转型为一个彻彻底底的票友。别人忙于跟宦官拉关系，他睁着眼当成看戏，别人忙于党争，他在心里暗暗地说：你们斗吧，我在五指山上看着你们。

曾经锋芒毕露的白居易已经没有了锋芒，他选择了和光同尘。同僚官员在得意和失意之间剧烈震荡的同时，白居易泰然处之，安之若素，官职却一升再升，最后升到了太子少傅，品级正二品。

写诗写到《长恨歌》《琵琶行》，做官做到正二品，有唐一代，像白居易这样的全能诗人少之又少。李白诗歌久负盛名，在仕途只是当过闲散翰林；杜甫的诗高山仰止，在仕途却一生都不如意。白居易的综合实力，或许诗仙和诗圣都无法相比。

人生最难是圆满，李白不圆满，杜甫不圆满，白居易也不圆满，白居易一生中最遗憾的便是居然没有一个子嗣，好不容易有个女儿，夭折了，57岁好不容易有了个儿子，又夭折了，或许没有其他原因，只是连老天都嫉妒了。

公元842年，70岁的白居易以刑部尚书退休，然后把家安到了洛阳履道里的杨凭故宅，用白居易自己的话说：“东都风土水木之胜在东南偏，东南之胜在履道里，里之胜在西北隅，西闬北垣第一第，即白氏叟乐天退老之地。”

四年后，74岁的大诗人与世长辞，死时遗嘱，葬于洛阳香山，不归下邽祖茔。白居易还指定李商隐为自己写墓志铭，不为别的，只为借此关照潦倒的李商隐，因为写墓志铭可以得到一笔不菲的润笔费。

诗人永远地去了，只留下《长恨歌》《琵琶行》千古传唱，他的诗传播很广，不仅流传于中国，还漂洋过海到了日本。他的诗影响的人很多，晚唐皮日休、陆龟蒙、聂夷中、罗隐、杜荀鹤，宋代王禹偁、梅尧臣、苏轼、张耒、陆游及清代吴伟业、黄遵宪等，都受到他的影响。

他的粉丝也很多，上至九十九，下至刚会走，歌妓与他偶遇都会指着他说："此是《秦中吟》《长恨歌》主耳。"更有歌妓借着他的诗坐地起价："我诵得白学士《长恨歌》，岂同他哉？"

在白居易去世之后，他的一位粉丝深情地写道：

缀玉联珠六十年，谁教冥路作诗仙。
浮云不系名居易，造化无为字乐天。
童子解吟长恨曲，胡儿能唱琵琶篇。
文章已满行人耳，一度思卿一怆然。

写诗的人叫李忱，唐朝的第十七任皇帝。

连皇帝都是你的粉丝，白居易，你太有才了！

刘禹锡

沉舟侧畔千帆过，病树前头万木春

在白居易的一生中，跟他关系最好的先后有两个人，一位是与他同科及第的元稹，一位便是参与“永贞革新”的刘禹锡。白居易与元稹并称“元白”，刘禹锡则与白居易并称“刘白”，无论怎么组合，都堪称世间最强的诗人组合。

一直以来，刘禹锡的名句广为流传，尤其是“沉舟侧畔千帆过，病树前头万木春”，然而很多人只注意到语句的优美，却没有注意到这首诗的题目。

这首诗的题目叫作《酬乐天扬州初逢席上见赠》，其实这首诗是因白居易而起，白居易借着酒兴先为刘禹锡写了一首《醉赠刘二十八使君》：

为我引杯添酒饮，与君把箸击盘歌。
诗称国手徒为尔，命压人头不奈何。
举眼风光长寂寞，满朝官职独蹉跎。
亦知合被才名折，二十三年折太多。

正是白居易抛出了这块砖，引出了刘禹锡的玉：

巴山楚水凄凉地，二十三年弃置身。

怀旧空吟闻笛赋，到乡翻似烂柯人。
沉舟侧畔千帆过，病树前头万木春。
今日听君歌一曲，暂凭杯酒长精神。

刘禹锡与白居易一唱一和时已经是公元827年，这一年白居易55岁，刘禹锡也是55岁。两位名垂千古的大诗人恰巧是同龄人，只是同龄不同命，相比于白居易，刘禹锡的仕途之旅，一言难尽。

原本刘禹锡比白居易起步还早，原本他也有救世济民的梦想。

刘禹锡救世济民的梦想可以从他的名字说起，一直以来，多数人并不知道这个名字蕴含的深刻意义。

刘禹锡的“锡”，在这里是一个通假字，通“赐”，这个名字是如何来的呢?源于刘禹锡母亲的一个梦。

刘禹锡的母亲曾经做过一个梦，在梦里她见到了大禹，醒来之后就感觉自己有了身孕，因此就把腹中的孩子起名为“禹锡”，意思是“拜大禹所赐”。在定下“禹锡”之后，刘禹锡的母亲又给孩子起了字“梦得”，以对应那个奇异的梦。

数月之后，一个男婴降生在刘家，这个男婴就是后来的大诗人刘禹锡。

按照刘禹锡自己的说法，他是中山靖王刘胜之后，这样算来，三国时期蜀国的刘备、刘禅都是他的先祖，他也算得上名门之后。

真是这样吗?

其实不是，他非但不是中山靖王之后，而且他很有可能不是汉人，而是匈奴族的后裔。

从刘禹锡的家谱来看，从他开始往上只能找到七代祖刘亮，刘亮跟随北魏孝文帝迁都洛阳，成为洛阳北部都昌里人，后来成为冀州刺史。根据推测，刘亮的“刘”姓是跟随孝文帝南迁之后改的汉姓，原来可能是姓“拓跋”。由于刘禹锡的刘姓比较容易隐蔽，就跟白居易的白姓一样，他们的民族归属容易被忽略过去，不像元稹，元姓是北魏皇族改的汉姓，地球人都知道。

当然，不论刘禹锡的祖上是汉人还是匈奴人，都无法改变刘禹锡在中国大历史中的地位，英雄不问出处，诗人也不必问民族。

在白居易一篇中，曾经提到过白居易是一个不折不扣的“考霸”，相比于白居易，刘禹锡更是一个超级考霸。

公元793年，21岁的刘禹锡便高中进士，与他同榜高中进士的还有柳宗元，柳宗元比他还年轻一岁，当年只有 20 岁。

一年后刘禹锡又考中博学鸿词科，又过了一年，刘禹锡登吏部取士科，这就是传说中的逢考必胜吧。

随后刘禹锡进入淮南节度使杜佑帐下，从事秘书工作，杜佑被征召入朝，刘禹锡便跟随杜佑入朝，做上了监察御史。

从 21 岁高中进士，到入朝做上监察御史，刘禹锡的仕途起步非常不错。就在这时他又遇上了一个人，这个人便是太子李诵面前的红人王叔文。

王叔文擅长下围棋，口才非常好，一来二去便通过围棋取得了太子李诵的信任，一场君臣的风云际会在东宫慢慢酝酿，刘禹锡在这个关键时刻进入了太子和王叔文的朋友圈。

进入太子的圈子，在历朝历代都是一件令人向往的事情：太子是国之储君，不出意外的话必定会登上皇位，一旦太子继位，身边的臣子必定水涨船高，成为新朝的重臣。无疑，这是一条升迁的高速路。

年轻的刘禹锡一方面与王叔文志趣相投，另一方面也看重这条快速升迁之路，身在官场，不想升迁是糊弄鬼的话，刘禹锡也不例外，他也想升迁。

公元 805 年正月，梦想照进了现实，唐德宗李适去世，当了二十余年太子的李诵终于登上皇位。王叔文和王伾成为新朝的重臣，刘禹锡和柳宗元一起成为王叔文的左膀右臂，他们一直在等待大干一场的机会，现在机会来了。

二月二十二日，王伾和王叔文的官职得到了升迁，王伾由从五品的殿中丞升任正三品的左散骑常侍，王叔文则由从七品的苏州司功升任从六品的起居舍人，他们成为李诵朝中最红的人。刘禹锡也跟着进步，由监察御史升任屯田员外郎、判度支盐铁案，兼崇陵使判官。

两天后，王伾和王叔文的新政拉开帷幕。

王伾、王叔文、刘禹锡、柳宗元是一批想做事、想做好事的人，他们的新政其实很得人心。

都有哪些新政呢？

一、百姓所欠政府各种捐税，一律取消。

二、全国各地除正常进贡之外，其余另立名目的进贡一律取消。

三、宫市、皇家五坊差夫一律撤除。

何谓宫市？白居易在《卖炭翁》里写得很明白，就是宦官以宫廷采购为名到民间强买强卖，看中什么拿什么，给不给钱以及给多少钱完全由宦官说了算，卖炭翁的一车炭不就是半匹红绡一丈绫就打发了吗？王叔文把这个扰民的“宫市”给撤除了。

相比于宫市，皇家五坊差夫也好不到哪儿去。

皇家五坊分为雕坊、鹘坊、鹰坊、鹞坊、狗坊，有点皇家动物园的意思。五坊差夫负责到民间搜罗这些动物，然后带回宫中饲养。

原本五坊跟老百姓关系不大，但是时间长了，五坊差夫狗仗人势，借着给皇宫办差的机会欺负老百姓，胆大妄为的直接将网鸟的网子网到了老百姓的家门口，不让老百姓出入。除此之外，还有的将网子盖到了水井口，不让老百姓提水。这一切荒唐行为都有一个冠冕堂皇的说辞——为皇家网鸟呢。

为什么要这么做呢？就是为了趁机勒索，搜刮民脂民膏。老百姓如果交了钱就把网撤走，如果不交，那就等着吧，海可枯，石可烂，网鸟的网子就原地生根不走了。

宫市和五坊差夫都被撤除了，白居易再想写《卖炭翁》也没机会了。

此外，王叔文和王伾还说服皇帝李诵从宫中释放了大批宫女和歌妓，圆了很多家庭盼望已久的团圆梦。

新政就这样有条不紊地进行，很得人心，不过王叔文和王伾并不满足，他们还有更大的目标，那就是从宦官手中收回兵权。

说起来也很可悲，到了唐德宗李适的年代，朝廷的兵权已经落到了宦官手中。皇帝以为宦官是最可信赖的人，却没想到手握兵权的宦官更加可怕。

王叔文和王伾盘算了很久，还是决心将兵权从宦官手中收回。对于他俩的决定，刘禹锡和柳宗元表示赞同，他们都想革除宦官掌握兵权的弊端，为大唐王朝尽早铲除这个毒瘤。

然而，冰冻三尺非一日之寒，已经尝到掌握兵权滋味的宦官岂能轻易交权？他们在看透王叔文的意图后便行动了起来，几个手握兵权的宦官联合到了一起，拒绝向王叔文派出的将军交权。

双方的博弈不断升级，王叔文的背后有皇帝，宦官的手里有兵权。

如果王叔文的背后是一个强势的皇帝，王叔文还是有机会赢得这场博弈的。

遗憾的是，王叔文背后的皇帝李诵是一个病人，一个病入膏肓的病人，他的身体状况从登基之初就非常糟糕，登基之后更是每况愈下。

重病的李诵住在皇宫之中，王叔文和王伾则在皇宫之外，他们之间还隔着宦官，这就注定即使李诵全力支持王叔文也无济于事，因为他们的中间隔着宦官。

不久，宫中的两股势力联合到了一起，对王叔文一方更加不利。

联合到一起的两股势力是唐德宗李适生前重用的宦官和太子李纯的属下官员，两方势力各有各的需求。唐德宗重用的宦官不想轻易退出历史舞台，太子李纯属下的官员则期待着太子早点登基，自己跟着水涨船高，双方各取所需，一拍即合！

等待王叔文和王伾的只有失败的结局。

公元 805 年七月二十八日，皇帝李诵下诏：鉴于自己长期患病不能康复，国政全部委托给太子李纯。

六天后，李诵再次下诏，太子李纯继位，自己改称太上皇。

此时的皇帝李诵早就被宦官控制在手中，两次下诏都不过是假冒他的名义，李诵连自己的性命都说了不算，就更别说朝政了。

一天后，太上皇李诵迁往兴庆宫，同时下诏改年号为永贞。

想想李诵这个皇帝真够窝囊，当了二十多年太子，44 岁才轮到自己登基，没想到只当了半年皇帝，就被自己的儿子给轰了下来。

当了半年皇帝的李诵居然连自己的年号都没有。公元 805 年八月五日之前算贞元二十一年，这是他爹唐德宗的年号，公元 805 年八月五日之后算永贞元年，这是他儿子唐宪宗的年号，而他，一无所有，连个属于自己的年号都没有。

没有年号的李诵就这样退出了历史舞台，而当初跟随他的王叔文、王伾、刘禹锡、柳宗元等得为失败买单。

最先倒霉的是王叔文和王伾，王叔文被贬为渝州司户（户籍官），一年后被赐死，王伾被贬为开州司马，不久在开州憋屈地死去。

刘禹锡和柳宗元呢?

他们一生的悲剧刚刚拉开序幕。

在王叔文和王伾被贬的同时，刘禹锡和柳宗元也遭到了贬黜，刘禹锡被贬为连州刺史（今广东省连州市），柳宗元被贬为邵州刺史（今湖南省邵阳市），仅仅在几天前，他们还是炙手可热的京官，现在他们就要到蛮荒之地报到了。

在那个“交通基本靠走，沟通基本靠吼”的年代，刘禹锡和柳宗元风尘仆仆地从首都长安赶往自己的贬所，一边赶路，一边感受着人生的巨大落差。

还有比这更差的结局吗?

这个可以有。

就在刘禹锡和柳宗元等忙着赶路时，圣旨又到了，皇帝认为把他们贬做刺史太便宜了，还是贬为司马吧！

这样，刘禹锡便由连州刺史贬为郎州（今湖南省常德市）司马，柳宗元由邵州刺史贬为永州（今湖南省永州市）司马，与他们一起被贬的官员也同样被降到了司马一级。

除此之外，新皇帝李纯在诏书上还有特别规定：以后即使皇帝大赦天下，“八司马”也永不在大赦的范围之内，永远不准往内地调动。

一句话，死在外边，别回来了。

至此，唐朝历史上赫赫有名的“二王八司马”事件脉络彻底清晰，二王就是王叔文、王伾，八司马就是以刘禹锡和柳宗元为首的八个州司马。

这群原本满怀理想的人，现在成了最失落的人，原本他们梦想一步登天，现实是一步登空，二者只是一字之差，背后的境遇却是天差地别。

世间的事就是这样，福祸永远相依，如果杜甫不是遭遇那么多苦难，或许也就无法成为诗圣，如果白居易不是遭遇挫折，或许也无法写就《长恨歌》和《琵琶行》，现在刘禹锡和柳宗元也遭遇了人生的落差，这次巨大的落差会给他们带来什么呢？

人生的落差来了，诗人的诗情喷薄而出。

在郎州，刘禹锡不断写诗，用诗表达自己的情怀：

秋词

自古逢秋悲寂寥，我言秋日胜春朝。
晴空一鹤排云上，便引诗情到碧霄。

不是想看我落魄吗？抱歉，让你失望了。

在此期间，刘禹锡还有一首与蚊子战斗的诗，很有意思。

聚蚊谣

沉沉夏夜兰堂开，飞蚊伺暗声如雷。
嘈然歘起初骇听，殷殷若自南山来。
喧腾鼓舞喜昏黑，昧者不分聪者惑。
露华滴沥月上天，利觜迎人看不得。

我躯七尺尔如芒，我孤尔众能我伤。
天生有时不可遏，为尔设幄潜匡床。
清商一来秋日晓，羞尔微形饲丹鸟。

斗的是蚊子吗？斗的是人！

在刘禹锡与蚊子斗的同时，柳宗元在永州也没有闲着，他写就了可以载入中国文学史的山水游记——《永州八记》，其中，《小石潭记》最有名，堪称中国山水游记的巅峰之作。

与蚊子斗，与人斗，寄情于山水，抒怀于笔端，刘禹锡便这样消磨着在郎州的时光，这一消磨就是整整十年。

公元805年刘禹锡33岁，10年后，刘禹锡已经43岁了。

公元815年，随着一同被贬的程异重新得到起用，长安朝中渐渐有了将刘禹锡等重新起用的声音，刘禹锡和柳宗元满怀期望地从各自的贬所回到了长安。

刘禹锡原本对这次回长安还抱有希望，冷静下来仔细一想，他的心凉了下来，与他一直不睦的武元衡还在。当年正是因为与刘禹锡发生矛盾，武元衡遭到王叔文的贬黜。如今乾坤倒转，武元衡已经贵为宰相，而刘禹锡只是一个等待重新分配工作的贬官。

随他去吧，爱咋地咋地。

抱着无所谓的心态，43岁的刘禹锡在玄都观游玩了一番，回来便写下《游玄都观》：

紫陌红尘拂面来，无人不道看花回。
玄都观里桃千树，尽是刘郎去后栽。

写的是桃，讽的是人，意思是讥讽现在朝中那些忝列大臣的人，都是刘禹锡被贬之后才一个个提拔起来的。

言下之意，你们神气什么啊！

写到这里，还得说唐朝的政治氛围还是相对宽松的。如果这首诗放在宋朝，估计刘禹锡得脱层皮，如果放在清朝，你懂的！

《游玄都观》一诗很快在朝中流传了起来，武元衡找到了攻击刘禹锡的把柄，索性借着这首诗又将刘禹锡和柳宗元贬出了长安，刘禹锡被贬为播州（今贵州省遵义市）刺史，柳宗元被贬为柳州（今广西柳州市）刺史，官职升了半级，然而离长安却越来越远。

刘禹锡沉默了，他知道自己闯祸了，远去播州他自己并不在乎，但他那八十多岁的老母呢？他是家中独子，老母只能跟着他生活，他被贬到了播州，难道还要八十多岁的老母跟着他去播州？

关键时刻，柳宗元站出来说话了："播州是蛮荒之地，刘禹锡的母亲八十多岁了，根本不可能跟着他去，这样他们母子就要生离死别了。还是让我去播州吧，让刘禹锡去柳州。"

什么是朋友，这就是朋友，哪怕只有一个馒头，他还是愿意把这个馒头让给你，把生的希望留给你，把死的危险留给自己。

听了柳宗元的话，刘禹锡陷入了艰难的抉择之中，让柳宗元做出牺牲他于心不忍；但是如果坚持去播州，那就意味着与母亲生离死别，此生恐难再有相见的机会。

这时，御史中丞裴度站出来替刘禹锡向皇帝求了情，好说歹说，皇帝总算格外开恩，将刘禹锡改派到连州（今广东省连州市）出任刺史，刘禹锡和柳宗元在被贬十年后再度踏上了被贬之路。

再出长安，内心有太多不甘，他们不知道还能不能回到长安，如果能，那会是什么时候？

刘禹锡和柳宗元结伴走到了衡阳，再往前就要分道扬镳了，刘禹锡去连州，柳宗元去柳州。

临别之际，两位诗人泪眼蒙眬，互相赠诗留念，柳宗元在离别的船上作《重别梦得》：

二十年来万事同，今朝歧路忽西东。
皇恩若许归田去，晚岁当为邻舍翁。

刘禹锡内心同样凄苦，他回应道：

弱冠同怀长者忧，临歧回想尽悠悠。
耦耕若便遗身老，黄发相看万事休。

两位大诗人都没有想到，这次分别竟是永别。

这一别，柳宗元再也没能回来，四年后，客死柳州，享年只有46岁。

这一别，刘禹锡四海为家，再回长安，已是13年后。

公元819年，当柳宗元去世的消息传到连州时，刘禹锡泪如雨下，他做梦也没想到衡阳的那场分别竟是最后的永别，如果知道这个结局，他宁愿那次分别时的时间拖得更久一点。

刘禹锡怀着满腔悲痛，写下《祭柳员外文》：

> 呜呼子厚！卿真死矣！终我此生，无相见矣。何人不达？使君终否。何人不老？使君夭死。皇天后土，胡宁忍此！知悲无益，奈恨无已。子之不闻，余心不理。含酸执笔，辄复中止。誓使周六，同于己子。魂兮来思，知我深旨。

周六是柳宗元的长子，当时只有四岁，刘禹锡说到做到，把这个孩子当成自己的孩子抚养，在其教导下，周六学有所成，在47岁那年考中科举，那时柳宗元已经去世43年了。

柳宗元临终前托刘禹锡编纂文集，刘禹锡也照做了，他用毕生的精力整理了柳宗元的大部分文集，并让这些文集永远流传了下来。

如今世上通行的《柳河东集》，便是刘禹锡一手所编。

余秋雨在《文化苦旅》一书中曾经这样写道：今天我们纪念柳宗元不是因为什么，只是因为他那破旧箧箱里那一扎皱巴巴的诗文。

而这一切，有刘禹锡的一份功劳，如果没有刘禹锡的用心整理，柳宗元的诗文能否流传下来，还是未知数。

带着对朋友的深切怀念，刘禹锡投入工作之中，尽管他只是一个贬官，尽管他的身上背着“永不受重用”的黑戳，但这并不影响他的工作热情，他把自己的一腔真情，投入任职的每一个地方。

在连州，他刚正不阿，重土爱民，重教兴学，连州的开化，由刘禹锡而起。

为了推进教育发展，刘禹锡在连州登台讲学，教泽州人，栽培人才，推动连州文化进入兴盛时期，由此开创了连州重文兴教的传统。

功夫不负有心人，两年后，连州出了史上第一个进士——刘景，连州科举打破零的纪录，从此“破天荒”。

此后数百年，连州名人辈出，有唐一代，广东进士 38 名，连州占 12 名；北宋年间，广东出了 127 名进士，连州占 43 名。

根据不完全统计，连州历史上共有进士 138 人，登进士第者，既有名列前茅的，又有兄弟同中的，还有祖孙三代相继登第的，由此，连州在广东科举场上有“科第甲通省”之美誉！

而这一切，都跟唐代那位不得志的刺史刘禹锡有关，清朝人杨楚枝对此评曰：连州风物媲美中州，则禹锡振起之力居多。

一个人，一辈子，一句话！

在连州任职五年以后，刘禹锡转任夔州，开始了夔州刺史生涯。

在夔州，他亲民依旧，与此同时，诗的创作也进入了一个高峰。夔州当地有传统的民歌——“竹枝词”，刘禹锡从中得到了启发，效仿屈原创作《九歌》，他创作了《竹枝词九首》。

刘禹锡的《竹枝词》渐入佳境，便有了后世流传最广的那首《竹枝词》：

杨柳青青江水平，闻郎江上唱歌声。
东边日出西边雨，道是无晴却有晴。

别人被贬之后只会唉声叹气，刘禹锡被贬后安之若素，一方面爱民如子，另一方面诗兴大发，贬黜他的人原以为会看到他的笑话，结果看到的却是一段段佳话。

数年后，刘禹锡的夔州刺史任期也满了，他又调任和州刺史。

夔州在今天的三峡库区，和州则在今天安徽和县，从夔州到和州，最便利的交通工具是坐船。

刘禹锡坐船顺江而下，就在这次上任的途中，他又写出了流传千古的诗篇《西塞山怀古》：

王濬楼船下益州，金陵王气黯然收。
千寻铁锁沉江底，一片降幡出石头。
人世几回伤往事，山形依旧枕寒流。
今逢四海为家日，故垒萧萧芦荻秋。

西塞山位于今天湖北黄石大冶东的长江边，三国时期是东吴的军事要塞。当刘禹锡乘船路过此地时，早已朝代更替，物是人非，此情此景，令刘禹锡顿生感慨，所谓山川险要，都是虚幻，历史的推动终究还是靠人。

王朝兴替，人事代谢，又有多少是以人的意志为转移呢?

带着对历史的感慨，刘禹锡到了和州，依然继续着他亲民、爱民的作风，与此同时，又留下了流传后世的经典——《陋室铭》:

> 山不在高，有仙则名，水不在深，有龙则灵。斯是陋室，惟吾德馨。苔痕上阶绿，草色入帘青。谈笑有鸿儒，往来无白丁。可以调素琴，阅金经。无丝竹之乱耳，无案牍之劳形。南阳诸葛庐，西蜀子云亭。孔子云："何陋之有?"

现在的安徽和县还保有一座"陋室铭公园"，1990年时投入一百万元进行建设，近年来，更是投入了上千万元进行建设，如此一来倒引发了争议。这么大的投资建设，是不是背离了刘禹锡写《陋室铭》的本意呢?

刘禹锡的和州刺史任期也满了，屈指一算，此时距离元和十年的被贬已经过去了13年。

这13年中，他的母亲去世了，他的朋友柳宗元去世了，他的政敌也去世了。

这13年中，他的足迹到过连州，到过夔州，到过和州，他的每一步都留下了踏实的足迹，至今还能在当地找到与他有关的历史印迹。

这13年中，他培养出连州历史上第一个进士，又写出了《竹枝词》和《陋室铭》。

这13年中，虽然蹉跎，但也充实。

他等来了重回长安的机会，他的朋友柳宗元却再也回不去了。

返回长安的途中，刘禹锡路过扬州，在这里他遇到了人生中的又一个至交——白居易，在席间写下了"沉舟侧畔千帆过，病树前头万木春"的诗句，就此拉开了与白居易一唱一和的神交序幕。

告别扬州，刘禹锡继续赶路，长安越来越近。

长安，我终于回来了。

一别13年，刘禹锡从43岁走到了56岁，长安城中已然物是人非。

在这 13 年中，长安城中居然换了三任皇帝：

公元 820 年，唐宪宗李纯驾崩，他的儿子唐穆宗李恒继位。

公元 824 年，唐穆宗李恒驾崩，他的长子唐敬宗李湛继位。

公元 826 年，唐敬宗李湛被宦官谋杀，唐穆宗的次子唐文宗李昂继位。

随着皇帝走马灯似的更替，刘禹锡当年的政敌要么死去，要么失势，要么有一搭没一搭地在官场混着。

或许对付政敌的最好办法就是坚强地活着，活得比对方长！

回到长安的刘禹锡得到了朝廷的重新任用，他被委任为礼部主客郎中，负责对藩国的接待工作。

不久，他又去了一次玄都观，这次又有了新的收获：

百亩庭中半是苔，桃花净尽菜花开。
种桃道士归何处，前度刘郎今又来。

桃花没了，种桃的道士也不知道去了哪里，那个曾经被贬的刘郎却回来了。

在这首诗之外，刘禹锡还写了一个序，详细记录了自己与玄都观的缘分，他在序中写道：再过几年自己还会来，到那时再看玄都观变成什么样了。

一句话，这一生，跟玄都观飙上了！

这就是刘禹锡，一个生命不息、战斗不止的诗人，别人遇到挫折后萎靡不振，他反而愈挫愈勇，在被贬的 23 年里从来没有停止战斗。

出任礼部主客郎中之后，刘禹锡的仕途依然起伏不定，一度还有宰相裴度做他的后盾，后来裴度罢相，刘禹锡的仕途又跌宕了起来。

在朝廷不如意，刘禹锡索性又走出长安，到地方任职，他先后到了苏州、汝州、同州，在这些地方又留下了与他有关的历史印迹。

在苏州，他与韦应物、白居易一起并称“三杰”，后来苏州人民还建造了“三贤堂”纪念他们。

在汝州，至今还流传着刘禹锡为民求雨的传说。

在同州，他爱民亲民也有历史记载。

到公元 836 年，刘禹锡 64 岁了，他终于承认自己老了，不再与别人斗了，转身与白居易开“斗”。

两人都是闲职，都住在洛阳，便开始了刘、白两人唱和往来的幸福时光。

后来有心的白居易还将两人往来的诗编成了诗集，一式两份，一份交给自己的侄子，一份交给了刘禹锡的儿子，作为两人友情的见证。

在白居易看来，刘禹锡就是“诗豪”，“其锋森然，少敢当者”。

至此，唐代的大诗人各就各位，李白“诗仙”，杜甫“诗圣”，白居易“诗魔”，刘禹锡“诗豪”，还有一个“诗佛”叫王维。

白居易在诗集的序中如是写道：我以前与元稹唱和颇多，这些诗很多流传很广。我曾经跟元稹开玩笑说，我跟足下二十年来可谓文友诗敌，真是荣幸，同时也是不幸。

吟咏情性，播扬名声，其适遗形，其乐忘老，幸也！

然而江南仕女说起才子，多称元白，正是因为你的缘故，使我不得独步于吴、越间，这就是不幸也！

今天垂老之际又遇梦得，难道不是另外的不幸吗？梦得梦得，文之神妙，莫先于诗。若论妙与神，我怎么能跟他比？

如梦得“雪里高山头白早，海中仙果子生迟”“沉舟侧畔千帆过，病树前头万木春”句之类，真谓神妙矣！所以梦得的诗篇，应该由灵物看管，仅仅由两家子弟秘藏怎么能够呢？

谁说文人相轻？文人更有惺惺相惜。

公元842年，诗豪刘禹锡的生命定格在洛阳，享年70岁，在当年所有参与“永贞革新”的人中，他的寿命最长，他当年的朋友或者敌人，没有一个活过他，他成为笑到最后的人。

在刘禹锡逝去后，他被追赠为户部尚书，活着一生没能显达，死后倒有了显达的模样。

后来，刘禹锡被葬在河南荥阳，如今在荥阳，还有一个占地280亩的刘禹锡主题公园。

诗人已去，后人记住的是他的诗篇，他的《西塞山怀古》，他的《陋室铭》，他的《竹枝词》，他的《金陵五题》其二《乌衣巷》：

朱雀桥边野草花，乌衣巷口夕阳斜。
旧时王谢堂前燕，飞入寻常百姓家。

天下苍生望谢安

如果没有刘禹锡，或许没有人会将谢安的前世今生进行那么精练的概括。

当年卸任苏州刺史的刘禹锡路过金陵，便在金陵停留下来游览了一番，于是便有了《金陵五题》。

在《金陵五题》中，最有意境的当数《石头城》和《乌衣巷》两篇：

石头城

山围故国周遭在，潮打空城寂寞回。
淮水东边旧时月，夜深还过女墙来。

乌衣巷

朱雀桥边野草花，乌衣巷口夕阳斜。
旧时王谢堂前燕，飞入寻常百姓家。

刘禹锡的诗语言浅显，却藏而不露，意在言外，寄有于无，看似短短的几行诗，却把历史变迁、沧桑之感写得淋漓尽致，可以说他的一首诗就是一部极具深度的历史纪录片。

那么刘禹锡纪录片中的主角谢安到底是个什么样的人呢?
这值得我们好好说道说道。
如果让我们用一个词来归纳谢安，那么应该用什么词呢?
或许没有“贵族”这个词更合适了。
什么是贵族?
我们来看看某著名导演在自己的著作《我把青春献给你》中的贵族论:

现在中国的有钱人，穿的也是名牌，开的也都是宝马，甚至有的也一掷千金，但举手投足还是找不着优雅的感觉，眼神里还是透着心急火燎。仔细分析，是穷了多年养成的做派。钱是有了，但还没有过足满世界显摆炫耀的瘾。我估计少则十几年，多则要等到下一代，中国的有钱人才会神情自若，才会洗尽曾是无产阶级的烙印，于不经意间挥金如土。那个时候，中国就有贵族了。

贵族是什么样的人呢？我作为一个改革开放的受益者，以小人之心揣度过贵族之腹，或者说我梦见过。

贵族的气质不是有了钱就能挂相的。那是从娘胎里带出来的，一小养成的。贵族从小坐车就有人给拉车门，车到人到，长大了养成习惯，车一停就举步，赶上没有人适时拉开车门，他能一头撞玻璃上。下了车也不会说谢谢，不是不懂礼貌，是不觉得你是在为他服务。这一点确实不同于平民百姓，满脑子都是人情世故，家长里短。人家贵族思考的都是民族的兴衰，国家的存亡。余下的心思顶多会想一想心爱的女人。遇有闲暇，外出消费，身上是从来不带钱的，买东西都是事先电话里约好了，到了专卖店只管挑选，完了事有人专门给送家里去，回到家，喝杯咖啡，东西也就跟着进门了。出国旅行，看到一座庄园，心生爱意，打听主人是谁？随从马上俯首帖耳：您还不知道吧，这庄园就是您的。贵族听到后，并不感到惊喜，反而有点扫兴。这么说吧，生活上贵族基本上就是一废物，除了做爱亲力亲为，吃饭不用人喂，其他，一切均不能自理。但同时，贵族是脱离了低级趣味的人。

英国王妃戴安娜，因为受到王室不公平待遇和种种非议，心里的郁闷不能排遣，遂找到在伊顿公学读书的儿子威廉王子，威廉背着手在草坪上踱步，戴安娜一路絮絮叨叨紧随其后，儿子听烦了，一扬手，说：“妈妈，你不要再说了。不就是一些非议吗？到我登基那一天，还你清白。”戴安娜听了，当时就躬身行大礼，说："谢国王陛下。"这就是贵族和灰姑娘戴安娜的区别，你觉得过不去了的事情，在他那里都不是问题。

按照导演的理论，总结陈词：什么是贵族？贵族就是，在你那里算天大的事，在人家那里根本不算事。

按照这个理论，谢安就是不折不扣的贵族。

公元 320 年，谢安出生，由此他的身上盖上了陈郡谢氏的印章。陈郡位于今天河南太康，谢安的祖辈就生活在那里。谢安的曾祖谢缵，曹魏时期担任过长安典农中郎将；谢安的祖父谢衡是西晋著名的大儒，担任过国子祭酒、太子少傅、散骑常侍；谢安的父亲谢裒于永嘉之乱时携家南渡，在东晋政府中担任过侍中、吏部尚书等要职。谢安便是出生在这样的世代名门之中，便注定他一出生就与众不同，因为他有着别人无法比拟的家庭背景。

出身名门的谢安自幼受家庭的熏陶，很快就显现出神童的天赋。在谢安四岁时，东晋名士桓彝见到了他，仔细端详一番后，称赞道："此儿风神秀彻，后当不减王东海。"

王东海即东晋名士王承，因为担任过东海太守，因此世称"王东海"。桓彝的意思是说，将来谢安的成就应该不在王承之下，事实证明，他这句话说对了。

只是桓彝做梦也不会想到，眼前这个神童谢安居然会是自己儿子桓温一生的劲敌，当然这是后话。

在众人的赞美之声中，谢安渐渐长大，而他的名气也越来越大。在他 20 岁时曾经拜访过名士王蒙，两人进行了一番长谈，长谈过后，谢安告辞离去。

这时王蒙的儿子王修问父亲说："这个客人，跟您相比如何？"

王蒙回应说："这个客人侃侃而谈，可谓咄咄逼人！"

无疑，谢安的口才得到了名士王蒙的认可，由此他的名声更大。

除了王蒙，看好谢安的名人还有很多，比如王导，比如王羲之，比如刘真长，比如支遁，他们都看好谢安，在他们眼中，谢安的前途不可限量。

然而，令众人没有想到的是，年轻的谢安居然无意于仕途，只想做个散淡之人。

朝廷屡次征召谢安出来做官，都被他谢绝了，理由是身体不好。

那么不当官的谢安又在做什么呢？他在跟朋友游玩。

他的朋友很多，其中的名人也很多，比如王羲之，比如许询，比如孙绰，他们在一起就是游山玩水，吟诗咏文，过着隐士一般的生活。

谢安寓居在东山，东山位于今天浙江上虞，本不是名山，因为谢安寓居于此，因此就成了历史名山，成语“东山再起”的主角便是谢安，而地点就是上虞东山。

不过谢安的“东山再起”还需要等待些时日，在东山再起之前，他的主业就是游玩。

有一次，谢安与孙绰等一起乘船出海，到了海中遭遇了风浪，船剧烈地颠簸起来，满船的人都露出了恐惧的神色，而谢安却神色如常，不以为意。船家以为谢安还想乘船深入，便继续驾船前行，随着船深入大海，风浪更大了。这时谢安慢慢悠悠地说了一句话：“这么下去，怎么回得去呢？”船家闻言，随即掉头返航。

这就是谢安，一个临危不惧、临危不乱的贵族，他不是没有意识到危险，只是他有雅量有方寸，任何时候你都看不到他的慌乱。多年以后，他用自己的镇定为王朝化解了一场灭顶之灾，而这份镇定，正是年轻时打的底子。

时光走到了公元353年，这一年谢安33岁，他的朋友王羲之32岁，在这一年的三月三日，发生了一件可以载进中国文化史的大事。

这一天，谢安、王羲之、孙绰等42人在会稽的兰亭聚会，他们举行了一年一度的“曲水流觞”。

“曲水流觞”，便是大家围坐在弯弯流淌的溪水旁，将酒放在托盘上，然后将托盘放到溪水中。托盘随着溪水的流动而漂移，漂移到谁的前面，谁就取下酒喝一杯，然后再把酒放到托盘上，继续漂移。

显然，这是一场文人的雅集。

为了庆祝这场盛大的雅集，众人相约在溪水旁作诗，参加集会的每个人都要作，作不出来的罚酒。

经过统计，与会42人，有11人作诗两首，有15人作诗一首，还有16人一首也没有作出来，惨遭罚酒。

最后，王羲之将26人的诗集合到一起，合称为《兰亭集》，而他自己，借着酒劲提笔写下了名垂千古的《兰亭集序》，这就是历史名帖《兰亭集序》的由来。

据说，等王羲之酒醒之后，试图再写一版《兰亭集序》，结果怎么写也无法超越酒醉版《兰亭集序》，由此可见，创作是讲究状态的。

公元353年的《兰亭集序》成为王羲之一生中的经典，而谢安的经典时刻，还没有到来。

在谢安隐居东山的日子里，来自朝廷的征召连绵不断，扬州刺史庾冰更是三番五次征召，威逼加利诱，能用的办法都用上了。

迫于无奈，谢安只好出山，进入庾冰的帐下，这下庾冰满足了，顿时觉得自己很有面子。

令庾冰没有想到的是，他的好心情只维持了一个月。一个月后，谢安绝尘而去。

后来，谢安又被任命为尚书郎、琅琊王友，结果他再次拒绝。又过了一段时间，吏部尚书范汪推举谢安到吏部任职，结果又被谢安写信拒绝了。

这时，有些人看不过去了，这个谢安，谱儿也太大了，历年征召，他都不来，这样的人就应该禁锢终身，终生不得为官。

禁锢谢安的奏疏最终没有通过，谢安依然隐居东山，但同时依然保留着出仕的可能。

谢安究竟想干什么？满朝文武都有些看不懂。

时任宰相的司马昱看懂了，他知道，谢安在等待时机。

在听说谢安每次外出游玩都带妓女相随后，司马昱说："谢安既与人同乐，必不得不与人同忧，召之必至。"

事实证明，司马昱说对了，谢安既能与人同乐，也能与人同忧，他之所以累次征召都不出仕，是因为他心里有底，他在等待更大的机会。

不过，谢安的等待并不是谁都能理解，他的妻子刘氏也不太能理解。在刘氏眼中，谢安的堂兄弟、亲兄弟都出去做官了，唯独谢安在东山隐居，这是为什么呢？

一天，刘氏终于忍不住问道："你为什么不像兄弟们那样出去为官呢？"

谢安什么反应呢？

他捂着鼻子轻蔑地说道："唉，恐怕我还是免不了要出来的！"

贵族的范儿跃然纸上。

当别人削尖脑袋往官场钻时，他却连连躲闪，最后被逼无奈，只能捂着鼻子感叹自己也不能免俗；当别人费尽心机总算过上像他一样的优裕生活时，他却说，这不是我想要的生活。

谢安为什么如此有恃无恐、待价而沽呢？说白了是因为家庭背景。

谢安隐居东山时，他的堂兄谢尚担任都督司州诸军事，他的父亲谢裒担任太常（主管祭祀），他的弟弟谢万手握一方军权，他的哥哥谢奕也身居要职，有如此强大的后盾，自然可以有恃无恐、待价而沽。

不过当时间走到公元 356 年，谢安的后盾一一消失了。

公元 356 年，堂兄谢尚病逝。

公元 358 年，兄长谢奕病逝。

公元 359 年，弟弟谢万因兵败被贬为庶民。

至此，谢氏再无一人担任朝廷高官，谢氏一脉岌岌可危。

家族的一系列变故让谢安再也不能隐居东山自顾自地当隐士，是时候挑起家族的重担了。

公元 360 年八月，征西大将军桓温向谢安伸出了橄榄枝。这一次谢安没有拒绝，而是一把抓住了桓温的橄榄枝，纵身一跃跳进了东晋的官场，“东山再起”的成语由此而来。

东山再起的谢安一入仕途便成为征西大将军桓温的司马，桓温这个权倾朝野的武将也对谢安青眼有加。

谢安一到任，桓温便为谢安举行了盛大的接风宴，宴席整整持续了一天。不久，桓温亲自到谢安的住处拜访，没想到正赶上谢安在理发，桓温冲谢安点了一下头，然后就在一旁耐心等待。过了好一会儿，谢安才理完，连忙叫人去取头巾，毕竟跟桓温谈话还得注意仪表。这时桓温发话了：“不用了，谢司马戴个帽子就行了，就不用扎头巾那么麻烦了！”

显然，桓温很给谢安面子。

不过，桓温没有想到，尽管自己很给谢安面子，但谢安却一点不给他面子，而且在以后的岁月里，坚决地站在桓温的对立面。

公元 361 年，谢安的弟弟谢万病逝，谢安以此为由辞别桓温，回家处理弟弟的丧事，从此再也没有回到桓温的阵营。

不久，谢安转任吴兴太守，这一任就是数年。奇怪的是，虽然在任职的数年中谢安并没有太多的政绩，但是在他离开吴兴后，吴兴人却给他立了一块“吴兴太守谢安碑”。

老百姓的心是雪亮的。

老百姓对官员的要求很低，只要日子过得下去，他们就不需要为政者做太多事情，更重要的一点是“不折腾”，只要能做到这一点，老百姓就很满足了，古往今来，老百姓受了多少次折腾之苦。

一场好的足球比赛同样如此，一场好的足球比赛，一定是观众甚至球员都忘记了裁判的存在，而如果一场足球比赛让观众和球员都对裁判“刻骨铭心”，那么百分之九十的可能，这是一场糟糕透顶的比赛。

裁判与官员是一样的，最重要的是控制好场上局势，什么时候大家都把你当成了隐形人，或许就到了最高境界。

谢安达到过这个境界。

卸任吴兴太守之后，谢安进入了东晋王朝的中枢系统，先后出任侍中、吏部尚书、中护军，在简文帝司马昱执政期间，他已经成为朝中不可或缺的重臣。

这时，历史将谢安彻底推向了权臣桓温的对立面。

公元372年七月二十三日，皇帝司马昱病危，他连忙下诏召见丞相桓温，24小时之内连下四道诏书，然而桓温却连连推辞，不肯动身。

司马昱为什么在病危时刻召唤桓温呢？原因在于他的皇位是桓温给的，正是桓温做主废黜了前任皇帝司马奕，才把司马昱推上了皇帝之位。没有底气的司马昱在当皇帝的两年中一直颤颤巍巍，如履薄冰，生怕自己再被桓温废黜，在胆战心惊中接近了生命的终点。

在生命的最后时刻，他依然不敢反抗桓温，他召见桓温的目的就是想让桓温成为托孤大臣，至于自己身后的皇朝格局，桓温说怎么办就怎么办吧。

在司马昱拟好的遗诏中这样写道：丞相、大司马桓温可依照周公当摄政王的先例辅佐新任皇帝司马昌明，如果司马昌明可以辅佐就辅佐，如果不能辅佐可以取而代之。

后一句话是不是有些熟悉？《三国演义》中刘备白帝城托孤时说过这句话。很多人就此以为这是刘备和诸葛亮君臣交心，所以对诸葛亮说了这句掏心窝子的话。其实不然，老谋深算的刘备是就此把诸葛亮逼到墙角，让他不敢产生二心。事实证明，刘备的话收到了效果，诸葛亮连连叩头表示自己的忠心，然后用自己的一生鞠躬尽瘁效忠蜀国，说白了，诸葛亮算计了一辈子，到头来还是被刘备算计了。

那么司马昱说这句话是不是怀着跟刘备同样的目的呢？

还真不是！因为他没有刘备的底气。刘备跟诸葛亮说那番话是把诸葛亮往墙角逼，而司马昱说这番话则是向桓温摇尾乞怜。司马昱是想向桓温表明，自己没有野心，自己的儿子也没有野心，以此乞求桓温放儿子们一条生路。

皇帝当到这个份儿上，不如不当。

这时，侍中王坦之走了进来，他手拿着遗诏，举到了司马昱的面前，然后奋力将遗诏撕碎了。

司马昱呆住了，王坦之，你什么意思？

王坦之回应道："这算什么遗诏？"

司马昱有气无力地说道："天下本来就是意外得来的，我这么写遗诏也无可厚非，你还有什么不满意的?!"

王坦之正色回应道："天下是宣帝司马懿和元帝司马睿辛辛苦苦取得的，陛下怎能独断专行?!"

司马昱明白了，这样的遗诏在王坦之那里就通不过。

随即司马昱让王坦之改写遗诏：家国大事，完全按照大司马桓温意思行事，可比照诸葛亮、王导先例。

这样一来，桓温的地位就发生了根本性的改变，原来的遗诏是确认他"摄政王"的地位，现在则只是委任他辅政，参考目标是诸葛亮和王导。

摄政，辅政，一字之差，天壤之别。

摄政，往前一步就是自己当皇帝。

辅政，说白了，你还是给皇家打工的。

在确立桓温辅政后，憋屈皇帝司马昱结束了自己的憋屈生涯，把东晋王朝留给了自己 10 岁的儿子司马昌明。

到了这个时候，桓温才意识到自己错过了机会，本来有机会摄政，结果到头来却变成了辅政，他把账记在了王坦之和谢安身上，一定是这两个人捣鬼，让自己由摄政变成了辅政。

其实，要怪只能怪桓温自己，是他自己胆小，白白错过了摄政的机会。

倘若司马昱征召时，他能果断进京，王坦之何来改写遗诏的机会？

五个月后，桓温来了，杀气腾腾地来了，他要找王坦之和谢安要个说法。

公元 373 年二月二十四日，小皇帝司马昌明命吏部尚书谢安和侍中王坦之前往新亭（首都建康城西南）迎接桓温，朝中大臣都为谢安和王坦之捏了一把汗，他们都知道桓温来者不善。

谢安和王坦之随即出发，然而两人的表现却迥然不同。

王坦之当初改写遗诏的勇气不见了，取而代之的是战战兢兢、瑟瑟发抖，倒是谢安神色如常，表情轻松地对王坦之说道："帝国安危，全看我们这一趟了。"

来到城外，桓温的阵势浩大，态度强横，前来迎接的官员都把心提到了嗓子眼，王坦之则是汗如雨下，连上朝用的象牙板都拿倒了。

谢安呢？他儒雅依旧，从容地坐到自己的座位上，然后轻松地对桓温说："我听说封国国君如果有德的话，自然能抵御四方的入侵，大司马您现在却还在墙壁后埋伏着人马，似乎没有必要吧?!"

桓温见谢安神色如常，又把话说到这个份儿上，不由得尴尬一笑："因为不得不如此啊！"

随即桓温一摆手，撤去了埋伏好的兵马。

这时，谢安心里更有了底，从容地与桓温闲谈起来。

正谈着，谢安发现帷幕后面有一双脚，恰巧一阵风吹过，帷幕后的人露出了庐山真面目。谢安一看，原来是桓温的智囊郗超。

谢安一笑："郗先生真可谓是入幕之宾啊！"

一句话把郗超弄了个大红脸，桓温也有些尴尬。

谈了许久，谢安和王坦之告辞而去，暂时压下了桓温的蠢蠢欲动。

桓温还想在京城折腾一番，老天也不帮他了，他突然染病，而且病得很严重。桓温不敢在京城多做停留，连忙返回了自己的大本营姑孰（今安徽省当涂县）。

桓温的病越来越重，在生命的最后时刻，他还想要一样东西：九锡！

九锡是历代权臣的终极梦想，如果受赐九锡，那么离皇帝之位就是一步之遥，病重的桓温想要九锡就是想要一个心理安慰，以证明自己曾经达到这个高度。

最终他望眼欲穿，还是没有得到。

谢安一直拖着不给。

本来给桓温加九锡的诏书已经起草好了，谢安看过后，便把诏书要了过去，他还要再修改修改。

修改一遍，不行，再改。

修改两遍，不行，再改。

三遍。

四遍。

五遍。

精益求精的谢安接连修改了十几遍，生生把桓温耗死了。

桓温死后，兵权落到了桓温弟弟桓冲手里，原本桓冲还想继续对付谢安和王坦之，结果桓温临终遗言：他们不会听你的！

桓温的意思很明显，如果自己活着，还能对付谢安和王坦之；如果自己死了，桓冲根本不是谢安的对手。即便杀了谢安和王坦之，也控制不了朝廷的局势。

对于谢安，桓温只有两个字，服了！

在这之后，谢安力主太后临朝，生生将桓冲从辅政位置上挤开，从而避免了又一个权臣的诞生。

与此同时，谢安展现了自己的政治手腕，他没有顺势打压桓氏一脉的势力，而是将桓温的势力范围一分为三，将三个地方分别交给三个桓氏子弟镇守。这样，桓氏势力尚在，但不再是铁板一块，再也无法构成对中央的威胁。

从此，谢安与东晋王朝进入蜜月期，他的官职也一升再升，由吏部尚书升任尚书仆射，同时主管吏部，同时加官后将军。等到王坦之出任徐州刺史，谢安更是兼管中书省，成为东晋王朝的实际决策者。

公元376年，谢安晋升为中书监、录尚书事，全面主管政府事务。

一年后，皇帝司马昌明又任命谢安为司徒，这次谢安拒绝了，他不想风头太盛。皇帝司马昌明又加授谢安为侍中，都督扬、豫、徐、兖、青五州诸军事，至此谢安成为东晋王朝重臣中的重臣。

那么大权在握的谢安表现如何呢?

他的表现堪称完美。

对外采取和靖政策，尽可能减少武力冲突，对内则施行德政，为政宽恕，事从简易，这样使得国内文武用命，富国强兵，同时各大族之间以及大族与皇室之间都保持着平衡，国内的局势便稳定了下来。

不过对于谢安的宽厚执政，也有人有不同意见，代表人物就是王羲之。

两人在一次郊游中有过一番深谈，王羲之说："夏禹勤王，手脚因为操劳都起了老茧；周公辅政，经常忙到半夜，而且忙得连饭都吃不上。现在国家四周都有敌人，你应该学习夏禹和周公勤于政事，而你现在务虚清谈，表面的东西多了一些，似乎不太适合现在的需要。"

谢安只说了一句话，就把王羲之噎住了。

谢安说道："秦国任用商鞅，结果秦朝传了两世就灭亡了，难道也是清谈惹的祸吗?"

谢安如此回应王羲之，是因为他知道什么是东晋王朝最需要的，以东晋王朝的底子，即使他想学商鞅变法也是不可能的。国外敌人遍布四周，国内大族犬牙交错，他能做的只有调和，而不是变法革新，这一点，他比王羲之看得更通透。

就在谢安忙于国内调和矛盾之际，在东晋王朝的北面，一个新的国家正在崛起。这个国家就是氐族人建立的前秦，前秦在皇帝苻坚和丞相王猛的带领下已经逐步统一了北方，如今前秦将矛头指向了东晋。

前秦和东晋的摩擦逐步升级，东晋王朝不得不将注意力转移到前秦身上，他们急需一批良将能够担负起对抗前秦的重任，该选谁呢？

谢安说，我推荐一个人吧，谢玄。

此言一出，舆论哗然，谢安也太不像话了，居然推荐自己的亲侄子谢玄。

一直与谢安不睦的郗超倒是点了点头："谢安的眼光太独到了，别人都以为他不敢推荐自己的侄子，谁知道他举贤不避亲。我跟谢玄曾经是同事，我知道他的能力，谢安的推荐没有错。"

谢安的推荐没有错，六年后的淝水之战，正是谢玄打出了那场以少胜多的经典案例。

时间走到公元383年，前秦帝国皇帝苻坚再也压抑不住一统天下的雄心，他下达了总动员令，规定每十个成年男子便抽出一人当兵，这样他动员的兵力达到了百万之众。

此时的苻坚被一统天下的前景迷惑，已经忘记丞相王猛的临终嘱托：东晋王朝虽然在遥远的江南，但他们继承华夏正统，一脉相承，希望陛下放过他们。倒是鲜卑和西羌是帝国永远的敌人，需要防范，不然将酿成大祸。

苻坚在听到王猛嘱托时点了点头，但他的内心却有些不以为然，他知道王猛是汉人，所以对东晋王朝抱有同情，而鲜卑和西羌早已被他征服，怎么可能成为帝国的祸患呢？

苻坚对王猛的嘱托不以为然，然而王猛的话最终变成了现实。

苻坚一直以来都被史学家低估了，平心而论，这是一个很有作为的皇帝，他凭借自己的努力统一了北方，并且将统一的目标指向江南。如果他不急于冒进，或许天下一统就会在他手上完成。

只可惜，苻坚有些冒进了。

苻坚只注意到自己的手下云集了雄兵百万，却没有意识到臣服于他的鲜卑人和西羌人跟他并不是一条心。当战事一切顺利时，鲜卑人和西羌人还会听从他的指挥，而当战事遭遇挫折时，鲜卑人和西羌人不仅不会听他的指挥，相反，还会反戈一击。

苻坚对这一切浑然不觉，他带着江山一统的雄心逼近了东晋边境，战争的黑云顿时将东晋王朝笼罩，沉重的担子往谢安的肩上压去。

这时东晋王朝能倚仗的人有谁呢？

看看皇帝司马昌明派出的阵容吧。

尚书仆射谢石为征虏将军、征讨大都督，徐州、兖州州长谢玄为前锋都督，辅国将军谢琰、西中郎将桓伊共率兵马八万人抵抗前秦。

谢石——谢安的弟弟。

谢玄——谢安的侄子。

谢琰——谢安的儿子。

战争总指挥——谢安！

百万对八万，敌我兵力之比达到了 12.5∶1，二十五个前秦兵打两个东晋兵，这仗还有法打吗？

前锋谢玄心里没有底，他想在叔叔谢安那里寻找答案。

谢玄前来找谢安问计，谢安淡淡地说，“我会有另外的安排”，随后便不再谈军事。谢玄无奈，只能告辞离去。

回去后，谢玄还是心里没底，又派部将张玄来找谢安问计，谢安还是闭口不谈，反而叫张玄和谢玄一起到自己的别墅下棋。

到了别墅，谢安指着别墅说，这就是今天下棋的赌注，如果你赢了，它就是你的。

叔侄二人摆上了棋盘，你来我往下了起来，原本谢玄的棋力在谢安之上，然而因为心中惴惴不安，竟然连出昏着儿，只与叔叔下了个旗鼓相当，下到最后，谢玄惨败，谢安获胜。

本以为下完棋叔叔会掏出锦囊妙计，没想到下完棋后谢安依然闭口不谈军事，反而带着谢玄在附近的山上游逛起来，直到半夜才返回城里的家中。

第二天，谢玄率军出征，他心中坚信，叔叔的手中还有底牌，不然不会那么镇定自若。

满怀信心，谢玄出征，而望着谢玄的背影，谢安的眉头少有地皱了起来。此时此刻，他的手中已经没有底牌了。

他的底牌早已在昨天打完了，这张底牌就是两个字——信心！他把自己的信心传递给谢玄，他希望谢玄把信心传递给全军将士，在敌众我寡的情况下，信心就是最好的奇兵。

当然，并不是所有人都能感受到谢安的信心，车骑将军桓冲便是其中的一个。在他听说谢安还在游山玩水时，哀叹一声：帝国的命运已经摆在那儿了，我恐怕要成为别人的俘虏了！

与桓冲的悲观相反，身处前线的谢玄、谢琰却充满了信心，他们相信东晋能赢得这场敌众我寡的战争。

有道是自助者天助，在寿阳前线，谢玄、谢琰、谢石迎来了前秦帝国的说客朱序，他是代表前秦帝国来劝降的。

朱序高声告诫谢石，不要以卵击石，还是早早投降吧。趁其他前秦使节不注意，朱序暗中提醒谢石，不要等到前秦百万大军到达，应该先下手为强。如果能击败前秦的前锋部队，就有可能将他们完全击败。

朱序到底是哪头的？

他是东晋这边的。

朱序原本是东晋的梁州州长，不久前被前秦俘虏了，喜欢以德服人的苻坚将他任命为度支尚书，主管国家财政。这次远征东晋，苻坚特意带上朱序，就是为了朱序能够现身说法，游说东晋的官员和士兵投降。

苻坚把朱序当作刺向东晋的利器，没想到这一利器最终刺向了自己。

得到朱序暗示的谢石陷入犹豫之中，他也想冒险一击，但是他没有把握，他想先撤退到安全的地方，然后再对前秦的进攻进行堵截。

谢石刚把自己的想法说出来，就遭到了谢玄和谢琰的反对。叔叔只能听从两个侄子的建议，不再考虑撤退，而是直接向前秦发起奇袭。

谢玄调动自己的前锋部队，他给部将刘牢之拨出了五千精锐兵马，这五千兵马是他一手训练的，他有信心用这五千兵马给前秦一个下马威。

刘牢之果然没有辜负谢玄的期望，他率领五千人马迅速抢渡洛涧，登岸之后马上发动攻击，同时派出一支人马切断前秦士兵的退路，这一下搅乱了前秦兵马的部署。

这一仗打下来，刘牢之大获全胜，前秦士兵阵亡人数达到了一万五千人。

与此同时，谢石驱动兵马水陆并进，逼近寿阳。

苻坚得到兵败的消息，大吃一惊，他登上寿阳城楼，看到了阵容严整的晋军，再看远处的八公山上，似乎隐隐约约有晋军埋伏，成语“草木皆兵”由此而来。

苻坚意识到，决战的时刻到了，眼前这些东晋士兵似乎不是想象中那么弱，不过自己的大军依然可以击败他们。

双方军队沿淝水两岸摆开，战争一触即发！

前秦的军队驻扎淝水西岸，严阵以待，东晋军队则在淝水的东岸，两军隔岸对峙。

这时东晋前锋官谢玄派出了使节，对苻坚的弟弟、前军主帅苻融说："阁下远道而来，却占据西岸，拿出长期作战的架势。不如你们退后一些，腾出交战空间，咱们速战速决！"

对于谢玄的提议，前秦的多数将领表示反对，他们认为只要守住西岸，就立于不败之地，没有必要跟谢玄速战速决。

皮球踢到了前秦皇帝苻坚这里，是严阵以待，还是速战速决，就看苻坚的决定了。

苻坚居然同意了。

苻坚藏了一个心眼儿，他想等东晋军队渡河渡到一半时发起攻击，兵法上这叫"半渡击之"，已经被无数名将屡试不爽。

双方各怀鬼胎。

苻坚下令，全军向后撤退，让出淝水西岸，以供决战。

百万前秦大军轰隆隆一下向后撤退，随即发生了令苻坚后悔终生的事情。

百万大军并非一人，行动最难指挥，若非超一流的统帅无法做到百万大军的整齐划一，苻坚算是有作为的皇帝，但他并不是超一流的统帅。

苻坚一声令下，前面的部队知道是要腾出战场以供决战，而后面的部队却根本不知道前面发生了什么事。

这时更要命的事情发生了，无间道朱序一看前面动了，马上大声喊叫了起来："大秦败了！大秦败了！"

雪崩就此发生！

不知内情的前秦士兵惊慌失措，他们不知道究竟发生了什么，此时谢玄的前锋部队已经成功登岸，他们马上向前秦士兵发起了攻击。

这下彻底乱了套。

前秦主帅苻融眼见大军陷入混乱，马上驱动战马奔走指挥，他想上前压住前秦的阵脚，只要他能压住阵脚，前秦还是会占有优势。

意外的事情又发生了，苻融的战马突然倒地，将苻融摔了下来，苻融还想挣扎着爬起来，东晋的士兵已经杀了上来。可怜的苻融，再也没能看到第二天的太阳。

乱了，一切全乱了！

主帅死了，百万大军乱哄哄向后退，八万东晋士兵已经杀了过来，百万前秦大军兵败如山倒。

本来还抱有一统天下雄心的苻坚也加入逃命的行列，一个流传千古的成语就此诞生，成语的名字叫“风声鹤唳”。

逃亡的途中，苻坚听到风声或者鹤的叫声都会以为是东晋的士兵追来了，他已经吓破了胆！

至此，淝水之战结束，八万东晋士兵凭借谢玄的一个小计谋打败了百万前秦士兵，由此改变了两个国家的命运：东晋凭借此战，又将自己的国祚延续了很多年；前秦因为此战，数年后这个庞大无比的帝国土崩瓦解，一直试图有所作为的皇帝苻坚兵败后被杀，丞相王猛的预言成了现实。

淝水之战胜利的喜报传到谢安的手中，当时他正在跟朋友下棋。接到信后，他停下了手中的棋，打开信看了两眼，然后把信放在一边，继续下棋。

与他对弈的朋友问道：“信上说什么了？”

谢安平淡地回应道：“孩子们已经打退了敌人！”

对弈的朋友喜不自胜，再看谢安，面色如常。

送走了朋友，谢安“镇定自若”地往屋里走，过门槛的时候，居然把脚上穿的木鞋的鞋齿都卡断了！

真的不高兴吗？真的面色如常吗？

都是装的！从这个角度看，谢安可以开课教表演了。

公元383年十一月的淝水之战是谢安一生的巅峰，这个40岁才出仕的贵族经过23年的奋斗登上了人生的最高峰，他率领弟弟、儿子、侄子保住了东晋王朝的基业，将这个王朝的寿命又延长了许多年，也将天下一统的时间向后推迟了205年。如果没有谢安，或许天下一统在公元383年就完成了。

历史就是这样，复杂得很。

按照常理，谢安为东晋王朝立下这么大的功劳，该受到更大的重用吧？

事实却恰恰相反，从此谢安不再受重用。

功高盖主，已经赏无可赏。

这时，在谢安的对立面出现了两个人，一个是皇帝司马昌明的弟弟会稽王司马道子，另一个则是王坦之的儿子王国宝，王国宝还有另外一个身份——谢安的女婿。

这两个人为什么站到谢安的对立面呢？

司马道子的理由很简单，他想掌握朝中大权，而谢安挡了他的道。

王国宝的理由也简单，谢安处处压制他，不给他出头机会，因此他对岳父谢安怀恨在心。

双方一拍即合，为了共同的目的走到一起。

一有机会，王国宝就会在司马道子面前攻讦岳父谢安，司马道子照单全收，然后再将这些话转述给皇帝司马昌明听。有这两个活宝努力，谢安在皇帝眼中的地位便逐日下降，曾经的亲密无间荡然无存，转而是渐行渐远。

公元384年三月，皇帝司马昌明擢升谢安为太保，这是对谢安夺权的开始，升任太保看似恩宠，实则夺权。

谢安看透了这步棋，他转而寻求自保，这一年十一月，谢安上书皇帝要求亲自统军北伐，司马昌明随即加授谢安都督扬州等十五州兵马。

北伐是假，自保是真。

公元385年三月，谢安与司马道子关系彻底破裂，谢安心灰意冷，不再热衷朝政，只想远远躲开这个纨绔子弟。正巧已经陷入绝境的前秦皇帝苻坚向东晋王朝求援，此时的苻坚已经被西羌人和鲜卑人逼得走投无路，无奈只能向东晋求援。

谢安以此为借口，带兵离开了京城，进驻到广陵郡的步丘，在这里兴建了一座新城住了下来。

远离京城的谢安已经无意于仕途，他曾经位极人臣，领略了仕途最高处的风光，现在他想退隐了，甚至规划好了路线，有朝一日就从广陵郡出发，从海上坐船，再回到他梦想中的东山。

然而，归隐的梦想没能实现，不久谢安病重。

这一年的八月谢安经皇帝批准回到了京城，八月二十二日，谢安在京城建康病逝，享年65岁。

在生命的最后时刻，他多想回到东山，再看一眼熟悉的山山水水，可惜再也回不去了，东山只能停留在他的梦中。

在谢安逝后，他被追赠为文靖公，对于文官而言，这是非常完美的谥号。

在谢安身后，皇帝司马昌明和会稽王司马道子继续着荒唐生活，并在数十年后荒唐地死去。

司马昌明的死因很荒唐，死于自己的一句玩笑。在他死的那个晚上，他对一直宠爱的妃子说，你快三十岁了，该把你废了。他没有把这句话当真，而妃子却当真了，当天夜里，妃子痛下杀手，结束了司马昌明的生命。

司马道子胡作非为到了 39 岁，最终在流放地被毒杀。

他们的结局都无法跟谢安比。

然而，即使谢安这样的千古风流人物，左右得了时局，也左右不了身后。

在他逝世一百多年后，他的墓地被人盯上了，这个人就是南陈后主陈叔宝的弟弟陈叔陵。

陈叔陵为自己的生母选择墓地，选来选去，看中了谢安的墓地，陈叔陵便动手将谢安的灵柩抬了出来，顺手便将谢安的遗骸放在一边，任凭风吹雨打。一转身，陈叔陵霸占了谢安的墓穴，将自己生母的棺椁放了进去。

此时，谢安的九世孙谢贞还是南陈的一名将军，但他已经无力为先祖谢安讨回公道。

冥冥之中自有天意，多行不义的陈叔陵起兵造反失败，被陈叔宝诛杀，不仅尸体被放入江中漂流，自己的王府也被改为猪圈。

被霸占的谢安墓地最终又还给了谢家，千古风流的谢安历尽劫难，终于入土为安。

风流总被雨打风吹去，到谢安的九世孙谢贞，已经是谢安后人中最后一个知名人物。从此之后，谢安子孙再没有在历史中留下厚重的印迹。

于是便有了刘禹锡的感慨：旧时王谢堂前燕，飞入寻常百姓家。

一代开国皇帝杨坚的罗曼史

公元383年的淝水之战，谢安几乎以一己之力挽救了整个东晋王朝，同时也将天下一统的时间向后整整推迟了205年。

公元588年，在中国的北方，有一个皇帝将目标锁定在江南，随后他挥军南下，平定了江南，结束了将近三百年的南北分裂局面。

这位皇帝便是杨坚，他与他的皇后，演绎了一段千古传奇！

一、鲜花插牛粪定律

公元556年的一个夜晚，长安城内，两个年轻人相对而坐，他们正在享受着人生四大乐事之一——洞房花烛夜。

中国古代的人生四大乐事是这样的：久旱逢甘霖，他乡遇故知，洞房花烛夜，金榜题名时。擅长搞笑的现代人在这个基础上进行了发挥，将四大乐事升级为四大哀事：

久旱逢甘霖——一滴；
他乡遇故知——情敌；

洞房花烛夜——隔壁；
金榜题名时——别人。

中国文字的想象空间实在是太大了。

公元556年的这个夜晚，两个年轻人的人生乐事是真实的，他们在这一天正式结为夫妻，开始了一生一世的牵手。

新郎是15岁的杨坚，准确地说，当时他叫普六茹坚，“普六茹”是鲜卑姓，因为杨坚的祖上起兵有功而被赐姓。杨坚登基称帝后，恢复了自己的杨姓，并追认汉代太尉杨震为先祖。说起杨震，大家或许感到陌生，但提起一句名言，大家就都知道了，这句名言便是“天知地知，你知我知”，这句话是谁说的？就是杨坚追认的先祖杨震说的。

与杨坚相对而坐的是他的新娘，时年13岁的独孤伽罗。在外人看来，这是一桩完美的政治联姻，在完美的政治联姻背后，若隐若现的却是“鲜花插在牛粪上”。

谁是鲜花？谁是牛粪？

答案不言而喻，鲜花是独孤伽罗，牛粪便是杨坚。

歪帽风流独孤信

13岁的独孤伽罗出身于北周八大柱国之一独孤信家。说起独孤信，这是中国历史上的传奇人物，他的传奇不仅由自己书写，同时还有他的三个女儿添砖加瓦，经过三个女儿的努力奋斗，独孤信便成为中国历史上独一无二的三朝国丈。

独孤信的大女儿嫁给了宇文泰的长子宇文毓，宇文毓后来成为北周明帝，独孤信的大女儿便成为北周的明敬皇后。

独孤信的四女儿嫁给了北周八大柱国之一李虎的儿子李昺，李昺有一个儿子叫李渊，多年之后李渊开创了唐朝，追封自己的母亲为元贞皇后。

独孤信的七女儿便是独孤伽罗，她在父亲的安排下，嫁给了父亲的同事、十二将军之一的杨忠的儿子杨坚，夫妻俩联手开创了大隋王朝，独孤伽罗则成为青史留名的独孤皇后。

相比于两个姐姐，独孤伽罗的皇后之位是货真价实的。

与她相比，大姐的皇后之位是憋屈的，仅仅享受了两个月皇后待遇后就被权臣宇文护逼死了；四姐的皇后之位是安慰性的，她没有活着看到李渊太原起兵那一天；唯独独孤伽罗的皇后之位是真实的，她看着丈夫杨坚一步步走向皇位，而在这个过程中她一直在与丈夫并肩作战。

为什么说独孤伽罗嫁给杨坚是鲜花插在牛粪上呢？

根子还得从独孤信说起。

独孤信本人，用小品王赵本山的话说，“小伙长得比较帅呆了”，史书上称他“美容仪、善骑射”，出身贵族的独孤信风度翩翩，讲究穿戴，服饰考究，在军营之中有“独孤郎”的美誉。

众所周知，三国时期有个周郎，周郎就是周瑜，能称为“郎”首先的必备条件就是帅。“郎”在那个时代就是“帅哥”的意思，周郎就是周帅哥，独孤郎就是独孤帅哥。

年轻的独孤信一边享受着自己的花样年华，一边在不经意间引领着时尚潮流。话说在秦州刺史任上，有一次独孤信出城打猎，那个时候天是蓝的，草是绿的，野生动物正处于自己的黄金发展期。出城打猎的独孤信兴致很高，收获不少，不知不觉间日头已经偏西，眼看就要到城门关闭的时间。古时的城门开放和关闭都有固定时间，一旦城门关闭，就是天王老子来了也不开，毕竟城门关系着一城百姓的安危。

身为秦州刺史的独孤信不想坏了城门按时关闭的规矩，更不想在荒郊野外露营，便快马加鞭向城门奔去。

秦州的落日余晖下，年轻的独孤信策马扬鞭，宝马良驹配翩翩青年，在晚霞的映衬下构成一幅绝美画卷。

目睹这一切的人们不由得看傻了，惊呆了，谁家儿郎，竟有如此风度？

在人们惊羡的目光中，独孤信疾驰而去，战马的高速奔跑震斜了他的帽子，他顾不上去纠正，就这样歪戴着帽子，奔进了秦州城。

第二天，秦州城里出现了奇怪的一幕：独孤信戴的那种帽子脱销了，而且凡是戴那种帽子的人都把帽子戴歪了。

难道全城的男人头都跑偏了，或者是家里的镜子都歪了？

全城男人的头没有跑偏，家里的镜子也没有歪，他们是在追赶时尚，而这个时尚之风就是由独孤信而起。

独孤信不仅帅，而且文武兼备，擅长治理地方，于是能者多劳，他的肩上就多了很多担子，同时担任了诸多职务。

债多了不愁，职务多了也挺愁人的，官职多多的独孤信就有这样的烦恼。每次回复公文，他都需要从一大堆印信中找出需要的那一枚，久而久之，非常麻烦。

独孤信是个聪明人，很快想到了一个办法，让人把所有的印章内容刻在一枚印上，于是就有了一枚奇特的煤精石多面印。

这个煤精石多面印共有 26 个印面，由 18 个正方形、8 个三角形构成组印。此印集多印于一体，印文为公文用印（6 面）、上书用印（4 面）、书信用印（4 面）三种用途，字数也多达 47 个。其印文为：臣信上疏、臣信上章、臣信上表、臣信启事、大司马印、大都督印、刺史之印、柱国之印、耶敕、信启事、信白笺、密、令、独孤信白书。印边长 2 厘米，通高 4.5 厘米，宽 4.35 厘米，重 75.7 克。

如果这枚印流传到现在，那将是多么珍贵的文物?!

我辈中人与这等文物有缘吗？还真有缘。

尽管独孤信离我们生活的时代已经有 1400 多年，但他这枚神奇的多面印还是传承了下来，在中央电视台财经频道《鉴宝》节目中，曾经有人出示过这枚印，而这枚印正是独孤信留给后世的宝贵财富。

如果谁有缘，能够触摸一下这枚印，或许还能感受到独孤信当年的温度。

独孤信，独孤郎，如此风华绝代的美男子自然要抱得美人归，他的几位妻子自然不是泛泛之辈。具体到独孤伽罗，她的生母则出自山东大姓崔氏，史书上没有明确描述独孤信妻子的容颜，但可以想象，贵族出身、风姿绰约的独孤信的妻子一定不是凡品，而有独孤信遗传基因的六子七女必定也是精品。

在这 13 个精品之中，独孤信最疼爱的还是小女儿独孤伽罗。独孤伽罗不仅聪明伶俐，而且美貌惊人，她继承了父亲和母亲的所有优点，较之大姐和四姐，有过之而无不及，见过她的人都惊为天人。

无疑，独孤伽罗就是独孤信掌上明珠中的掌上明珠，他一定要为她选择一个好的归宿，这个归宿甚至要比大女儿和四女儿都要好。

独孤信一直在寻觅，寻来寻去，他的目光落到了杨忠的儿子杨坚身上。独孤信垂青杨坚，第一是因为他与杨坚父亲杨忠有着过命的交情，第二则是因为他看到了杨坚的与众不同。

先来说独孤信与杨忠的交情，他们既是同朝为官的同事，又是血浓于水的亲密战友。

在南北朝军事家宇文泰的府兵体系中，八柱国和十二将军是府兵体系的主要框架，八柱国分别为：宇文泰（李世民外曾祖父）、元欣、李虎（李渊祖父）、李弼（李密曾祖父）、赵贵、于谨、独孤信（杨坚岳父，李渊外祖父）、侯莫陈崇。

在八柱国中，宇文泰总领诸军，用今天的话说就是总司令，元欣因为西魏皇族的身份出任副总司令，这个副总司令只是个虚职，有职无权，类似于冯玉祥在中原大战后出任的海陆空三军副总司令，听着名头很大，实际就是个闲职，打酱油的。

除了宇文泰和元欣，剩下的六位柱国每人对应两位大将军，每位大将军下面再对应两个开府，每个开府下面再对应两个仪同，每个仪同领兵千人，这样就构成了府兵的主要框架。谁掌握了这个框架，谁就掌握了府兵的兵权，宇文泰便是通过这个框架，将兵权牢牢地掌握在自己的手中。

在六位柱国对应的 12 位大将军中，其中就有杨坚的父亲杨忠，他既是独孤信的下级，又是独孤信的亲密战友，两人曾经长期并肩作战，又曾经一起流亡到南朝的梁国，这一流亡就是三年。后来独孤信与杨忠抓住机会，又回到了宇文泰掌权的西魏，两人的仕途也由此走上了高速路。

在独孤信的提携下，杨忠节节攀升，一路升迁到手握两个开府的大将军，与老上级独孤信只差了一级。

有了过命的交情，独孤信自然对杨忠高看一眼，顺便对杨忠的儿子杨坚高看了一眼。独孤信的眼光很独到，他看到了别人看不到的东西——未来。

我很丑，我也不温柔

当独孤信决定将女儿嫁给杨坚时，朝野上下一片哗然，尽管他们知道这是一桩门当户对的政治联姻，但是他们还是替独孤伽罗惋惜，他们甚至怀疑独孤信的眼睛长瘸了！

人们为什么会怀疑独孤信的眼光？问题出在杨坚身上。

青少年时期的杨坚长得怪，而且不是一般的怪。

有多怪？《隋书》对杨坚有这样的描述：

> 为人龙颔，额上有五柱入顶，目光外射，有文在手曰“王”。长上短下，沉深严重。初入太学，虽至亲昵不敢狎也。

第一怪：明明是个人，却长着龙一样的下巴，试想龙一样的下巴得长成什么样，莫非长得像鞋拔子？

第二怪：额头上有五根肉柱。这又是一怪，好好的额头，不是“天庭饱满”

那种，偏偏多了五根肉柱，想起来就挺吓人的，想象的原型可以是《天龙八部》里的庄聚贤。

第三怪：目光外射，手上的纹路居然形成了一个“王”字。要说目光外射也正常，很多眼睛大的孩子都有这个特点。不过手上的纹路居然形成一个“王”字就有些怪异了，一般人的手上都是三条线，民间分别称之为爱情线、事业线、生命线，这三条线可以形成“三”字或者“川”字，就是无法形成“王”字。杨坚的手上形成“王”字，这说明他比别人多一条线，多出的这一条线是什么线呢？莫非是帝王线？

第四怪：上长下短，身体比例失调。众所周知，一般人的身体都符合黄金分割原理，以肚脐眼为中心，一般下身要长于上身，上下半身的比例基本符合黄金分割比例。然而到杨坚这儿，黄金分割原理失效了，他的上半身比下半身长，而且非常明显。

如此四怪结合到一起，就注定了杨坚的怪异，会画漫画的朋友不妨按照这四个特点组合一下，看能画出来一个什么样的东西。

对于杨坚的怪，当时的人有过评价，大军事家宇文泰在见过杨坚之后给出了这样的评价：此儿风骨，不似代间人。

这话是什么意思呢？意思是说，杨坚不像那个时代的人。

这话该怎么理解呢？

往好听了说，这孩子长得奇特，可能是来自外太空的人，也可能是来自未来世界的人，或者是电影《阿凡达》里的纳美人；往难听了说，就很简单了，这孩子长得不像个人！

宇文泰究竟是把杨坚当外星人了还是没当个人呢？或许只有宇文泰自己清楚，毕竟他的话只能点到为止，他还得给杨忠留着面子，究竟是好话还是坏话，全凭杨忠、杨坚父子自己理解了。

杨坚理解了吗？他理解了，并由此产生了深深的自卑。

古往今来，一般貌丑的人都自卑，所以杨坚从小就养成了沉默寡言的习惯。他知道自己长得怪，一方面他自卑，另一方面他又有超乎常人的自尊，他不想开别人的玩笑，更不想被别人开玩笑。在太学里，他几乎没有朋友，即使有一两个关系不错的朋友，也不敢开他的玩笑，他们都怕在不经意中伤了杨坚的心。

杨坚的心因为相貌而脆弱，在他之前，有两个人跟他一样，他们都曾经吃过貌丑的苦，他们都曾经深深地自卑。

杨坚的这两位前辈都是西晋人，一个是大文学家张载，另一个是写就《三都赋》搞得“洛阳纸贵”的大文学家左思，他们都是貌丑之人。

张载貌丑，丑到一上街就有不懂事的小孩用石子砸他：长得丑不是你的错，长得这么丑还出来吓人就是你的错了！

左思也貌丑，他与同时代的大文学家潘安的境遇可谓天上地下，潘安在天，左思在地。

每逢春暖花开时，潘安就会乘车外出踏青，所到之处，经常造成交通堵塞，想一睹他绰约风姿的少女和少妇总会想方设法接近他的马车，粉丝们的疯狂程度直逼现代的追星，所不同的是潘安的粉丝都是发自肺腑自觉自愿的，而现在的粉丝很多是职业的，经纪公司每天要付给他们报酬，而且还得提供盒饭，哭倒晕厥的还得额外加钱。

相比之下，潘安的粉丝是真诚的，她们用她们的真诚堵得潘安几乎无路可逃。在几番交通堵塞之后，潘安总算完成了踏青，既收获了郊外放飞的心情，又收获了满满一马车的面饼和鲜果。不用问，都是粉丝们送的，拦都拦不住！

作为潘安的朋友，左思目睹了这一幕幕，于是乎他有了个想法，他也想效仿潘安，乘坐马车外出郊游。按照左思的盘算，虽然自己没有潘安帅，但至少也是文采斐然，至少自己也有比较拉风的马车。

左思自信满满上路了，他期待着交通堵塞，他期待着满满一马车的面饼和鲜果。左思的收获也是满满的：他收获了满满一马车的口水！

“也不拿镜子照照，丑成这样，还敢学潘安出来踏青！”

“你知道西施还有个姐姐叫东施不？”

在少女、少妇、中老年妇女的口水之中，左思委顿地回到了家里，他不明白，为什么理想和现实之间的差距竟然如此之大，他的理想是一车面饼和鲜果，而现实却是一车的口水！

读完张载和左思的故事，杨坚明白了一个道理，如果貌丑已经无法避免，那么就不要让人再在你的伤口上撒盐。

由此，他更加沉默，与所有人保持了距离，幽默基本与他绝缘，玩笑更是无从谈起。

男人丑吧丑吧不是罪

杨坚年少时长得怪，甚至有些丑，这已经是不争的事实，然而那时的他并没有意识到，男人的丑不是一种罪，男人的丑可以用另外一种东西来掩盖，这种东西就叫成功。

衡量一个男人的标准不是相貌，而是成功与否。

一个成功的男人即便长得有些丑，有些怪，有些对不起观众，但不要紧，在成功的光环之下，你的长相可以一言以蔽之——长得很有特点；

一个失败的男人即便长得风华绝代、震惊四座，但是对不起，你的长相同样一言以蔽之：酒囊饭袋！

美貌是女人的招牌，成功则是男人的招牌。

杨坚是幸运的，他在日后的岁月中抓住了成功这个招牌。

有了成功这个招牌，杨坚的相貌就有了另外的解释，他与其他帝王一起组成了中国历代帝王谱，他们又被归入了各自的分类。

著名演员宋丹丹在小品《钟点工》里将老年人分为三种类型：感情失落型、内分泌失调型、老年痴呆型，赵本山扮演的老头则被她定义为“屋里憋屈型”加“没事找抽型”。

按照宋丹丹的标准，中国历代帝王的神奇出生方式也可以分为七种类型，杨坚则属于这七种类型中的一种。

历代帝王可以分为秉气型、生理超凡型、托梦型、龙子型、神人型、赤光型、托身佛门型。

1. 秉气型

代表人物：曹丕

据《魏书》记载，曹丕出生时，其母亲居住地上方呈现出圆形如盖的青色云气，终日聚而不散。有望气者称：这是身份最高贵的人的征兆，而非人臣之气。

2. 生理超凡型

代表人物：刘备

刘备身长七尺五寸，双手过膝，双耳垂肩，自己一扭头就能看见自己的耳朵，不像我们一辈子只能借助镜子才能看见自己的耳朵。

3. 托梦型

代表人物：辽太祖耶律阿保机

据《辽史》记载，耶律阿保机的母亲一日熟睡之中梦见太阳落入怀中，遂有身孕，后来产下一子，是为耶律阿保机。阿保机出生时，房间里充满神光，荡漾着奇异香味，体形硕大如三岁儿童，而且出生伊始就能匍匐爬行。按照这个说法，耶律阿保机是太阳神之子，一出生便风华正茂。

4. 龙子型

代表人物：刘邦

据《史记·高祖本纪》，一天，刘邦的母亲外出到野外大泽地带，劳顿之后便在那里休息。朦胧之中做了一个梦，梦到了神仙。此时天空中忽然雷电交加，昼如漆夜。刘邦的父亲在家放心不下，到大泽地方来寻迎，远远望见天空当中有蛟龙在腾跃，他惊诧不已。刘邦的母亲回到家中便有了身孕，如期生子，是为刘邦。

5. 神人型

代表人物：后唐李克用

据《旧五代史·唐书·武皇纪》，后唐太祖李克用的出生与常人不同，他在母亲的肚子里待了十三个月，还迟迟不肯出世，其母危在旦夕。族人们惊恐万分，匆忙到药店买药。恰在此时路遇一神叟，神叟从容言道：切莫惊慌，此非庸医所能治。可尽快回去，让李家所有的人被甲执锐击鼓驱马，围绕着住宅跑三圈，再看事情如何。族人如此这般去做，李克用果然安全无恙地降生了。出生之时，“虹光满室，白气充庭，井水暴溢”。

6. 赤光型

代表人物：宋太祖赵匡胤

据《宋史·太祖本纪》，赵匡胤于公元927年生于洛阳夹马营，其出生时，“赤光绕室，异香经宿不变，体有金色，三日不变”。

7. 托身佛门型

代表人物：杨坚

据《隋书·高祖纪》，隋文帝杨坚于公元541年六月癸丑之夜出生于冯翊般若寺，其出生之时，紫气充庭。有一女尼自称来自河东，对杨坚之母吕氏说：此儿生来非同寻常，不能在俗间抚养。于是她将杨坚抱到寺院的宅舍里亲自抚养。一日，吕氏抱起杨坚，忽见儿子头顶现出犄角，浑身龙鳞泛起。吕氏惊惧，失手将杨坚坠落于地。女尼见状忙从外面跑到舍内，惊呼道：这会惊吓我家孩儿，使他晚得天下的！

忽悠，接着忽悠！

看完历代帝王的七种类型就会发现，只要是皇帝，只要你够成功，无论面相长成什么样，都有赞美你的理由。

由此，我们得出结论：男人丑吧丑吧不是罪，只要你这辈子算得上成功！

一句誓言就是一生一世

镜头摇回公元556年那个新婚之夜，新郎杨坚和新娘独孤伽罗正相对而坐。对于杨坚而言，这一夜注定是刻骨铭心的一夜，他的梦中情人独孤伽罗终于变成了他的新娘。

此时的独孤伽罗会对杨坚说什么呢？独孤伽罗平静地对杨坚说："我对你没有别的要求，只需要你跟我一起对天发誓！"

新婚之夜对天发誓？杨坚有些疑惑。

独孤伽罗接着说道："我要你发誓，今生今世没有异生子女，你的所有子女都必须是出自我的名下！"

啊？这要求！

这个要求意味着什么呢？这个要求意味着杨坚想要有子嗣的话，只能与独孤伽罗合资，不能再与其他女人合资。

这个要求现在看起来很简单，无非是夫妻之间相互忠诚，只能有婚生子女，不能有非婚生子女，在一夫一妻背景下，这很容易做到。

然而，对于杨坚而言，这个要求是有难度的。

首先，杨坚和独孤伽罗所处的时代是没有一夫一妻制的。在那个时代，一个男人可以妻妾成群，可以广洒雨露，没有哪条法律规定，一个男人只能与结发妻子生育，而与其他妻妾只能开花，不能结果。

其次，以杨坚的家庭背景和身体状态，他完全有能力妻妾成群。论家庭背景，他的父亲杨忠是十二大将军之一，他的家庭属于权贵家庭，财力自然不是问题，娶妻多少不需要考虑钱，只需要考虑他的精力；论身体状态，他刚刚15岁，正是精力充沛、想法多多的年纪，他的身体也足以应付妻妾成群。

现在，独孤伽罗的难题摆在了面前，今生今世不能有异生子女，所有子女都必须是独孤伽罗出品。

独孤伽罗为什么要对杨坚提出这么苛刻的要求呢？一是因为她对爱情的执着，二是因为她的亲身感受。

独孤信的13个子女由几个妻妾联合独孤信共同出品，独孤伽罗的生母崔氏只是独孤信的一个妾，而且名下只有独孤伽罗一个女儿。虽然独孤信将独孤伽罗视为掌上明珠，但独孤伽罗依然能感受到同父异母兄弟姐妹之间的隔阂，这种隔阂在她的脑海中打下了深深的烙印，进而影响了她的一生。

如果所有子女都是同父同母所生，或许便没有隔阂，这是幼年独孤伽罗的想法，这个想法伴随了独孤伽罗一生。

独孤伽罗静静地看着杨坚，她在等待他的回答。尽管父亲独孤信多次向她强调过：杨坚的未来不可限量，但在独孤伽罗的心中，她要的不仅仅是这个男人的未来，更重要的是这个男人的心。

杨坚终于开口了，他虔诚地对独孤伽罗说："我愿意为你起誓，而且这一起誓就是一生一世！"

杨坚为什么愿意跟独孤伽罗一起盟誓呢？

从看到独孤伽罗的第一眼起，他已经不可救药地爱上了她，世间不可自拔的有两种东西，一种是牙齿，另一种便是爱情。

除了不可自拔的爱情，独孤伽罗的家庭背景也是杨坚格外看重的，毕竟独孤信位居柱国，而他的父亲杨忠只是十二将军之一。

有着优越的家庭背景，再加上无与伦比的美貌，便注定独孤伽罗高高在上的位置，她嫁到杨家不是普通的出嫁，而是"下嫁"，他们之间是有落差的。

从这时起，杨坚的家庭地位便定格了，无论在外面多么辉煌，回到家里他都需要仰视独孤伽罗。如果说在外面他是威风八面的狮子王，那么回到家里，他就是独孤伽罗面前温驯的狮子狗。

杨坚怕老婆吗？其实不是怕，而是深深的爱。

功夫巨星甄子丹在电影《叶问》中有一句经典的台词：世界上没有怕老婆的男人，只有尊重老婆的男人。

怕，是尊重，是源于心底的爱，谨以这句话与天下所有怕老婆的人共勉。

洞房花烛之下，杨坚与独孤伽罗许下了誓言：今生今世，相亲相爱，誓无异生子女！

一句誓言就是一颗钉，从此钉进了历史，不可自拔。

都说，男人如果能靠得住，母猪也能上树，虽然母猪偶尔能上树，但杨坚这个男人基本还是靠得住的。

自此，独孤伽罗这朵鲜花便牢牢插在了杨坚这堆牛粪上，而随着岁月的增长，杨坚也渐渐地长开了，再也不像当初那般怪异了，再也没有人说他不像这个时代的人了。

女大十八变，18 岁的杨坚，也开始了华丽转身，他的华丽转身表明，其实男大也十八变!

二、多年的龙套成为主角

历史总是充满巧合，就在杨坚和独孤伽罗结婚这一年，西魏发生了一件大事，执掌西魏权柄22年的宇文泰病死了，带着他那比天还高的雄心、比海还深的遗憾离开了人世，他的心中还有太多不甘，他想做的事还有很多。

对于宇文泰的辞世，人们充满了疑惑，后宇文泰时代，西魏帝国将走向何方?

话说西魏

要说杨坚和独孤伽罗，总是绕不开西魏，杨坚和独孤伽罗后来篡夺的是北周政权，北周正是从西魏而来。

那么西魏又是从何而来呢?西魏从北魏分家而来。

时间推移到公元532年，那一年北魏宗室元修被权臣高欢推上皇位，是为北魏孝武帝。

在那个“刀把子决定一切”的年代，孝武帝这个皇帝只是一个被高欢提线操纵的木偶，如果这个木偶像汉献帝刘协那样安于现状，或许木偶和幕后操纵者还能和平相处，偏偏孝武帝不甘心当这个木偶，他想铲除高欢，进而将命运牢牢掌握在自己的手中。

在双方的博弈中，孝武帝元修与高欢彻底决裂，公元534年，高欢索性一不做二不休，从大本营晋阳（今山西省太原市）起兵，杀气腾腾向元修逼来。

元修陷入困境，是留在原地等死，还是逃出去求生?

但凡智商正常的人都会选择后者，孝武帝元修的智商正常，他也选择了后者，他投靠的目标是盘踞关中、正在崛起的军阀宇文泰。

这是左右为难的选择，尽管宇文泰向孝武帝伸出了橄榄枝，但宇文泰与高欢实质是一样的，他们背后都写着两个字：军阀。抑或是另外两个字：权臣。

果不其然，不久孝武帝元修与宇文泰也闹翻了，公元534年十二月，孝武帝毒发身亡，谁下的毒，地球人都知道。

公元535年正月，宇文泰将北魏孝文帝的孙子元宝炬推上皇位，改元大统，建都长安，与高欢操纵的原北魏政权遥相对应。到这时，北魏已经成为历史名词，取而代之的是西魏和东魏，宇文泰的大本营在西，因此这个魏政权叫西魏，高欢的大本营在东，因此他的魏政权叫东魏，西魏和东魏由此而来。

到公元556年，西魏这个傀儡政权即将抵达终点，经过大军事家、大政治家宇文泰二十多年的苦心经营，宇文家族走上历史前台的条件已经成熟。

前人栽树，后人乘凉，宇文泰与曹操一样，都在有生之年为子孙铺平了通往皇位的路，而他们本人则与皇位差了那近在咫尺的一厘米。

历史总是充满着惊人的相似，宇文泰与曹操的奋斗十分相似，而他们子孙建立的王朝也充满着惊人的相似，可以用两个字概括：短命！

皇帝杀手宇文护

交代完西魏的来龙去脉，该把镜头对准主人公杨坚和独孤伽罗了吧？

不，不，在这个时候他们还不是主角，只是龙套而已，此时历史舞台的主角是宇文泰生前最欣赏的侄子宇文护，这段时间是属于宇文护的，杨坚和独孤伽罗先安心地做几个俯卧撑，打几瓶酱油吧。

在我们学过的历史书上，把开创北周的功劳记在了宇文泰的儿子宇文觉身上，其实这是不对的，开创北周的真正功臣是宇文泰的侄子宇文护，而不是儿子宇文觉。

为什么呢？年龄使然。

公元556年，宇文泰去世时，宇文觉只有14岁，14岁放在现在只是一个初中生，让一个初中生承担起开创王朝的大业，难度还是太大了，连英明神武的康熙大帝也是16岁才将大清江山扛在肩上。由此可见，16岁手握王朝大权已经是极限了，而当时的宇文觉离这个极限还有两年的光景。

这时，宇文泰的侄子宇文护走上了前台，他是宇文觉的堂兄，他的身份相当于宇文觉的监护人。相比于宇文觉，宇文护的年龄不成问题，公元556年这一年，他已经43岁了，正处于一生中年富力强的黄金时间。

宇文护和宇文泰是叔侄，其实仔细算起来，叔侄二人仅仅差了六岁，宇文护本身具备较强的能力，因此宇文泰对这个比自己小六岁的侄子青眼有加，既然儿子们还小，王朝大业暂时托付给侄子宇文护吧。

侄子靠得住吗？宇文泰心中充满了疑惑，一如当年分封侄子的汉高祖刘邦。

然而，除了侄子宇文护，他还能找得出别人吗？

找与他并列八柱国的独孤信、于谨、赵贵？算了吧，说来说去，他们是外人，而且独孤信、赵贵并非自己的嫡系，而侄子终究是自己人。

宇文泰不会想到，宇文护除了是他的侄子，还有另外一个身份：皇帝杀手！

公元557年初，在宇文护的主持下，西魏最后一个皇帝元廓将皇位禅让给宇文觉，宇文觉登基称帝（那时北周的皇帝不叫皇帝，叫天王），定都长安，国号为周，史称北周。

改朝换代之后，西魏皇帝元廓的人生便定格了，将他人生定格的不是别人，正是大权在握的宇文护，以前宇文家族需要元廓这些木偶，现在他们已经不需要了。

元廓成为死在宇文护手上的第一位皇帝。

44岁的宇文护辅佐15岁的宇文觉，按照理想模式，他们将一起营造你好我好大家好的气氛，然而，在皇权排他的背景下，44岁的皇兄宇文护和15岁的皇帝宇文觉注定是拧不成一股绳的，他们是两股绳，两股相互较劲的绳。

如同拔河一样，绳子的两端早晚要分出胜负，宇文护和宇文觉的角力也在不久后分出胜负，手握大权的宇文护轻而易举地胜出，他早早察觉了宇文觉的杀心，抢先一步动了手。这样宇文觉就成为死在宇文护手上的第二位皇帝，他的皇帝生涯仅仅维持了九个月。

还会有第三个吗？答案是肯定的。

在宇文觉之后，他的哥哥宇文毓被宇文护推上了皇位，是为北周明帝。

宇文毓是宇文泰的庶长子，比宇文觉大八岁，原本宇文泰在接班人的问题上举棋不定，到底是选宇文毓还是宇文觉，他拿不定主意。

论年龄，宇文毓比宇文觉大八岁，立宇文毓符合立长的原则。

论出身，宇文觉是嫡子，宇文毓是庶子，立宇文觉符合立嫡的原则。

论周围的支持力量，宇文毓的岳父是贵为八柱国之一的独孤信。

宇文泰犹豫不决，根子在独孤信身上，他忌惮独孤信的威望，更不想让独孤信成为权倾朝野的国丈，那样将会给王朝的未来埋下定时炸弹。

为了避开独孤信这颗定时炸弹，宇文泰最终选择了宇文觉，却没想到，仅仅几个月后，宇文觉就死在了侄子宇文护的手上。

现在，宇文毓又被推上了前台，难道不怕独孤信尾大不掉吗？

不需害怕，因为独孤信已经没有机会了。

在宇文护掌握王朝大权之后，八柱国之一的赵贵对宇文护非常不满，总想找机会除掉宇文护，帮宇文觉夺回皇权。赵贵找到独孤信一起商量，独孤信表示同意，但同时告诫赵贵要从长计议，不要急于一时。

当着独孤信的面，赵贵点头表示同意，独孤信以为赵贵听进去了，其实赵贵一点没有听进去，他还在急三火四地准备铲除宇文护的计划。

隔着墙总是有很多只耳朵，赵贵的计划很快就传到了宇文护的耳朵里，等待赵贵的只有被诛杀的结局。

原本宇文护想把独孤信一勺烩了，诛杀了事，转念一想，独孤信在军中多年，威望甚高，公开诛杀容易激起兵变，还是让他在家中自行了断吧。

曾经的翩翩独孤郎，因为同僚赵贵的不谨慎被逼上了不归路，他的未竟事业，只能留待女儿和女婿们完成了。

在独孤信死后，女婿宇文毓的皇帝生涯持续了四年，这四年，既是当皇帝的四年，又是与宇文护斗争的四年。

这四年中，宇文毓与堂兄宇文护斗智斗勇，双方都在试探对方的底线，双方都在磨刀霍霍。

为了避免别人说自己专权，宇文护索性作了一场秀，将手中的大部分权力都交还给了宇文毓，宇文毓也不客气，照单全收，而且还把自己的称呼从“天王”改成“皇帝”，名正而言顺。宇文毓是要用这次改名向宇文护暗示，他想做真正的皇帝。

然而，宇文毓忘了，尽管宇文护将手中的大部分权力都交了出来，但是有一样权力他始终没有交，那就是兵权。

古往今来，什么权都可以丢，唯独兵权不能丢！

公元560年的一天，宇文护杀心又起，在他的授意下，一位御厨在宇文毓的汤中添加了不应有的添加剂，于是宇文毓的皇帝生涯画上了休止符，他成为死在宇文护手上的第三位皇帝。

四年杀三帝，宇文护“皇帝杀手”的资历无人能敌，无论是逼死胡亥的赵高，还是跋扈将军梁冀，他们见了宇文护都不好意思打招呼，他们只逼死一个，人家，一下仨！

不过，宇文护也别高兴得太早，因为第三个被杀的皇帝宇文毓悄悄地埋下了一个伏笔，他在遗诏中没有将皇位传给自己的儿子，而是将皇位传给了自己的弟弟。正是这个关键的伏笔，给宇文护埋下了一生的祸！

为他人作嫁衣的宇文邕

在宇文毓之后，北周的第三位皇帝登上了历史舞台，这位皇帝就是北周武帝宇文邕，宇文泰的第四个儿子。公元 560 年登基这一年，他 17 岁。

17 岁的宇文邕沉默寡言，不爱多说话，相比于宇文觉、宇文毓的灵气逼人，宇文邕似乎有些低能，甚至对于皇权的捍卫他都不如之前的两位哥哥，无论堂兄宇文护如何咄咄逼人，在宇文邕那里永远都是迎合，这一迎合就是 12 年。

12 年放在历史的长河中只是短短的一瞬间，而放在宇文邕身上，则是冷暖自知的 12 年。在这 12 年里，宇文邕韬光养晦，他用 12 年的时间只为做一件事：除掉宇文护。

这 12 年里，宇文邕一直在积蓄力量，等待机会，他知道冰冻三尺非一日之寒，仅仅靠自己的一腔热血是打不碎宇文护这块寒冰的，没关系，他有的是时间，他可以等。

宇文邕抱定了韬光养晦的决心，但一起突发事件几乎将他的计划全部打乱。

在一次出巡中，宇文邕出巡到了原州，按照惯例，巡幸到某地就会在当地夜宿，用不着连夜返回都城长安。然而这一次宇文邕却一反常态，执意从原州返回了长安，这让随驾巡幸的官员大为不解，连夜回城究竟为哪般呢？

当年的八大柱国之一侯莫陈崇对自己的亲信说了一番话："我听算命的人说，今年晋国公宇文护流年不利，皇帝车驾连夜返京，看来晋国公今年要死了！"

侯莫陈崇只是关起门把这句话讲给了自己的亲信听，没想到亲信又把这番话讲给了别人听，一传二， 二传三，经过 N 次特快专递，侯莫陈崇的这番话就成了人所共知的秘密。

麻烦大了。

这番话晃晃悠悠传到了宇文邕的耳朵里，宇文邕大惊失色，话能传到他的耳朵里，那么一定会传到宇文护那里，万一宇文护由此起了杀心怎么办？

宇文邕决定进行危机公关，一定要把宇文护的杀心扼杀在摇篮之中，当务之急是稳住宇文护，这样就只能委屈侯莫陈崇了。

宇文邕当即召集群臣召开朝会，众目睽睽之下，宇文邕严厉斥责了侯莫陈崇，怎么能如此搬弄是非，怎么能在背后这般恶毒地评论晋国公呢？

自知闯祸的侯莫陈崇耷拉着脑袋，他知道自己这一次躲不过去了，千不该，万不该，做了别人的替罪羊。

仔细想来，侯莫陈崇的这次流言事件并非空穴来风，可能是一起诛杀宇文护未遂事件，宇文邕此时已经动了杀心，想联合侯莫陈崇除掉宇文护，不料侯莫陈崇走漏了消息，让刺杀计划提前流产。

计划是流产了，但还是要有人为这次流产的刺杀计划负责，这个人还得是侯莫陈崇。

当天夜里，宇文护率兵冲进了侯莫陈崇的家里，他把侯莫陈崇送上了那条没有回头路的单行线。

侯莫陈崇事件之后，宇文邕对宇文护更加恭敬，他甚至下诏，今后所有的文件、文书在涉及宇文护的时候只能称官职，不能称名字。这是何等的待遇？这是权臣所享受的顶级待遇，几乎比肩皇帝的待遇。

除此之外，宇文邕又将努力的重点放在宇文护母亲身上，每逢宇文护母亲生日时，宇文邕的赏赐不可计数，而到祝寿时，他更是放下皇帝的架子，对宇文护的母亲行家人之礼，并且带头奉上美酒，以示尊重。

在宇文邕的营造下，宇文护产生了错觉，他以为自己这位堂弟已经完全屈服于自己，他相信这是自己的实力使然，这一切都是自己应得的。

然而，一个甘心委屈自己的人，一定是一个心机很深的人，他的心中一定隐藏着一座活火山，不是不发，而是不到喷发的时候。

公元 572 年，宇文邕胸中的活火山到了喷发的临界点，他给宇文护挖下了一个温情脉脉的陷阱，只要一启动，就要让宇文护跌进万劫不复的深渊。

陷阱以戒酒之名。

原来，宇文邕的母亲非常喜欢饮酒，虽然年事已高，喜欢饮酒的习惯依然没有改变，宇文邕便以这个由头请来了宇文护。他说自己百般劝说太后都没有用，或许晋国公的面子大，可以说动太后。

公元 572 年，宇文护已经 59 岁了，此时他已经掌握北周权柄 16 年，多年营造的错觉使他丧失了敏锐的嗅觉，他以为这只是一次家族成员之间的内部交流，却没想到，背后就是无边的陷阱。

宇文邕递给宇文护一篇《酒诰》，让宇文护对着太后大声朗读，就在宇文护接过《酒诰》大声朗读之际，宇文邕冲宦官何泉悄悄使了个眼色，陷阱向宇文护张开了血盆大口。

说时迟那时快，宇文邕手拿玉珽狠狠地向宇文护的后脑勺砸去。猝不及防的宇文护当即被砸倒在地，他瞪大了眼睛，惊恐万分地看着向他下手的宇文邕。

在这一瞬间，宇文护明白了，他一手扶持起来的宇文邕并不是低能，也不是无能，而是一直隐藏着潜能。原来，宇文邕一直在等待下手的机会，只可惜，自己居然被他蒙骗了 12 年。

一切都晚了。宇文邕一声令下，宦官何泉颤颤巍巍地举起了刀，只要他手起刀落，宇文护的一生便终结了。

然而，宇文护的威名太大了，他的威名震慑住了何泉，何泉居然手举着刀迟迟不敢下手！

如果再拖延下去，宇文护的党羽必将察觉有变，后果不堪设想。这时潜伏已久的卫国公宇文直冲了出来，他是宇文邕的同胞兄弟，早已对宇文护充满了怒气，而且就在不久前，他还被宇文护剥夺了官职。

所有的积怨在这一刻爆发，宇文直手起刀落，权臣宇文护就此与世长辞，伴随宇文邕长达 12 年的梦魇终于宣告结束。

处理了宇文护，将皇权彻底收回，宇文邕完成了人生中的第一件大事，接下来还有两件大事等着他。

第二件大事：灭佛！

在中国历史上总共有三次大规模灭佛运动，巧合的是由三位武帝完成，分别是北魏太武帝、北周武帝、唐武宗，其中北周武帝的灭佛有着非常大的积极意义。

尽管对于佛教而言，北周武帝宇文邕的灭佛是一场浩劫。但是从当时的历史背景看，宇文邕灭佛有利于增强北周国力，正是通过灭佛，将原来种种被寺庙侵占的利益收归国有，国力得到了增强，为消灭北齐打下了基础。

第三件大事：消灭北齐，统一北方。

北周由西魏而来，北齐则是由东魏而来，正如当年西魏与东魏的对立，北周和北齐也一直处在敌对的状态下，一度北齐压过北周，一度它们针锋相对，旗鼓相当。

随着宇文邕大权在握，形势发生逆转，北周的势头已经悄悄压过了北齐，而北齐皇帝却对此浑然不觉。

说起来也很可悲，如果说当年的高欢还有一代枭雄的风采，那么他的儿子们则是黄鼠狼下耗子—— 一窝不如一窝，他的儿子们要么残暴成性，要么低能只贪图享乐，但凡有个正常人，宇文邕的统一大业就不会那么轻易地完成。

公元 576 年十二月，北周、北齐两国倾全国之兵决战于平阳城下，北周皇帝宇文邕带着一统天下的雄心壮志而来，北齐皇帝高纬也来了，带着他的宠妃冯淑妃而来。

决战之前，宇文邕巡视全军，他一一叫出了各军统帅的名字，叫得全军上下热血沸腾；决战之前，北齐皇帝高纬耐心等待冯淑妃一起观战，没想到这一等就是若干个时辰，因为冯淑妃正在涂脂抹粉。

决战开始，双方都倾全国之兵，基本势均力敌。

不久，北齐阵势稍稍有些退却，其实并无大碍，这时一个女人尖着嗓子大惊小怪地喊道：“齐军败啦！齐军败啦！快跑！”

喊叫的正是高纬最宠爱的冯淑妃！

大姐，你究竟是来观战的，还是北周派来的无间道呢？

在冯淑妃的喊叫下，齐军乱了阵脚，如果此时高纬能够果断地压住阵脚，齐军还不至于大败，然而养尊处优的高纬哪知道这些，他只知道，齐军要败了，撒丫子赶快跑吧！

高纬就此跑了，在他的身后，北齐军队兵败如山倒，局势再也无法收拾。

公元577年正月，宇文邕攻破高纬最后的大本营邺城，生擒高纬，与北周纠缠了数十年的北齐就此灭亡。

至此，中国北方版图全部归于北周名下，宇文邕治下的北周已经有了几分大国的模样。

从公元560年登基，到公元572年铲除权臣宇文护，再到公元577年消灭北齐，宇文邕用了17年完成了人生中的三件大事，而在他的心中，还有更多的大事等待着他。

然而，天妒英才，宇文邕做梦都没有想到，他的皇帝生涯会突然定格在公元578年，此时距离他消灭北齐只过了一年的时间。

令宇文邕更没有想到的是，他所做的一切竟然是在为别人作嫁衣。

是谁穿走了宇文邕做好的嫁衣？

他的儿女亲家——杨坚！

若隐若现的历史前台

说到这里，终于可以说杨坚了，不知道此时的杨坚是否已经打酱油打得有些烦。可是没有办法，这是由真实的历史决定的，因为在宇文护和宇文邕唱主角的时代，杨坚还是一个龙套，尽管我们不能叫他“死跑龙套的”，但我们可以称他为“非著名配角演员”。

无论史书将杨坚渲染得如何英明神武，事实上，在很长一段时间里，杨坚的仕途非常平淡。

据《隋书》记载：明帝即位，授右小宫伯，进封大兴郡公。帝尝遣善相者赵昭视之，昭诡对曰："不过作柱国耳。"既而阴谓高祖曰："公当为天下君，必大诛杀而后定。善记鄙言。"

这段记载是什么意思呢？意思是，北周明帝宇文毓即位后，对杨坚很是忌惮，特意安排擅长相面的赵昭给杨坚相面，看他是否有帝王之相。如果有，就提前扼杀，如果没有，也就算了。赵昭回去撒了个谎，说杨坚不过有做柱国的命，宇文毓就此放过了他。回过头来，赵昭告诉杨坚，你将来会成为天下之主，而且是经过一番诛杀后才能平定天下，请牢记我的话。

这番记载可信吗？大概率是编的。

宇文毓登基之后，最大的敌人是宇文护而不是杨坚，宇文毓不把防范的重点放在宇文护身上，而放在自己的连襟杨坚身上，这本身就不符合情理。

说白了，这段记载是杨坚往自己脸上贴金，以证明自己有天命，仅此而已。

那么杨坚是从什么时候开始真正发迹，从小龙套奋斗成大男主的呢？

杨坚的发迹过程是这样的：

宇文邕登基之后，杨坚开始发迹，先是从右小宫伯升任左小宫伯，小宫伯一职负责宫廷禁卫，右小宫伯是副职，左小宫伯是正职。

升任左小宫伯之后，杨坚又被宇文邕外放到随州出任随州刺史，进位大将军，在父亲杨忠去世之后，他袭爵隋国公，日后大隋王朝的"隋"字正是由此而来。

如果就这么平淡地发展下去，杨坚顶多是一个中型龙套，离大男主还有比较大的距离。

就在这时，杨坚的生活出现了一个非常大的转机，他的长女杨丽华被宇文邕指定为太子宇文赟的太子妃。这下杨坚与宇文邕彻底捆绑到了一块，多年的小龙套摇身一变变成了大龙套。

历史对杨坚是充满厚爱的，他出现的时刻，正是宇文邕的信任无处安放的关键时期。身为皇帝也非常可怜，尤其是宇文邕这种在刀光剑影中走来的皇帝，尽管说普天之下；莫非王土；率土之滨，莫非王臣，然而他们始终面临一个巨大的难题，这一辈子到底可以信任谁？

要么宗室，要么外戚，要么宦官，要么群臣，除此之外，没有第五种选择。

有过被宇文护操纵的经历，宗室在第一时间就被宇文邕排除了。

宦官？历史上不乏宦官专权误国的范例。

群臣？人心隔肚皮，地主和长工永远不会是一条心，皇帝和群臣同样如此，况且宇文护秉国多年，朝中多数大臣与宇文护暗通款曲。

比较来，比较去，宇文邕对杨坚充满了好感，杨坚不仅是名门之后、名门之婿，杨坚本人作为中层官员也非常有能力，而且还非常仁孝，伺候患病母亲三年，昼夜不离左右，这样的人上哪儿找去？

宇文邕给杨坚定了性：这是一个可以信赖的人，日后可以委以大任。宇文邕与杨坚联姻，正是源于这次定性。

人啊，总是无法通过现象看本质，总是容易被表面现象所蒙蔽，如果宇文邕地下有知，他一定会狠狠地抽自己几个大嘴巴，为什么当初自己会看走了眼呢？

当然，这一切都是假设，历史已经不可更改。

经过与宇文邕的联姻，加上宇文邕的垂青，历史的前台已经在杨坚的眼前若隐若现，他即将登上历史的前台，在一般情况下，他会出演戏份比较重的当朝国丈，如果运气再好一点呢？

三、一个成功男人的背后

一代英主的壮志未酬

北周虽然立国短暂，但细细数来，北周的实际缔造者宇文泰和北周武帝宇文邕都堪称一代英主，如果上天给他们多一点时间，或许他们能够创造更多的奇迹。

然而，无论是宇文泰还是宇文邕，他们都有一个共同特点：短命！

宇文泰只活了 49 岁，而他的儿子宇文邕跟他相比，更加短命。

公元 577 年正月，宇文邕平定北齐，中国北方尽入北周版图。宇文邕将目光放得更远，他的目标是天下一统。

在他的北方，是一直对中原虎视眈眈的突厥，在他的南方，是与北周不断摩擦的南朝陈国，这两个国家都是宇文邕想要平定的对象，只不过先平定哪个，还需要费一些思量。

就在群臣以为北周大军将挥师南下时，宇文邕却出人意料地做出了一个截然相反的决定：先北上攻打突厥，待平定突厥之后再南下平陈。

一般人习惯“先易后难”，宇文邕剑走偏锋，先难后易！

在宇文邕的调度下，北周大军已经陆续开拔，而宇文邕再次选择了御驾亲征，按照宇文邕的计划，这一次他将攻破突厥王庭，一雪多年被欺压之耻。

历史有时便是这样残酷，就在北伐突厥的征途上，一代英主宇文邕染上重病，终告不治，于军中病逝，享年仅仅35岁。套用唐朝大诗人杜甫写给诸葛亮的诗句，“出师未捷身先死，长使英雄泪满襟”。

假如宇文邕的寿命够长，或许突厥和南朝陈国都会在他的手上平定，中国的江山一统就不需要等到隋朝开皇年间去完成；假如宇文邕的寿命够长，或许杨坚和独孤伽罗终生都没有改朝换代的机会。

历史总是有惊人的相似，壮志未酬的宇文邕与恨比天高的周世宗柴荣如此相似，而他们各自王朝的命运又是如此类同。

宇文邕心有不甘地走了，身后留下的是已经成年的太子宇文赟；尽管宇文邕对这个儿子还有些不放心，但他已经无能为力了，他左右得了时局，却左右不了身后。

或许儿孙自有儿孙福。

杨坚的机会

宇文邕走了，宇文赟来了，北周开国二十一年，已经换了三茬皇帝，到宇文赟这里已经是第四茬了。

一个男人如果换媳妇太过频繁，那便意味着家庭不会稳定，同理，一个国家如果换皇帝太过频繁，这个国家也不会稳定。

北周开国三年之后，总算有了宇文邕这个较为稳定的皇帝，只不过他的稳定也不过18年，跟康熙、乾隆、汉武帝这些长寿皇帝相比，宇文邕的18年显得过于短暂。

幸好，还有后来人。不幸的是，后来人很不成器。

对于富有四海的皇帝而言，什么是最宝贵的呢？一个合格的接班人才是最宝贵的。宇文赟是合格的接班人吗？他离合格二字差了许多个光年。

早在宇文赟还是太子时，宇文邕就看出了问题，这个孩子玩心太重，不知道将来能否担当大任。

宇文赟不仅玩心重，而且嗜酒如命，甚至在军中公然违反军令饮酒，这让宇文邕出离愤怒。为了惩戒宇文赟，宇文邕甚至公开鞭打太子，并将陪太子一起饮酒的太子宫尹郑译赶出了太子宫。

宇文邕以为这样太子就消停了，没想到不久之后，太子又把郑译召了回来，继续嗜酒如命。这孩子还有救吗？

在一次宫廷宴会上，开府仪同大将军王轨借着酒劲儿向宇文邕进言："可爱好老公，但恨后嗣弱。"

"后嗣弱"指的就是宇文赟的不成器，王轨是在暗示宇文邕更换太子，然而更换太子谈何容易，在宇文邕的所有儿子中，宇文赟是年龄最大的，其他的儿子还太小，更换太子不现实。

既然不能更换太子，那就加强管教吧！

宇文邕对宇文赟的管教更加严厉，他甚至安排了密探监视太子，一有不法举动，立刻加以惩戒，甚至不惜当众鞭打。

宇文邕是一位成功的皇帝，但却是一个失败的父亲。在他的棍棒之下，宇文赟表面变得乖巧起来，但内心却变得暴力横行，终其一生，他粗暴冷酷多疑，这一切都与宇文邕的棍棒教育有关。

好孩子是夸出来的，棍棒下面出不了孝子。

时间走到公元 578 年，宇文邕撒手人寰，宇文赟走上了历史的前台。

按照儒家的传统，此时的宇文赟本该披麻戴孝，哭天抢地，以示对父亲的怀念，然而 19 岁的问题青年宇文赟却看着父亲的灵柩，摸着自己身上的伤痕，狠狠地说了一句："老家伙，死得太晚了！"

一句话，已经为这个王朝的命运埋下伏笔。

宇文赟以皇帝的身份视察了父亲的后宫，他将父亲的嫔妃们赶到一起，一一端详了一番，做出了一个决定：要用奇特的方式报复父亲！

不久，他将父亲的嫔妃一一淫遍，算是对父亲的特殊报复。

一个荒唐皇帝的雏形已经形成，杨坚的机会随之来临。

宇文赟继位之后，便对自己的岳父进行了提拔重用，任命杨坚为上柱国、大司马，将兵权放心地交给了岳父。这是杨坚第一次接触兵权，这时的他还不敢三心二意，他无比珍惜女婿给自己的机会。

有人欢笑，就有人痛哭，在杨坚受到重用的同时，受先皇宇文邕重用的一批重臣遭到了打压，有些人甚至失去了生命。

第一个遭到打压的是齐王宇文宪。

宇文宪是宇文邕同父异母的弟弟，也就是现任皇帝宇文赟的叔叔，他能力出众，威望很高，擅长冲锋陷阵，深得宇文邕赏识。宇文宪担心功高震主，便韬光养晦，只求自保，没想到兄长一去世，侄子还是没有放过自己。在宇文邕去世后不久，宇文宪便无缘无故被诛杀。

接下来被杀的是宇文邕生前所赏识的近臣王轨、宇文孝伯、宇文神举，他们因为不入宇文赟的法眼，被一一抛弃。

接下来被打压的是北周宗室诸王，宇文赟看着他们一个个都非常碍眼，索性赶出京城，到全国各地为官。

整个世界清静了，父亲宇文邕的痕迹已经被宇文赟一一清除，在这个过程中受益最多的是杨坚，跟着受益的，还有当年与宇文赟一起饮酒的郑译，郑译被擢升为开府仪同大将军、内史上大夫，全面主持朝政。

杨坚与郑译是太学里的同学，正是这层同学关系，让郑译在关键时刻站到了杨坚的一边。

我本荒唐

正常人各有各的正常，荒唐人各有各的荒唐。

宇文赟这个荒唐皇帝在继位之后很快就表现出自己的荒唐，他的荒唐有些离谱。

中国古代皇帝没有六十岁退休的说法，一般都是生命不息战斗不止，不到生命的最后一刻，对于皇位绝不撒手。

宇文赟不像那些皇帝，对于皇位，他没有恋恋不舍，爱过恋过之后，果断地说了分手。

婚姻还要遭遇七年之痒，宇文赟觉得七年太长了，还是一年吧。在登基一年之后，宇文赟宣布禅让，将自己的皇位禅让给七岁的儿子宇文阐，20 岁的宇文赟就此当上了太上皇。根据我的不完全统计，这可能是中国大历史上最年轻的太上皇。

不过宇文赟这个太上皇跟别的太上皇不同，别的太上皇退居二线从此不问政事，宇文赟这个太上皇照常过问政事，不过不是向大臣过问，而是向宦官过问，凡事都由宦官通报，他懒得跟大臣接触。

难道宇文赟对大臣撒手不管了？

不是不管，而是暗中监管。

在宇文赟的布局下，暗探遍布皇城内外，他们的任务就是监视大臣，刺探大臣们的隐私，一旦发现苗头，轻则杖打，重则诛杀。

或许有人说，杖打也没什么，不就是打两下吗？

打两下？

错，每次杖打，起步价 120 下，而且这还是初期的行情，发展到最后，起步价 240 下，如果觉得不过瘾，就以 240 下为一个单位，往上递增。

宇文赟自认已经牢牢地将权力掌握在手中，而他自称“天元皇帝”，他对自己的称谓已经不再是秦始皇指定的“朕”，而是他自己指定的“天”。

这还不算，宇文赟还下了一道诏书，命令铸造佛像和天尊像，然后让佛像和天尊像与自己一起面南而坐。

还真把自己当一尊佛了！

电视剧《马大帅 3》里的一个桥段：

范伟饰演的范德彪迷上了心理学，把弗洛伊德奉为神明，他将自己的相片放在中间，在相片的两边挂上了一副对联。

上联：古有圣贤弗洛伊德；

下联：今有辽北范德一彪。

谨以这副对联与宇文赟共勉！

如果说宇文赟的荒唐能够到此为止，或许还不算荒唐，然而这点荒唐还不算什么，他的荒唐还在后面。

宇文赟的另一个荒唐在于皇后的设置上。

皇后的位置对于皇家至关重要，这个位置不是轻易给人的，一般都是慎之又慎，一般一个皇帝只设一个皇后。在原配皇后去世或者被废后，甚至会让皇后位置一直空缺，而不轻易给人。有的皇帝更绝，比如秦始皇，在登基之后就让皇后的位置一直空缺。

皇后，母仪天下，天下女性的典范，宁缺毋滥。

到了宇文赟这里，一切都变了，别人册立皇后一般是首相制，只有一个，而他采用委员制，不止一个皇后，而是一下四个。

四皇后布局是怎样的呢？

原配杨丽华为天元大皇后，朱满月（北周静帝宇文阐生母）为天大皇后，陈月仪为天左大皇后，元乐尚为天右大皇后。这就是宇文赟认定的四皇后，原配杨丽华被册立皇后时间最早，但在实际生活中，四皇后排名不分先后。

别人一个皇后，他一下四个，想想也热闹，刚好够打一桌麻将。

不过麻将的组合并没有维持多久，不久宇文赟又发展了一个搅局者，说起这个搅局者的由来，更能体现宇文赟的荒唐。

搅局者叫尉迟炽繁，本来是一个有夫之妇。尉迟炽繁原本嫁给了宇文赟的堂侄宇文温，夫妻俩琴瑟和鸣，相敬如宾。幸福的生活被一次宫廷宴会改变，主持宫廷宴会的宇文赟无意中看到了美貌的尉迟炽繁，当即不可救药地爱上了她。

按照惯例，像尉迟炽繁这样的朝廷命妇参加完宫廷宴会后应该出宫回家，结果尉迟炽繁被堂叔宇文赟单独留了下来，又被逼着喝了一顿酒。

借着酒意，宇文赟临幸了尉迟炽繁，然后才把她释放回家。

好好地参加宫廷宴会居然被戴了绿帽子，宇文温的头都要炸了，宇文温的父亲宇文亮更是出离愤怒，他无法忍受儿媳妇被凌辱的奇耻大辱。

索性反了吧，推翻这个荒唐皇帝。

然而，势单力薄的宇文亮怎是宇文赟的对手？宇文亮的谋反刚开了头就结了尾，反而连累自己的儿子宇文温一起被诛。

这时，宇文赟这个滥情种子居然还记得尉迟炽繁，看来他是认真的。

借着诛杀宇文亮、宇文温父子的机会，宇文赟将尉迟炽繁罚没宫中，先拜为长贵妃，然后又升级为皇后。

新的问题随之而来，已经有四位皇后了，看你把第五个皇后往哪里放？

这难不倒宇文赟，他又创造性地设立了天中大皇后，然后把这个头衔安排给了陈月仪，而陈月仪空下来的天左大皇后就转手给了尉迟炽繁。

只有想不到，没有做不到。

危机四伏

有人的地方就有江湖，有女人的地方就有是非。

是非来自宇文赟一手打造的五皇后。

五皇后中，实力最强的是杨丽华和尉迟炽繁，别看尉迟炽繁是后来的，但她的背后有人。

尉迟炽繁的爷爷不是一般人，而是当朝高官、蜀国公尉迟迥。尉迟迥不是一般人，他的母亲正是宇文泰的姐姐，换句话说，他是宇文泰的亲外甥，与宇文邕、宇文觉是表兄弟，当朝皇帝宇文赟还要叫他一声“表叔”。

公元 579 年的杨丽华和尉迟炽繁都只是二十岁左右的年轻女人，以她们本人的心思未必愿意争斗，然而她们背后的家族却已经暗自行动起来，都想扳倒对方，然后让自己一脉在后宫独宠。

看不见的硝烟在后宫弥漫，“杨坚图谋不轨”的流言在长安城中迅速流传，不出意外的话，这应该是尉迟迥一派释放的烟幕弹。

公元580年五月初一，杨坚一家到了生死关头。

这一天，宇文赟突然大发脾气，对杨丽华痛骂不已，甚至发出了死亡威胁。

按照宇文赟的逻辑，此时的杨丽华应该大惊失色跪地求饶。令宇文赟没想到的是，杨丽华泰然自若，既不痛哭，也不求饶，一副“爱谁谁”的模样。

宇文赟抓狂了：“你以为天（他自称）真的不敢吗？”

杨丽华依然不答话，把宇文赟当成了空气。

双方的对峙还在继续，如果就此发展下去，杨丽华危险了，以宇文赟的荒唐，没有什么事他干不出来。

千钧一发之际，一个女人来到了宇文赟的面前，扑通一声给宇文赟跪下了，然后便开始拼命地给宇文赟磕头，一直把自己的额头磕得鲜血淋漓。

女人磕了数不清的头，终于打动了宇文赟，宇文赟一抬手：“够了，起来吧，这次就这么算了！”

拼命磕头的女人正是独孤伽罗，她探听到消息后便火速进了宫。论身份，她是皇帝的岳母，她的大姐还嫁给了北周明帝宇文毓，从这里论，宇文赟还得管她叫声姨妈。

然而，在生死关头，辈分已经全乱了，独孤伽罗放下了所有的尊严，向女婿哀号求饶，总算保住了女儿的性命。

不过临了，宇文赟冲着杨丽华又撂下了一句狠话：“早晚把你家灭族！”

这句话又惊出了独孤伽罗一身冷汗，反倒是杨丽华还是一脸平静，爱咋地咋地。

什么是贵族？就是在你那里是天大的事，在人家那里什么事都不算。

按照这个标准，杨丽华就是货真价实的贵族。

事情到了这一步算完了吗？

还不算完，因为宇文赟的气还没消，他要把气撒到杨坚身上。

宇文赟下诏，令杨坚立刻进宫觐见。

在杨坚进宫之前，宇文赟给左右下令：如果杨坚的脸色有变化，立刻斩了他！

不知不觉中，杨坚已经走到了生死关头，如果这次觐见他的脸色与平常不一样，就说明他心里有鬼，等待他的就是杀无赦。

宇文赟终究是不学无术，他忘了中国有一句古话——姜还是老的辣，他以为别人都跟他一样，喜形于色，却没有想到，老江湖杨坚恰恰有一个本事：泰山崩于前而色不变。

正是凭借这个本事，杨坚像平常一样觐见了宇文赟，举止得体，处之泰然，令宇文赟愣是没挑出毛病，当场诛杀杨坚的念头也在无形中打消了。

经过此番折腾，杨坚已经意识到，危机已经向自己袭来，躲得过初一，未必躲得过十五，看来还是要小心防范了，天知道这个荒唐女婿还会有多少幺蛾子。

还好，杨坚朝中有人，当红的郑译正是他当年的同学，求助于他，或许会有办法。

跟郑译一番商量之后，杨坚准备走出京城到地方为官，正好北周正在计划攻打南朝陈国，扬州总管一职恰好空缺。杨坚果断地向郑译要了这个职位，在他看来，这是一个进可攻、退可守的职位。

就在杨坚即将随军出征时，他得到了一个惊人的消息，随后他对外发布了另外一个消息：自己的脚突然发病，要推迟几天出征。

杨坚的脚真的病了吗？

他的脚没病，病的人是宇文赟。

狼外公与狼外婆

宇文赟太能玩了，而且玩得有些离谱，他游戏过度，不仅纵酒荒淫，而且还寒热不节，更要命的是还酷爱高速驾驶。在巡幸洛阳途中，他亲自驾驭马车，时速达到 120 公里，根据换算，马车跑出 120 公里，相当于汽车跑出 300 公里，宇文赟如果出生在现在，或许一出生就可以开 F1。（马车能否跑出时速 120 公里，值得商榷。）

人的身体就是一部机器，你善待它，它便善待你，如果你虐待它，它就会在未来的某个时刻狠狠地惩罚你。

现在到了宇文赟接受惩罚的时候。

公元 580 年五月初十，21 岁的宇文赟抵达了生命的终点，在生命的最后时刻，他急召小御正刘昉、御正中大夫颜之仪入卧室准备交代后事。

然而等两人进入他的卧室时，他已经说不出话来，拼命张了几下嘴，还是没有为帝国留下只言片语。

在刘昉、颜之仪的惊愕中，宇文赟走完了自己的人生路，把帝国留给了自己年仅八岁的儿子宇文阐。

主少国疑，开国二十三年的北周走到了十字路口，如果此时有伊尹、霍光式的人物出现，或许北周还可以延续自己的国祚，如果没有，帝国危在旦夕。

到哪里找伊尹、霍光呢？

由于宇文赟的多疑，朝中并没有几个大臣受到恩宠，宗室诸王又被他赶出京城到外地任职，留在京城的能够担当大任的又有谁呢？

小御正刘昉想到了一个人，他马上找到郑译商量。两人一拍即合，他们要把这个天大的人情送给这个人，这个人就是杨坚。

按照刘昉和郑译的想法，杨坚是皇后杨丽华的父亲，又是名门之后，在所有留在京城的官员中，他的威望是最高的，这个天大的人情不送给他又送给谁呢？

当然无利不起早，刘昉和郑译也在打自己的算盘，送给杨坚这么大的人情，将来自然要在杨坚的蛋糕上切上一刀。

然而，当天大的馅饼向杨坚兜头砸去的时候，杨坚犹豫了。

出任年幼皇帝的辅政大臣，演的就是伊尹、霍光的角色。这个角色一脚踏着生门，一脚踏着死门，演好了，最好的结局是自己称帝，最不济也是名垂青史的重臣，演不好，就是乱臣贼子，不仅死无葬身之地，而且还留下千古骂名。好与坏，两方面都有范例。

杨坚还在犹豫，刘昉使出了激将法："公若为，请速为。不为，我自为摄政，你别后悔。"

杨坚浑身一个激灵，千载难逢的机会啊，难道就这样让它从自己的手边溜走吗？当然不能，杨坚不答应，独孤伽罗也不答应。

从结婚以来，杨坚都听独孤伽罗的话，随着女儿杨丽华嫁给宇文赟，独孤伽罗在家中说话的分量更大了，因为女儿杨丽华最听她的话，独孤伽罗母凭女贵。

现在独孤伽罗和杨坚站到了一起，他们要当仁不让地接过辅政大臣的职位，这时还剩下一道关，那就是女儿杨丽华。

杨丽华正是六神无主时，尽管宇文赟活着时荒唐无比，但他这一死，顿时让她们孤儿寡母陷入无助的境地。历朝历代，孤儿寡母被权臣欺负的事例比比皆是，运气不好的甚至丢掉了性命，选择一个合适的辅政大臣对孤儿寡母尤为关键，这可是他们后半生的依仗。

当有人向她提议由她的父亲杨坚辅政时，杨丽华考虑了片刻，随即便答应了，自己的父亲终究不会坑了自己，父亲终究比外人信得过。

杨丽华没有想到，世界上不仅有狼外婆，也有狼外公，现在狼外婆和狼外公站到了一起，他们对北周帝国张开了血盆大口。

不一会儿的工夫，刘昉和郑译起草好诏书，他们以宇文赟的口吻将杨坚指定为辅政大臣，任命杨坚总知中外兵马事，兵权就这样不费吹灰之力落入杨坚的手中。

对于刘昉和郑译的做法，一同进宫面圣的颜之仪保持中立，他知道刘昉和郑译在矫诏，是在出卖帝国的利益，他拒绝签字确认。

刘昉和郑译也不勉强，索性模仿颜之仪的笔迹签了字，这样一份将帝国权力拱手授予杨坚的“遗诏”便出台了，杨坚一跃跳上历史的前台。

家族的力量

宇文赟的遗诏下达给府兵十二卫，府兵十二卫均表示服从，这样杨坚真正掌握了兵权，而且不是简单的辅政，而是货真价实的摄政。

大臣一旦处于摄政的位置，便如逆水行舟，不进则退，向前一步生，向后一步则是死。

身处摄政之位的杨坚很快感受到来自各方的刀光剑影，尤其是来自北周宗室诸王的逼人锋芒。杨坚知道，摄政之位已是众矢之的，宗室诸王早已将自己视为眼中钉、肉中刺，无论自己如何拉拢，这些亲王跟自己终究势不两立。

该如何解决这个矛盾呢？

或许，只有一个办法，将他们除掉，自己称帝！

想到这一层，杨坚甚至被这个想法吓了一跳，这可是乱臣贼子的想法。如果成功，则开创自己的帝国；如果失败，就是乱臣贼子。

这么大的事，能问谁呢？

杨坚找来了太史中大夫庾季才，庾季才不仅是个文学家，而且还是个天文学家，他有一个超能力，那就是看天象。杨坚找庾季才商量，就是想问问天象。

庾季才知道杨坚的心思，他马上站到了杨坚一边，他告诉杨坚，无论是天象还是符兆，都表明杨坚将要当皇帝。

杨坚的心思动了，莫非我当皇帝这点事连上天都知道了？看来天意如此！

就在杨坚还在琢磨天意时，有一个人在他耳边又说了一番话：

> 大事已然，骑兽之势，必不得下，勉之！

说这话的不是别人，正是独孤伽罗。如果别人说这句话，杨坚或许只当是一阵风，然而这话从独孤伽罗的口中说出来，杨坚的心里有了底。多年来，他已经习惯了由独孤伽罗当家，现在独孤伽罗也主张他自己称帝，看来此事可行。

一个失败男人的背后，一定站着一群失败的女人；而一个成功男人的背后，一定站着一个成功的女人。成功的杨坚，背后站着的是独孤伽罗。

从此之后，杨坚开始紧锣密鼓地向皇权努力，在这个过程中，他再一次得到独孤伽罗的支持，这一次独孤伽罗动用的是家族的力量。

螳螂捕蝉，黄雀在后，在杨坚决心窃取北周皇权时，针对他的反叛也拉开了序幕。

率先反叛杨坚的是一个熟人，宇文赟第五位皇后尉迟炽繁的祖父尉迟迥。

之前，杨坚和尉迟迥各有野心，都想让自己一脉的皇后在北周皇宫独宠，现在宇文赟已经驾崩了，皇后争宠已经没有意义，有意义的是争夺皇权。

凭借“遗诏”，杨坚将小皇帝宇文阐控制在手里，尉迟迥不甘示弱，他索性不承认宇文阐的皇帝身份合法，自己拥立了赵王宇文招的小儿子称帝，另起炉灶，与杨坚争夺北周的皇权。

形势一度对杨坚非常不利，整个山东已经落入了尉迟迥的手中，战火又从山东燃烧到河南，与此同时，全国各地针对杨坚的反叛也层出不穷，杨坚开始疲于招架。

该由谁去平叛尉迟迥呢？

杨坚想到了名将韦孝宽，派这个人去，应该能一举平定。

杨坚为什么会信任韦孝宽呢？这是因为独孤伽罗的家族力量。

韦孝宽虽是北周名将，但他一辈子最佩服一个人，这个人就是独孤伽罗的父亲独孤信。韦孝宽与独孤信既是下级与上级的关系，又是亲密无间的朋友，现在杨坚和独孤伽罗求到了自己的头上，韦孝宽没有观望，没有推辞，随即率军出征。

好事多磨，在韦孝宽抵达河南战场时，沁水暴涨，韦孝宽无法渡河，只能隔着沁水与尉迟迥的队伍对峙。

新的问题随之而来，韦孝宽虽然是大军统帅，但是随行的还有诸多将军。就在韦孝宽一心平叛时，随行的梁士彦、宇文忻、崔弘度等却悄悄收下了尉迟迥送来的“黑金”，他们首鼠两端，坐山观虎斗的态势非常明显。

消息传到长安，杨坚心急如焚，尉迟迥的策反工作已经做到了将军的头上，看来前线军心不稳，士气很成问题。

难道要临阵换将，把梁士彦那些人撤换回来？

有人向杨坚建议，千万不要临阵易帅，那样将自乱阵脚，不如派人前去监军，压住阵势。

问题又来了，该派谁去呢？

杨坚首先想到了少内史崔仲方，这个人信得过。

令杨坚没有想到的是，崔仲方拒绝了，理由是自己的父亲正在山东，自己如果去河南监军，爹就没了。

杨坚又想到了对自己有功的刘昉和郑译，这两个人应该不会拒绝吧？

刘昉的态度是这样的：我从来没带过兵，这不太合适吧？

那么老同学郑译呢？

“我母亲年迈，需要我照顾。”这是郑译的理由。

所有的人都在坐山观虎斗，他们都想看杨坚的笑话。

就在杨坚左右为难之际，有一个人站了出来，这个人叫高颎，时任杨坚的丞相府司录。

高颎又叫独孤颎，他与独孤伽罗一家有着很深的渊源。

高颎的父亲曾经是独孤信的家臣，深得独孤信赏识，后来更是被独孤信赐姓独孤，以示亲密无间，亲如兄弟。高颎因为父亲的缘故，跟独孤信一家也走得很近，独孤伽罗称呼他总是一个固定称谓——独孤，意思是不把他当外人，而是当作自家人。

高颎此番毛遂自荐，既是为自己的前途着想，也是对独孤信一家的特殊情感使然，作为独孤信一家的亲信，他愿意看到独孤家的女婿杨坚获得成功。

高颎的自荐马上得到了杨坚的批准，高颎连家也没有回，马上踏上了征途，只是让人给自己的老母亲捎了话，“儿为国出征，忠孝难以两全”。

不久，高颎抵达前线，两军随即进入交战状态。

沁水的水位依然很高，无法渡河，这难不住高颎，他在沁水上架了一座桥，用这座桥把平叛的士兵送到对岸。

尉迟迥一边也不傻，他们不会听任高颎就这么轻易过河。他们从沁水的上游放下了火筏，想用火筏烧掉高颎刚刚架好的桥。

令尉迟迥没想到的是，火筏快要接近桥时，一个个都停了下来，看起来离桥已经很近，就是无法把桥烧掉。

原来高颎早有准备，他在水中设置了“土狗”，“土狗”内部全是土，不怕火烧，专门用来拦截火筏，尉迟迥干瞪眼也没有办法。

尉迟迥退而求其次，在沁水对岸以骑兵列阵，准备以逸待劳，等平叛大军渡河渡到一半时发动攻击。兵法上这叫“半渡击之”，历代名将屡试不爽。

名将韦孝宽毕竟是名将，他挥师进攻的速度太快了，尉迟迥的骑兵阵还没有布完，韦孝宽已经驱动大军渡过了沁水，生生抢到了尉迟迥前面。

在韦孝宽的身后，火光冲天，刚才还完好无损的桥已经烧着了，是高颎放的火，他想让平叛大军置之死地而后生，学的是西楚霸王项羽的“破釜沉舟”。

高颎的刺激果然奏效，在韦孝宽的率领下，平叛大军勇不可当，尉迟迥的骑兵阵很快凌乱不堪，败下阵来，尉迟迥父子也在兵败后被杀。

对抗杨坚最精锐的一支力量被韦孝宽和高颎联手消灭，两人都与独孤信有着千丝万缕的联系。

杨坚在心里暗自庆幸，尽管岳父已经去世 23 年，但影响力还在，余威尚存，公元 556 年的那次联姻，真是他杨坚一生中最大的财富。

如果没有公元 556 年的那次联姻，或许他就没有杨丽华这个女儿，也就没有联姻北周皇室的机会；如果没有公元 556 年的那次联姻，或许他就不会有韦孝宽和高颎这两个得力的助手。

婚姻是男人的第二次投胎，并非虚言。

四、一半是海水，一半是火焰

当幸福突然来敲门

什么是幸福？

当饥饿难耐的时候，你有一个烧饼，我没有，你就比我幸福。

当口渴难忍的时候，你有一瓶饮料，我没有，你就比我幸福。

当肚子难受的时候，你有一个蹲位，我没有，你就比我幸福。

幸福是比较出来的。

如果跟杨坚的幸福比，这些幸福太小儿科了，杨坚的幸福古今没有几人能比。

从公元 580 年五月初十出人意料地接受遗诏辅政之后，杨坚只用了九个月就从辅政大臣奋斗成大隋王朝的开国皇帝，古今政权更替，没有比他更容易的。

苦不苦，想想人家萨达姆，顺不顺，想想人家克林顿，历朝历代的开国之君无不是披肝沥胆、呕心沥血而来，杨坚则是突然被硕大的馅饼砸在了头上，仅仅在几个月前，他的皇帝女婿还起过杀心，想将他当场杀掉。

一切都成为过去，当年那个长相怪异的少年，已经成为大隋王朝的开国之君。此时距离公元556年长安城那个花烛之夜已经过去了25年，这25年，他与独孤伽罗一同走过，这25年，他们完成了不可思议的华丽转身。

幸福突然来敲门，杨坚是否还记得当年那言之凿凿的誓言呢？

“今生今世相亲相爱，誓无异生子女！”

杨坚说，我记得，一直都记得。

这25年来，杨坚一直坚守着这句誓言，在这25年中，他名下的子女不断增多，这些子女都有一个共同特点：独孤伽罗出品。

除了长女杨丽华，杨坚与独孤伽罗还有另外四个女儿，除此之外，杨坚与独孤伽罗还有五个儿子，分别是长子杨勇、次子杨广、三子杨俊、四子杨秀、五子杨谅，五个儿子都是一表人才，他们一母同胞的身份更是让已经称帝的杨坚欣慰不已。

“历朝历代，皇子间的争夺不断，都是因为他们不是一母所生，朕的五个儿子都是一母所生，必定会手足情深，相亲相爱！”

五个儿子一母所出并不假，但谁说一母同胞就不会相互倾轧？在皇权唯一的背景下，父子、母子尚且不能完全信任，更何况兄弟？

对于皇家而言，所有的东西都是廉价的，唯有一种东西是奢侈的，那就是亲情。

此时的杨坚还想不到这一层，他正沉浸在登基称帝的喜悦之中。在他喜悦的同时，长安城中，有一位窦姓女子正在家里生闷气，她恨自己是女儿身，无法帮舅舅家出头，生生让那个叫杨坚的人阴谋得逞。

窦小姐的父亲叫窦毅，窦小姐的母亲姓宇文，正是一代豪杰宇文泰的女儿，宇文觉、宇文毓、宇文邕都是她的舅舅。

窦小姐到了出嫁年龄，嫁到了一个门当户对的人家，后来窦小姐的丈夫在太原起兵，推翻了杨坚开创的隋朝。没错，窦小姐的丈夫正是唐高祖李渊，她为李渊生下四个儿子：李建成、李世民、李元霸、李元吉。

值得一提的是，窦小姐的丈夫李渊还有另外一个身份，独孤伽罗的亲外甥，正是这个亲外甥为姨妈家的王朝掘开了坟墓。

当幸福突然来敲门时，不能高兴得太早，也不能得意忘形，如果可以的话，不妨买一份人身意外保险。

独孤皇后

到公元 581 年二月，独孤伽罗已经不再是原来的独孤伽罗，而是大隋王朝母仪天下的独孤皇后。从此时起，独孤伽罗这个名字不再有人提起，取而代之的是独孤皇后。

说起独孤皇后，简直是好人好事的集合，在《隋书·独孤皇后传》里，历数的都是独孤皇后的各种美德。

她出身名门，家族高贵，却每每谦卑自守，恪守贤良淑德。

她审时度势，目光长远，在杨坚犹豫不决之际，帮杨坚下定了改朝换代的决心。

她俭朴度日，不慕虚荣，曾经有人劝她买下突厥人价值八百万的明珠，而她宁愿用这笔钱赏赐士兵，也不贪图突厥人的明珠。

她教育子女，严厉有加，经常以北周公主的反面教材督促自己的女儿恪守妇道。

她不滥用皇室权力，表弟崔长仁犯法当诛，她毫不护短，力主诛杀，后来崔长仁终究伏法。

她公私分明，不滥用公权，同父异母的兄弟独孤陀对她行厌胜诅咒按律当死，她绝食三天，为独孤陀求情，只是不想因为自己的原因而置兄弟于死地，最终独孤陀保住一命。

总结陈词，这是一个大公无私的人，一个胸中装着全世界却唯独没有她自己的人，这是一个脱离了低级趣味的人。

真是这样吗？

基本上是。

不过，还是不能忘了一点，独孤皇后是一个女人，一个嫉妒心比天还高的女人。

如果说嫉妒是女人的天性，那么独孤皇后的嫉妒将这个天性发挥到极致，放在现代，她可以成为妇女儿童保护法的代言人。

女人的嫉妒与生俱来，独孤皇后的嫉妒不仅与生俱来，而且从始至终，从未衰减。在杨坚还是一个普通贵族时，她的嫉妒或许并不明显，但在杨坚登基称帝之后，独孤皇后的嫉妒天下皆知。

天下人是如何知晓独孤皇后的嫉妒的呢？

从后宫配置便一目了然。

皇帝后宫的配置一般都按照《周礼》,《周礼》里面规定的数字只是一个基本标准，一般皇帝都会在这个基础上有所增加，而杨坚的后宫恰恰相反，不增反降，而且降得有些离谱。

作为对比，我们先来看杨坚之子杨广的后宫配置：

皇后之下，贵妃、淑妃、德妃，是为三夫人，品级为正一品。

顺仪、顺容、顺华、修仪、修容、修华、充仪、充容、充华，是为九嫔，品级为正二品。

婕妤12员，品级正三品。

美人、才人15员，品级正四品，是为世妇。

宝林24员，品级为正五品。

御女24员，品级为正六品。

采女37员，品级为正七品，是为女御。

总人数为125人。

那么独孤皇后为杨坚修订的后宫配置又是什么样的呢?

首先，不设夫人。

嫔三员，掌教四德，视为正三品。

世妇九员，掌宾客祭祀，视为正五品。

御女38员，掌女工丝枲，视为正七品。

总人数51人。

世界真奇妙，不比不知道。

相比于儿子杨广，杨坚的后宫太寒酸了，杨广的后宫起手125人，这还是有名分的，没有名分的是这个数字的数倍。而杨坚呢?有名分的不过51人，比儿子的少了一半还多，与后世唐明皇李隆基的配置更是不在同一个档次，而这就是独孤皇后给杨坚设定的全部配置。

人比人是没法比的，杨坚不仅跟追求享受的李隆基没法比，跟文治武功都青史留名的李世民和康熙也没法比。

按照平常人的理解，李世民和康熙都专心国政，应该不会关注后宫吧?恰恰相反，这两个皇帝的后宫也很充实，这一点从他们名下的子女可见一斑。

李世民名下公主不算，皇子有14个，这14个儿子对应10个英雄的母亲;

康熙的名下就更可观了，公主不算，皇子总共有 35 个，35 个皇子自然对应一群英雄的母亲。

由此可见，李世民和康熙的后宫生活也是五光十色的，而杨坚的后宫除了寒酸，还是寒酸。

寒酸之外，在后宫的品级上，独孤皇后也非常吝啬。按照常规，嫔应为正二品，她只给正三品；世妇应为正四品，她只给正五品；御女应为正六品，她只给正七品。本来数量就少，给予的品级又低，独孤皇后想做什么？

后宫唯我独尊！

写到这里，或许很多读者不以为然，以为杨坚后宫 51 人的配置已经够多了，咱们现在都是一夫一妻，他有 51 个，还不够多吗？

唉，不是杨坚，就不知道杨坚的心里有多苦。

你以为除独孤皇后外，那 50 个如花似玉的女人他就能随心所欲？

答案是否定的。

在《隋书·列传第一》中有这样两条记载：

> 宣华夫人陈氏，陈宣帝之女也。性聪慧，姿貌无双。及陈灭，配掖庭，后选入宫为嫔。时独孤皇后性妒，后宫罕得进御，唯陈氏有宠。
>
> 容华夫人蔡氏，丹阳人也。陈灭之后，以选入宫，为世妇。容仪婉嫕，上甚悦之。以文献皇后故，希得进幸。

这两条记载说的是两位夫人，一位是宣华夫人，一位是容华夫人，她们的夫人称号都是后来获得的。在独孤皇后健在时，宣华夫人只是一位嫔，而容华夫人只是一名世妇，她们都无法与独孤皇后相提并论。

宣华夫人一条中，暴露出一处玄机：时独孤皇后性妒，后宫罕得进御，唯陈氏有宠。

这句话什么意思呢？

意思是说，由于独孤皇后生性嫉妒，后宫的女人很难得到杨坚的宠幸，因为杨坚得看独孤皇后的脸色，因此后宫女人想得到杨坚的雨露比登天还难，只有宣华夫人在当时勉强能得到一些宠爱，不出意外的话，这应该还是独孤皇后特批的。

如此算来，虽然杨坚的后宫配置达到 51 人，然而他能接近的女人只有独孤皇后和宣华夫人两人，其他 49 人对于杨坚而言，就是艺术馆的珍品——只能看，看看就好。

关于独孤皇后的嫉妒，曾经有这样一个故事：

有一个宫女给杨坚端饭桌，杨坚看了一眼宫女，然后注意到宫女的手非常美，或许美到可以当手模的程度。杨坚忍不住捏了一把，宫女顿时羞红了脸。

第二天，杨坚该吃午饭的时候，独孤皇后派人送来了一个食盒，杨坚兴致勃勃地打开食盒，里面竟然是一双手，那双被杨坚捏过的宫女的手。

这个故事是真的吗?

其实是以讹传讹。

历史上确实有过与此类似的事件，不过主角并不是杨坚和独孤皇后，而是南宋的光宗与他的皇后。

南宋光宗的李皇后心狠手辣，嫉妒之心天地难容，为了制止丈夫的花心她别出心裁，百般恐吓。

一日，光宗洗手时，看到侍奉他洗手的宫女手特别白皙，十分喜爱，禁不住伸手触摸，啧啧称赞。

几天以后，李皇后就派人给光宗送去一个食盒，“闻听君王喜爱此物，妾特意取下，以奉君上”。光宗听了十分欣喜，打开食盒，赫然发现里面盛的竟是那位宫女被砍下来的双手！震惊之余，几乎晕厥。

看来，嫉妒确实是女人的天性，朝代虽然不同，嫉妒的心却是一样的。

不过独孤皇后虽然嫉妒，但并没有砍手的记载。她只是动了动手脚，便逼得杨坚离了家，出了走！

贵为天子，不得自由

公元 581 年二月杨坚登基称帝时，他 40 岁，从身体状况来看，正是有能力、有精力、有冲动的时候。按照现在的规律，正是一个男人最好的年龄，也是最容易出轨的年龄。

想想也是，尽管公元 556 年的誓言声犹在耳，但是长期的耳鬓厮磨，杨坚与独孤皇后的爱情早已化为亲情，摸着独孤皇后的手，就如同自己左手摸右手，可真要把独孤皇后的手砍了，杨坚的心也会疼。

杨坚遭遇了审美疲劳，对于独孤皇后的感情并没有改变，但是疲倦还是有的。

如果是一般人，在一夫一妻制的背景下，男人即便有出轨的心也未必有出轨的胆，一般情况下也就是精神出轨，做一把阿 Q 而已，偏偏杨坚是皇帝，富有四海的皇帝。

历朝历代，为什么那么多人费尽心机想做皇帝？就是因为皇帝有至高无上的权力，其中一条就是随心所欲的性权力，那可是历朝历代无数男人辗转反侧的梦想啊！

可是，杨坚呢？他已经当上了皇帝，在即将实现自己的家庭梦想时突然发现，自己与随心所欲的性权力居然是咫尺之近，天涯之远，换作你，你能接受吗？

杨坚能接受吗？

他表面上接受了，但内心还在挣扎。

这一挣扎就是十几年。

开皇十三年（593 年）正月，杨坚到长安南郊祭祀，李密一文中已交代过，在隋朝，长安不叫长安，而叫大兴，取其“大兴”的吉利之意。

这次祭祀后，杨坚顺道来到了大兴西面的岐州，岐州就是今天的陕西凤翔。在岐州北面，风景秀丽，神清气爽，杨坚对周边的环境很满意，于是他临时起意，要在这里建一座离宫，供自己和皇后疗养。两年后，离宫建成，杨坚赐名“仁寿宫”。

杨坚造仁寿宫本意是为了疗养，没想到，几年后，杨坚人生中唯一一次艳遇便在这里发生。

到仁寿宫疗养的杨坚在一次散步中偶遇了一位宫女。说起来，这位宫女跟杨坚真是有缘分，宫女的祖父不是别人，正是当年反叛杨坚的尉迟迥。

当年尉迟迥反叛杨坚失败伏诛，尉迟小姐被罚没宫中为奴，随着岁月的推移，尉迟小姐出落得亭亭玉立，在宫女中姿色已是上乘中的上乘，不知与那位尉迟炽繁相比如何，就当时而言，显然这位尉迟小姐更胜一筹，因为尉迟炽繁已经出家为尼很多年了。

这次偶遇，让杨坚多年压抑的心思动了，贵为皇帝已经十几年了，然而他宠幸的女人还是屈指可数，用一只手的五根指头就能数得清清楚楚。

杨坚的心中积蓄了一团火，现在他想释放出来。

再也按捺不住的杨坚临幸了尉迟小姐，久违的激情在杨坚身上回归。

是的，就是这种感觉，年轻时的感觉，似曾相识却已久违的感觉。

不错，真不错，有了第一次，就想有第二次、第三次！

杨坚意犹未尽地离去了，在内心中，他期待着与尉迟小姐的第二次激情。

然而，第一次激情已经是绝唱，第二次？做梦去吧！

在杨坚发生艳遇的第二天，独孤皇后出现在尉迟小姐的面前，如果是一般的皇后，顶多是训斥两句，有的甚至会假惺惺地加以恩宠，然而，尉迟小姐是不幸的，她遇到的是独孤皇后。

独孤皇后没有正眼看尉迟小姐一眼，牙缝里挤出了两个字：处死！

片刻之后，亭亭玉立的尉迟小姐已经变成了一具带有余温的尸体，从始至终她没有任何错，她只是被动地接受了皇帝的宠幸，而这便触动了皇后的嫉妒心。

在尉迟小姐死后，杨坚得知了这个惊人的消息，他以为自己的艳遇神不知鬼不觉，可没想到，神不知道，鬼没察觉，偏偏皇后知道了！

杨坚第一反应是震惊，第二反应是愤怒，身为天子，居然被皇后逼到这个地步，这日子没法过了！

盛怒之下的杨坚牵过一匹马，一纵身上了马，打马便出了仁寿宫。

一路上，杨坚不走大路，专走小路，不知不觉间已经深入山谷深处二十余里，他一边打马，一边叹息，内心里有太多的委屈，却无处诉说。

如果是国事，可以跟大臣诉说，如果是家事，可以跟皇后诉说，而这种事，让他跟谁说去？

一边是声犹在耳的誓言，一边是若隐若现的欲望，怎能不让他左右为难？

随行的侍从不敢上前阻拦，只能远远地跟着，他们只知道皇帝发火了，这会儿正在闹“离家出走”。

关键时刻，还得是重臣出来说话，深受杨坚信任的杨素和高颎赶了上来，他们跑到了杨坚的马前，拉住了杨坚的坐骑缰绳，苦劝杨坚回宫。

坐在马上，杨坚一声叹息：吾贵为天子，而不得自由！

身为皇帝，连泡妞的权力都没有，上哪里说理去呢？

杨坚将郁闷写到了脸上，杨素和高颎只能好言相劝，不断宽慰杨坚的心。

这时高颎说了一句话：“陛下岂以一妇人而轻天下！”

杨坚闻言，心略微宽了一些，是啊，与天下相比，女人算得了什么，自己何必跟独孤伽罗一般见识呢？跟她一个妇人怄什么气呢？

高颎这句话宽慰了杨坚的心，与此同时却把自己与独孤皇后几十年的交情说没了。独孤皇后听说高颎称自己“一妇人”，心凉透了，从此再也不把高颎当自家人，而是当成了眼中钉，当然这是后话。

在高颎和杨素的劝慰下，杨坚的心情终于平复了，不过还是在山中徘徊了很久，直到夜半时分才怏怏不乐地回到宫中。

独孤皇后正等在卧室里，一见杨坚归来，“扑通”一声就跪到地上，声泪俱下地检讨起自己的错误。

眼看多年的老妻已经认识到错误，杨坚的心也软了，在杨素和高颎的调和下，老夫老妻破涕为笑，握手言和，随后又摆上酒宴，一直喝到了深夜。

离家出走事件之后，独孤皇后的心失落起来，她终于意识到自己已经年老色衰，想要留住皇帝的心再也不可能了。

从此之后，独孤皇后对杨坚的管束松了下来，然而她的内心更加失落，因为公元556年的誓言依然声犹在耳，一声誓言，本应该是一生一世的。

五、别迷恋哥，哥只是个传说

你不要疯狂地迷恋我

翻开历史书，风流皇帝的传说到处都是，尤其是大清王朝的乾隆皇帝，可谓集古今中外风流于一身。

回过头看1644年的清军入关，或许可以有另外一种解释：

1644年，清军入关，为中国电视的辫子戏打下了重要基础，历史意义直逼当年的“徽班进京”。

如果把杨坚和乾隆皇帝相比，那真就应了那句老话，人比人得死，货比货得扔。

乾隆皇帝风流一生，自称文治武功十全老人，一生播撒雨露无数，无论是宫中还是民间，光琼瑶阿姨知道的就有一个紫薇格格。照此推算，当时全国各地该有多少紫薇格格，有多少暗自抽泣的夏雨荷呢？

杨坚呢？

他的生命中注定不会有夏雨荷。

说到夏雨荷，想起关于奥巴马的一个段子：

奥巴马当选美国总统之后，网络上流行起一句话：奥巴马，你还记得大明湖畔的夏雨荷吗？

这句话套用的是《还珠格格》里的台词，张冠李戴用到了奥巴马身上，这一错位顿时有了喜剧的效果。

借着这句话，我给杨坚设计了一个段子：

杨坚，还记得大明湖畔的夏雨荷吗？

记得，当然记得！

爹，我终于找到你了！

这时杨坚流下了热泪，嗫嚅着说道："孩子，这一切要是真的该有多好啊！"

如果说"夏雨荷"曾经在杨坚的生命中出现过，那么"紫薇格格"却从来没有出现，因为杨坚的所有雨露都被独孤皇后承包了，两人在二十年的时间里，总共生育了五男五女，平均两年一个，可以荣获"英雄父亲"和"英雄母亲"称号。

让10个子女站成一排，再加上杨坚和独孤皇后，正好编成军队里的一个班，班长是杨坚，副班长是独孤皇后。

多子多福啊！

如果是一般人，五儿五女，这是何等的幸福，然而偏偏拥有这五儿五女的是皇帝杨坚，原本他可以拥有更多的，因为他有条件，他40岁那年，他的后宫还有另外50个如花似玉的女人，而他，此后的生育记录为零。

不是他不能生了，而是独孤皇后不能生了。

种子还有，地绝收了。

可以把杨坚跟独孤皇后的外甥李渊对比一下，李渊在51岁时称帝，称帝后依然开花结果，除了李建成、李世民、李元霸、李元吉、李智云之外，李渊剩下的17个儿子都是称帝后出生的。

相比而言，李建成等四人是李渊和窦皇后精耕细作的产品，李智云是李渊和小妾的产品，剩下的17个儿子则是李渊与后宫美女在工业化流水线上生产出来的。

原本，杨坚也有这样一条工业化流水线，而且他拥有这条生产线时只有40岁，比外甥李渊足足年轻了11岁。如果这条生产线能在那一年启用，又该有多少孩子身上盖上杨坚的戳呢？

只可惜，挺好的一条生产线，生生让独孤皇后给废了！

到这时，你还迷恋杨坚，还以为他是高高在上、为所欲为的皇帝吗？

诗人说，人生最大的痛苦莫过于面对面站着，你却不知道我爱你。

杨坚说，人生最大的痛苦莫过于身为皇帝，守着成群的美女，却只能看，看看而已！

欲把心事付瑶琴，知音少，弦断有谁听！

劳模杨坚

火焰般的欲望因为公元556年的誓言被扼杀殆尽，一向仰视独孤皇后的杨坚也不再坚持，索性收拾起残存的欲望，将有限的精力投入到无限的工作中去。这一投入，便打磨出一个千古劳模。

贞观年间，千古一帝李世民问大臣房玄龄，隋文帝杨坚到底是怎样一个皇帝？

房玄龄是这样回答的：隋文帝杨坚的资质并不算好，但是却是一个勤奋上进的皇帝，甚至说是一个工作狂，治理国家大事经常错过吃饭时间，午饭不能正常吃，晚饭也不能正常吃，甚至给他站岗的侍卫连带着都不能正常吃饭，通常都是在岗位上站着把饭吃完，然后接着站岗。

李世民略有所思地点了点头，看来真是一个勤奋有为的皇帝。

李世民不知道，那些站着把饭吃完然后接着站岗的侍卫中，就有他的父亲李渊。只是这段经历可能过于艰苦，李渊一直没有跟他说。

如同那句广告词：胃痛？光荣！忙工作累的！

广告归广告，杨坚确实是一个货真价实的劳模，他对于中国历史的功绩很多被掩盖了，而原本，他应该更具光芒。

为什么这么说？

我们不妨看看劳模杨坚在开皇年间的作为。

1. 确立三省六部制

在很多人的印象中，三省六部制是从唐代开始，由李渊或者李世民开创，其实不是，唐朝的诸多制度延续隋朝，而隋朝的制度，基本都是由杨坚确定。

三省六部制，从隋朝开始确立，历朝历代传承沿袭，其主要内容是：

中央设尚书、门下、内史三省，以尚书令、纳言、内史令为长官，行使宰相职能，辅助皇帝处理全国事务。内史省和门下省是机要之司，内史省负责起草并宣行皇帝的制诏；门下省负责审查内史省起草的制诏和尚书省拟制的奏抄；尚书省是国家最高行政机关。

在三省下面设置吏部、礼部、兵部、都官、度支、工部六部。每部设尚书令为长官。尚书令下有尚书左、右仆射各一，左仆射判吏、礼、兵三部事，右仆射判度支、都官、工部三部事。尚书令与左、右仆射及六部尚书合称“八座”。

开皇三年，改度支为民部，都官为刑部，我们所熟知的六部就这样扑面而来。杨坚这样做不仅加强了中央集权，而且开创了中国封建社会政治体制的新阶段，其行政层次和管理幅度达到了高度的统一。三省六部体制定制千年，一直为后世所沿用，到清朝末年才被新内阁衙门所取代。

2. 简化地方官制

杨坚在确立了三省六部制的中央机构后，又对地方机构进行了改革。南北朝以来，由于郡县设置过滥，形成了“民少官多，十羊九牧”的局面，杨坚一反常态，打破北周的州、郡、县三级机构，将郡废除，改为州、县二级制。州设刺史，县设县令。此举大大节省了政府开支，日后隋朝国力蒸蒸日上，与这次机构精简有着莫大的关系。

3. 修订《开皇律》

此次修订剔除了一些酷刑，使法律条文更人性化，堪称中国法制史的一大进步，唐朝的《武德律》其实也是在《开皇律》的基础上修订的。

4. 颁布《均田令》

按照《均田令》规定：丁男、中男受露田（种植五榖）80 亩，永业田 20 亩，妇女受露田 40 亩。奴婢五口给 1 亩。永业田不归还，露田在受田者死后归还，而对一般农民，采取轻徭薄赋鼓励农桑的政策。

《均田令》后来被唐朝沿用，而我们所熟知的“租庸调”制，也源于隋朝。

5. 设置官仓、义仓

改革以往的粮食储备制度，这个制度同样被唐朝延续。

6. 科举制度在杨坚手上发端

众所周知，魏晋时期采用九品中正制，官员的选拔掌握在门阀士族手中，最终形成“上品无寒门，下品无士族”的局面。这个局面被杨坚打破，他废除了九品中正制，选拔官员不再看门第而是唯才是举，通过考试选拔官员。

影响中国读书人千百年的科举制度由他发端，经他的儿子杨广正式确立，在唐朝走向正规，从这个角度而言，杨坚堪称“科举制度之父”。

7. 平定陈国，一统天下

自西晋“八王之乱”后，五胡乱华，中国四分五裂，到隋朝初年已有 280 多年的历史，这 280 多年正是中国历史最不堪回首的章节。

正是在杨坚的手中，一举平定南朝陈国，南北朝对峙的局面成为历史，中国再回天下一统，杨坚是中国历史上第二个彻底结束分裂局面的皇帝。在他的前面，是千古一帝秦始皇。

历史总是愿意跟人开玩笑，无论是千古一帝秦始皇，还是开创大隋王朝的杨坚，他们都遭遇了历史的玩笑。

能够结束分裂局面完成江山一统，中国大历史上唯此两人，然而这两人所建立的王朝在历史的长河中却如白驹过隙，开国时气势磅礴，最终却无奈成为匆匆过客。

更加巧合的是，在这两个短命王朝之后，都跟随着一个光耀千古的帝国，秦朝之后是大汉王朝，隋朝之后是大唐王朝。汉朝和唐朝都成为影响千古的王朝。

时至今日，我们自称汉人，盛行唐装，然而又有谁想过，汉之前是大秦帝国，唐之前又是大隋王朝呢？

如果从这个角度论，劳模加工作狂杨坚是否会感到委屈和不服？

夫唱妇随

20世纪80年代，曾经有一首红遍全国的歌曲《十五的月亮》，其中有一句歌词后来被广泛引用，“军功章里有你的一半，也有我的一半”。

这句歌词同样可以用在杨坚和独孤皇后身上，无论是隋朝开国之前，还是开国之后。

开国之前，独孤皇后的功劳我们已经说过了，用自己的下跪磕头挽救一家人的命运，动用家族的力量帮丈夫平定叛乱，在丈夫举棋不定的时候帮他痛下决心。可以说杨坚的每一步都包含着独孤皇后的心血，没有独孤皇后，只有杨坚，或许就没有大隋王朝，所以独孤皇后完全有资格说，大隋王朝里，有你的一半，也有我的一半。

那么开国之后呢？独孤皇后是否还有半拉军功章呢？

答案是肯定的。

试问，如果没有独孤皇后严格管理后宫，把杨坚的精力从美女身上转移到国家身上，哪儿有大隋王朝的蒸蒸日上呢？

当然，转移杨坚的注意力只是其中一方面，在隋朝的国家大事中，依然能看到独孤皇后的身影。

你以为独孤皇后的影响力只局限在后宫吗？

她的影响力无处不在。

在杨坚御宇期间，每逢杨坚上朝，独孤皇后都会乘辇跟杨坚一起去朝堂，两人会一起携手走到阁门口，独孤皇后才停下来，给杨坚整理衣服。杨坚转身进去上朝，独孤皇后在外面静静地等候。

看到这一幕，明白人知道这是皇帝和皇后在大秀恩爱，不明白的还以为到现在杨坚生活还不能自理，连上朝都得独孤皇后接送呢。

不过独孤皇后送到朝堂门口就止步，似乎也不能干预国政吧？

可谁说不在现场就不能干预国政呢？

独孤皇后不亲临现场，是她不想背上“妇人干政”的骂名，不过在朝会的现场，依然有她的眼睛。几个受她委派的宦官早已在朝堂上站好，他们就是独孤皇后的眼睛。

杨坚的一举一动、一颦一笑便这样尽在独孤皇后的掌握之中，杨坚关于国家大事的种种决策，也被独孤皇后一览无余。

每天独孤皇后都会仔细分析宦官们传回的消息，然后研究丈夫的决策，她天资聪明，又读过书，由此具备了极强的分析和判断能力，无形中她可以替丈夫再把一道关。

渐渐地，夫妻俩形成了默契，杨坚也习惯了独孤皇后替自己把关，有些国家大事便是在独孤皇后的提醒下最终完成，独孤皇后的意见往往便是最终意见。

时间长了，不仅杨坚习惯了这种格局，连文武百官也习惯了这种格局，于是文武百官将杨坚和独孤皇后并列起来，称为“二圣”。

到这个地步，就很难说这个国家是谁当家了，很大程度上，就是独孤皇后在当家，从结婚以后，杨坚就习惯了独孤皇后当家，真让杨坚自己当家，或许他还不习惯。

让皇后当家是窝囊的表现吗？或许是，或许不是，总之杨坚不是一个说一不二的皇帝，他的背后还有独孤皇后。

在中国历史上，还有一对夫妻被称为“二圣”，这对夫妻是谁呢？

唐高宗李治和皇后武则天。

在李治和武则天之后，还有“二圣”，不过这组“二圣”相比于杨坚、独孤皇后以及李治、武则天而言，是山寨版的，前两个组合是西施，他们那个组合就是东施。

山寨“二圣”组合便是唐中宗李显和他那心比天高的韦皇后，他们的“二圣”组合持续了五年，最终李显突然暴死，史书将矛头指向了心比天高的韦皇后，以那个女人的智商，一切皆有可能。

相比之下，杨坚和独孤皇后的“二圣”组合还是相对完美的，因为独孤皇后守住了皇后的本分，参与朝政但并不越位，给丈夫留足了面子，保持了“男主外，女主内”的格局，既表达了自己的政治理想，又照顾了丈夫的面子，怎一个“聪明”了得！

理想的夫妻关系就是这样。在外面，丈夫顶天立地，妻子低眉顺眼，回到家里，乾坤倒转，位置更迭，各得其所。

润滑剂

时间如水流过，在劳模杨坚的治理下，大隋王朝已经有了强国的模样，夫唱妇随的日子还在继续，杨坚的欲望还在压抑，但心中还是充满甜蜜，因为独孤皇后在他的王朝中起到了润滑剂的功能。

历朝历代，君君臣臣等级森严，但君臣除了是君臣，同时还是同事，还是有着七情六欲的人和人。

杨坚什么都好，就是为人生性刻薄，容易猜忌别人，而且与西楚霸王项羽犯一个毛病：总以为天下自己能力最强，想把所有的问题都自己扛。

众所周知，项羽不是一个好领导，他只有个人能力而没有协调能力；杨坚其实也不是一个好领导，他的协调能力也有问题，幸好他还有独孤皇后这支润滑剂。

独孤皇后的法宝很简单，那便是以情动人。

别小看这个“情”字，做活了这个字，就做活了一个王朝，在这点上，独孤皇后做得非常不错。

独孤皇后的双亲去世都很早，她对父亲和母亲充满了思念之情，久而久之，她非常羡慕那些父母尚在的大臣，她便把自己的羡慕传递了出去。

每次遇到这些大臣，独孤皇后都会细心地问候大臣们的父母安康，让他们把自己的关心传递回去，让他们珍惜与父母的缘分。她的每一次问候，都让大臣们的心头一暖，即便此前有一些委屈，也被独孤皇后化解于无形。

以情动人，便是以人为本，把人当人，由己及人，再由人及己，一个国家，一个单位，如果能够做到以情动人、以人为本，那么这个国家、这个单位就会充满希望。

独孤皇后，就是给人带去希望的人。

在所有受过独孤皇后恩惠的人中，受益最深的要数杨素。如果没有独孤皇后，杨素或许在仁寿宫事件中就已经失宠了。

这到底是怎么回事呢？

事情是这样的：

当年杨坚决定建设仁寿宫，便把督造仁寿宫的任务交给了杨素。杨素堪称文武全才，在揣摩圣意方面也是高手，他把督造仁寿宫看成向皇帝讨好的机会，于是不计成本，大兴土木，征召大量民夫加班加点建设，结果大量民夫过劳死，民怨极大。后来高颎前往仁寿宫调查，得知事情真相，便在杨坚面前参了一本，杨坚大怒，杨素危险了。这时有人给杨素支着儿，建议他去走独孤皇后的门路，杨素便来到独孤皇后面前，力陈自己的理由，他说："帝王法有离宫别馆，今天下太平，造此一宫，何足损费？"独孤皇后一听也有道理，决定帮杨素说话。

第二天，杨坚责问杨素，杨素招架不住，这时独孤皇后说话了："我看这也是杨素的一片好心，考虑到我们俩已经年老，需要疗养，所以才把仁寿宫造得奢侈一些，杨素，你说是不是？"

杨素忙不迭地点头，杨坚一看皇后说话了，也就不再追究，反而赏赐杨素钱百万，锦绢三千匹，不但无过，反而有功。

以独孤皇后的聪明，并非不知道杨素的所作所为，但是她更知道杨素的能力，毕竟这是一个文武全才，一个不可或缺的人才。

独孤皇后也不是不珍惜民夫的生命，只是一切都成为过去，再也无法挽回，而如果因此追究杨素的责任，国家的损失会更大，显然，这是她不愿意看到的。

退一万步讲，到公元595年，杨坚已经54岁了，独孤皇后也已经52岁了，他们也到了安享晚年的年纪，因此他们更愿意把杨素的举动理解为一片好心办了一件不太好的事。

人非圣贤，孰能无过，得饶人处且饶人吧！

隐隐的痛

大隋王朝的形势在杨坚与独孤皇后的夫唱妇随中越来越好，不是小好，而是大好，身为一国之君的杨坚自然看在眼里，喜在心里。每个皇帝都渴望国泰民安，杨坚也不例外。

不过在国家形势一片大好的同时，杨坚的心中也有一丝隐隐的痛，难道我注定只能在独孤皇后这一棵树上吊死？

杨坚无比想念后宫的那片美女森林，尤其是一想起陈氏（后来的宣华夫人），他的心中就有一种隐隐的痛。

提到陈氏，还得从当年的南下灭陈说起。

当年杨坚派兵南下一举灭掉陈国，统一了天下，在得到陈国疆土的同时，还有一批战利品。在这些战利品中，最引人注目的是南陈后主陈叔宝的四个姐妹，陈氏姐妹四人因为国家灭亡也沦为战利品，落到了被人分来分去的境地。

对于这些美女，杨坚做了如下分配：年龄最长的乐昌公主赐予杨素，另外一个赐给了名将贺若弼，年龄最小的一个最为出挑，属于“回眸一笑百媚生，六宫粉黛无颜色”的那种绝色美人，这个绝色美人赏赐给谁呢？

赏赐给谁都会引起别人嫉妒，太难办了！

算了，还是我勉为其难，收进后宫吧！

对于陈氏的入宫，独孤皇后是有抵触情绪的，不过转念一想，她又释然了，现在已经不是公元556年了，誓言虽然还在耳边回响，但此时已非彼时，当年的杨坚需要仰视自己，现在则是自己需要仰视杨坚了。

是时候做一点改变了，不然，会寒了这个人的心。

自此，杨坚的身边终于多了一个女人，这个女人就是陈氏，这让杨坚的心宽慰了许多。

不知是命该如此还是杨坚有意为之，陈氏虽然有宠，却没有给杨坚留下一男半女，莫非在宠幸陈氏之前，独孤皇后又给杨坚立下了规矩？

或许只有天知道。

明明是皇帝，明明身处美女森林，杨坚依然受着独孤皇后的拘束，这种日子何时是尽头呢？

六、我好想再活五百年

年号仁寿

开皇二十年（600年）十月，大隋王朝发生了一件大事，太子杨勇因“图谋不轨”被废为庶人，杨坚和独孤伽罗的次子杨广被立为新太子，这次太子的废立为大隋王朝的命运埋下了伏笔。

不过，在新太子册立之后，一切似乎都在向着更好的方向发展。

不久，太史令袁充给杨坚递交了一份研究报告，在这份研究报告中，袁充有了惊人的发现：自大隋王朝开国以来，白昼渐长。

“白昼渐长”是什么意思呢？意思是大隋王朝的白天比以往朝代的白天增长了。

有这种可能吗？这个可以有！

从宇宙运行的规律来看，白天和黑夜并不是完全等长，总会在某个阶段白天时长有整体增长的迹象，这是宇宙运行中很平常的现象，而在隋朝，他们认为这个现象很神秘，进而认为这是上天赐予王朝的祥瑞。

杨坚一生都喜欢祥瑞，这一次也不例外，他很高兴地接受了袁充的研究报告，进而动了改年号的念头。

既然白昼变长了，是否意味着朕与皇后的寿命也会延长呢？

我看行！

杨坚宣布更改年号，从明年起，将年号“开皇”改为“仁寿”，图一个吉利。

在改年号的同时，杨坚还做出了一项规定，这项规定让无数民夫叫苦不迭。

没改年号之前，民夫为官府出工有固定的收工时间，更改年号之后，杨坚真的相信白天延长了，下令延长民夫的劳作时间，将原来的收工时间向后推迟，反正白天延长了，你们也跟着加班吧！

改个年号，还顺带让民夫加班，真没地儿说理了。

委屈的民夫将怒火都撒到了太史令袁充身上，这个马屁精，说什么白昼延长的鬼话，不得好死！

说过骂过之后，该加的班一样得加，反正皇帝认为白昼延长了，那就是延长了，君无戏言。

不久之后，杨坚又得到了一个祥瑞，这个祥瑞让他更加心花怒放。

有官员向杨坚报告：仁寿宫门口出现了鹿群，辗转徘徊，久久不去。

这是祥瑞吗？

当然是祥瑞啊，这说明皇帝您抚临天下，遵行圣教，宣扬圣法，连鹿群都主动来接受你的教化了。

吹！接着吹！牛都没了，只能吹鹿了！

鹿群出现并非什么祥瑞，只是因为森林覆盖率高，野生动物的生存空间大，仁寿宫本就建在山里，鹿群偶尔到仁寿宫门口串了个门，就惹得那么多人自作多情。

伤别离

仁寿宫住着，仁寿的年号用着，杨坚期待用这种方式延长自己和皇后的生命，然而想法是好的，生老病死一样都逃不过。

从仁寿宫杨坚的一夜情事件后，独孤皇后的身体开始走下坡路，尽管她对外还是一如既往的强势，但是她自己知道，身体已经拉响了警报。

按说那次事件独孤皇后是胜利者，她干净利落地除掉了对手，没有给对手任何机会，也给了杨坚当头一棒，甚至还在事后报复了说自己是“妇人”的高颎，一切看起来她都是胜利者。

然而，独孤皇后知道，自己其实是一个失败者。

自己想用一生去坚守新婚之夜的誓言，自己坚守了，杨坚却没有守住，虽然杨坚也没有异生子女，但他毕竟还在宠幸别的女人。

信誓旦旦的誓言被打了折扣，这便不是完美。

自此，独孤皇后的心里一直有个结，表面若无其事，但她自己知道心里有多苦。像她这个年纪的人，全靠精神支撑，如果精气神好，活多长都有可能，如果精气神不好，活多短也都有可能。

独孤皇后努力地往宽慰处想，但心里还是有疙瘩，她的身体每况愈下，身边的宫女都能感觉到她的衰老。

衰老，可怕的衰老，不期而至。

仁寿二年，独孤皇后与杨坚到仁寿宫避暑，仁寿宫格外凉爽宜人，独孤皇后心情好了许多。

几乎没有任何征兆，她突然感到非常不舒服，杨坚急忙传来了太医，太医赶来，诊断一番，已然束手无策。

独孤皇后的大限就这样到了。

仁寿二年（602 年）八月，独孤皇后的病情再次加重，八月二十四日，独孤皇后的人生定格在仁寿宫，享年 58 岁。

出生于公元 543 年的独孤皇后，13 岁时嫁给了杨坚，38 岁时成为母仪天下的皇后，陪伴了杨坚整整 45 年。

她的一生与杨坚交织在一起，如果没有独孤皇后，或许杨坚便是历史长河中的匆匆过客，留不下太多痕迹，而如果没有杨坚，独孤皇后的人生也注定没有如此闪亮。

他们就如同一起创业的夫妻，夫唱妇随，将夫妻店升级为一个帝国，然后跳过了夫妻反目、见异思迁，在皇帝和皇后的位置上依然恩爱如初，堪称国人楷模。

同患难易，共富贵难，独孤皇后和杨坚用事实证明，夫妻同气连枝，同患难易，共富贵也不难。

独孤伽罗走了，杨坚的天塌了一半，他身心俱疲，哀痛不已，这一年他 60 岁。

杨坚一天天瘦了下去，属下大臣看了心疼不已，他们知道该想想办法了，得让杨坚顺利度过后独孤皇后时代。

大臣王劭灵机一动，回家写了一封奏章，在这封奏章上，王劭有了惊人的发现：大行皇后并非死去，而是升天成了菩萨！

啊？何来菩萨一说？

王劭有理有据地分析道：大行皇后逝世那一天半夜，永安宫那边可以听到来自天上的声音，像音乐一样，大行皇后也就是在这之后升天了。按照经文的解释，皇后不是凡人，是菩萨下凡人间。皇后在人间已经58年，到了回去复职的时候了，所以皇后不是死去，而是升天当了菩萨。

见过忽悠的，没见过这么能忽悠的！

然而，不管是不是忽悠，杨坚愿意相信这是真的，在他的心中，独孤皇后就是升天当菩萨了，而在将来，他也会跟她一样，升天，当神仙。

就这样，经过王劭的论证，逝去的独孤皇后成为“妙善菩萨”，从母仪天下的国母，变成了神话传说中的神仙，活着，死了，都尊贵无比，羡煞众人。

随心所欲的时代

独孤皇后升天了，留下杨坚孤零零一个人，再喝酒时，举杯邀明月，对影成三人。

杨坚陷入无边的空虚之中，他无比怀念独孤皇后，想念她的好，想念她的笑，想念她袜子的味道。

曾经沧海难为水，除却巫山不是云，这是唐代诗人元稹怀念亡妻的诗句，用在杨坚的身上，同样合适。

时间会凝固一切，时间也会冲淡一切。

走出丧偶的悲痛，杨坚突然意识到自己获得了解放，可能是被拘禁的时间太长了，即便独孤皇后去世了，杨坚也没有第一时间打开身上的枷锁，现在痛过之后，他才意识到，自己终于获得了真正的自由。

自由，自由，久违的味道。

从公元556年被独孤皇后套上紧箍咒，到公元602年已经整整46年，这46年里，他时时刻刻受到独孤皇后的约束。即便偶尔出轨，也被独孤皇后第一时间扼杀，即便可以宠幸个把女人，但在宠幸的同时，总能感觉到背后有两道森冷的目光。

如今，这一切都不存在了。

无论是左手，还是右手，都是自己的了，想伸向哪个美女就伸向哪个，终于到了随心所欲的时代。

曾经有一个很红的手机彩铃如此响彻云霄："我赚钱了，赚钱了，不知道怎么花，我左手一个诺基亚，右手一个摩托罗拉！"

杨坚终于也能体会到这种畅快了，体会到左拥右抱的香艳感觉。

后宫的两位美女喜极而泣，委屈又幸福的泪水肆意流淌，哭过笑过之后，擦干眼泪，感慨地说了一句："终于轮到我们了！"

说这句话的便是后来被称为宣华夫人的陈氏和容华夫人蔡氏，她们已经进宫多年，只是主力独孤皇后太强势，她们这两个替补队员一直被钉在冷板凳上。相比而言，陈氏还算得宠，能够接受杨坚的雨露，蔡氏则跟其他艺术品美女一样，牢牢地被钉在板凳上，几乎要把后宫的冷板凳坐穿。

如今，一切都结束了，聚光灯终于从独孤皇后的身上移到了她们的身上，多年的野百合终于迎来了属于自己的春天。

世界的美有千种万种，就看你喜欢哪一种，世界上从来不缺少美，只是缺少发现美的眼睛。

60岁的杨坚开始二次发育，他的眼睛又见识了全新的美：

宣华夫人丰姿华容，肌肤润腻，温柔可人；容华夫人风流娇媚，善解人意。

两位夫人各具风韵，各有各的娇艳美丽。

60岁的杨坚开窍了，以前自己是七窍通了六窍——还有一窍不通，现在视觉发达了，嗅觉发达了，听觉发达了，味觉也发达了，原来夜夜春宵是这种感觉！

"朕老矣！情无所适，今得二卿，足为晚景之娱。"尽享鱼水之欢的杨坚感慨地说道。

使皇后在，吾不及此

人生活了60岁才真正享受到皇帝随心所欲的性权力，杨坚的感觉不是一般的好，与现在相比，以前的人生太平淡了，太没有味道了。

有了宣华夫人和容华夫人就够了吗？

当然不够，我还有更高的追求。

杨坚修改了后宫美女配置，新的配置如下：

贵人3员，增嫔至9员，世妇27员，御女81员。

还记得他原来的后宫配置吗？

首先，不设夫人；

嫔3员，掌教四德，视为正三品；

世妇9员，掌宾客祭祀，视为正五品；

御女38员，掌女工丝枲，视为正七品。

总人数51人。

两相对比，此时杨坚的后宫比独孤皇后健在时足足多了70人，总人数达到了121人。

当他40岁时，他的后宫只有51人。

当他60岁时，他的后宫却达到了121人。

他不是没有欲望，他不是想刻意低调，更不是对美女过敏，一切都是因为独孤皇后压制了他的欲望。

杨坚体内的弹簧开始反弹，强烈地反弹，60岁的人，30岁的心！

一个字，爽！

两个字，很爽！

三个字，爽死了！

爽死了，也就爽死了！

同样三个字，截然不同的两种含义。

不遇到成群的美女，不知道身体不好，现在杨坚终于知道了。

毕竟已经是60岁的人了，30岁的心只是假象，60岁的人做30岁的事，不合时宜，更不合人生的规律。杨坚不是不该广置后宫，只是广置后宫的时机不对，人生最好的时机早已错过了，而一错过便是永远，光想找回是找不回的。

出来浪的，迟早要还的。

纵使吃再多的小蚂蚁、小海马也已经于事无补了，都说谁用谁知道，然而身体被掏空了，补什么都晚了。

事情发展到这个地步，杨坚又想起独孤皇后的好："唉，倘若独孤皇后在，我何至于此！"

原来约束你、限制你，都是为你好！

如果我还有五百年

仁寿四年，杨坚的身体每况愈下，不过他依然硬挺着，他坚信自己的寿命还会很长，不会轻易地向自己的帝国告别。

这一年，他照例前往仁寿宫避暑，将京城留给太子杨广镇守。

一切都非常自然，跟往年一样，令杨坚没有想到的是，一个叫章仇太翼的官员站了出来，他居然极力阻止杨坚前往仁寿宫。

杨坚和颜悦色地问道："你为什么反对我去仁寿宫避暑呢？"

章仇太翼说了很多理由，杨坚一个都没有听进去，他已经63岁了，去离宫避暑还需要别人同意吗？

当然不需要！

杨坚有些烦了，章仇太翼也有些急了，话脱口而出："陛下如果一定要去仁寿宫，恐怕去了就回不来！"

这叫什么话！

杨坚恼了，指着章仇太翼说："把这个人押下去，等我回来再斩！"

说完，杨坚拂袖而去，章仇太翼在原地哭天抢地："陛下，不能去，不能去啊！"

章仇太翼为何如此言之凿凿，居然敢说这种大逆不道的话呢？

可能是章仇太翼学过中医，懂得望闻问切，他通过"望"看出了杨坚的脸色有异，需要立刻调养，而且要避开一些东西。

需要避开什么呢？可能就是宣华夫人和荣华夫人这两味药引子。

从科学角度而言，适当的性生活有利于双方的身体健康，过度则对双方都有伤害，拖着病体的杨坚偕宣华夫人和荣华夫人前去避暑，就注定了身体越来越空的结局。

很多药引子，用对了是对症下药，用错了，就是十八反，药效截然相反，良药变毒药。以前宣华夫人和容华夫人对杨坚而言是良药，现在则是毒药。

初到仁寿宫，杨坚一切如常，他想起章仇太翼的话，不禁暗笑，这个家伙言过其实，居然想吓唬朕！

时间进入仁寿四年七月，杨坚的身体彻底垮了，进入病危状态，这时他又想起章仇太翼的话，看来这家伙说的是对的，当初真应该听他的话。

唉，一切都晚了！

趁着自己还清醒，杨坚嘱咐杨广："你回去把章仇太翼放了吧，他的话没有错！”

知错能改，善莫大焉！

过去的一幕幕在杨坚的眼前浮现：

他少时长相怪异，别人都把他当成怪人；

公元556年，他迎娶了独孤伽罗，赢得了一生中最重要的砝码；

二十岁上下，他在仕途打拼，虽然平淡，但也幸福；

公元580年，馅饼砸到他的头上，他一跃成为北周的摄政大臣；

公元581年，他开创大隋王朝，成为名留青史的一代帝王；

公元589年，他平定南朝陈国，结束长达280多年的分裂局面，他的统一大业可以比肩秦始皇；

公元602年，他失去了独孤伽罗。

死亡离他越来越近，他已经闻到了死亡的气息。

沿着江山起起伏伏温柔的曲线，
放马爱的中原爱的北国和江南，
面对冰刀雪剑风雨多情的陪伴，
珍惜苍天赐给我的金色的华年，
…………
看铁蹄铮铮，踏遍万里河山，
我站在风口浪尖紧握住日月旋转，
愿烟火人间安得太平美满，
我真的还想再活五百年！
我真的还想再活五百年！

七、埋给大隋王朝的定时炸弹

小妾生子

仁寿四年七月，大隋王朝开国皇帝杨坚不情不愿地走了，他谦虚谨慎了一辈子，小心翼翼了一辈子，晚年小小地放纵了一下，结果便搞垮了身体，提前结束了自己的人生大戏。

说再见，内心还有太多不舍，说离别，还有那么多放心不下，然而天不假年，该走的时候就一定得走，没有人能与命争，就是皇帝也不行。

走就走吧，至少帝国已经后继有人，儿孙自会把自己的接力棒往下不断传递，直到永远。

弥留之际的杨坚想法与秦始皇一样，当年的秦始皇设想着自己的子孙二世、三世、四世一直传递，一直传递到万世。

设想是好的，结局呢?

大秦王朝，二世而斩，三世秦王子婴其实已进入垃圾时间。

那么大隋王朝呢?

杨坚不会想到，大隋王朝的命运居然会与大秦王朝一模一样，二世而斩，三世已进入垃圾时间，而这一切都是因为他的多疑和独孤皇后的嫉妒导致。

他的多疑和独孤皇后的嫉妒相比，独孤皇后的嫉妒起到的作用更大。

独孤皇后的嫉妒不仅弥漫于皇帝的后宫，同时也弥漫于大隋王朝的朝堂之上。在独孤皇后的眼里，她看人有一个第一标准，第一标准便是官员是否珍惜结发妻子，是否对结发妻子从一而终。

按说夫妻间的感情好坏，别人一般不容易看出来，偏偏独孤皇后能看出来，她一眼就能看出官员与结发妻子的感情好不好。

她的标准很简单，看官员的小妾有没有给这个官员生孩子：如果有，那么与结发妻子的关系一定不好；如果没有，那么恭喜你，在独孤皇后的眼中，你是一个对结发妻子从一而终的人。

按照独孤皇后的逻辑，如果疼爱结发妻子，自然不会去接近小妾，不接近小妾，自然就不会有小妾生的孩子，一切就这么简单。

曾经最受独孤皇后和杨坚赏识的高颎就是因为小妾生子，被独孤皇后狠狠报复了一番。

在听说高颎称自己“妇人”之后，独孤皇后就想报复高颎，不久之后，她找到了一个机会。

高颎的结发妻子去世后，独孤皇后怂恿杨坚出面再给高颎娶一个正妻，没想到却被高颎拒绝了。高颎说，妻子去世了，他没有心思想这些事，感谢皇帝的美意，他无心再娶。

不久，高颎的小妾给高颎生了个儿子，这个小妾生的儿子给了独孤皇后口实：皇上，您看，高颎口口声声不娶是因为心中只想着小妾，在您的面前还装得跟圣人似的，分明是口是心非！

可能是长久受独孤皇后的影响，杨坚对于高颎小妾生子也很厌烦，按照他们家的标准，所有子女都应该是结发妻子出品，小妾生子算什么事呢？

自此，高颎不再受杨坚重用，杨坚对高颎戴上了有色眼镜。

如果说高颎被打压是因为曾经得罪过独孤皇后，那么太子杨勇就非常无辜，他得罪独孤皇后的原因很简单：孩子太多，而且都是小妾所生。

独孤皇后和杨坚曾经给杨勇娶了一房正妻，这个妻子在杨勇成为太子后也就成了太子妃。

太子妃姓元，是西魏皇室的后裔，知书达理，美貌娴静，非常对独孤皇后的脾气，在独孤皇后的心里，她把元氏当成未来的皇后培养。

然而，令独孤皇后非常不解的是，太子杨勇与元氏偏偏不来电，结婚多年也没有孩子，这让独孤皇后有些失望。

更让独孤皇后失望的是，太子杨勇与元氏不来电，却与小妾很来电，元氏结婚多年肚子平平，但太子杨勇的名下已经有 10 个儿子，全部是那些小妾所生，最得宠的云昭训一人就给杨勇生了三个儿子！

无耻，无耻！

连当今皇帝都没有异生子女，你杨勇，不珍惜父母为你明媒正娶的正妻，反而去宠爱那些小妾，而且还生出那么多异生子女！

这样的人，还配当太子吗？将来何以君临天下？

仅此一项，独孤皇后就对自己的亲生长子打上了一个问号。

独孤皇后的嫉妒心太强了，不仅限制丈夫有异生子女，大臣的小妾生子她也不高兴，她的儿子为她添了 10 个孙子她还不高兴，一切只因为这 10 个孙子是小妾生的，而不是正妻所生。

试问，独孤皇后的嫉妒心，古往今来，几人能敌？

无意之中

日子还在继续，独孤皇后对太子杨勇的怨气还在持续，不久更是到了无以复加的地步，这一次她深深怀疑杨勇的人品。

太子妃元氏死了！

元氏突然发病，数天后死去，她的死让独孤皇后的不满再次升级。

独孤皇后认为，如果不是杨勇一直冷落元氏，那么元氏就不会得病，也就不会那么快丢掉性命，这一切都是因为杨勇宠爱小妾冷落元氏导致。

令独孤皇后更愤怒的是，元氏死后，太子杨勇的脸上没有一点忧伤，每天继续跟那些小妾混在一起。那个生了三个儿子的云昭训更是气焰嚣张，一副马上要转正的样子。

独孤皇后眉头紧皱，这样的女子怎么能成为未来的皇后呢？她的老爹云定兴当年放浪不羁，这个云昭训就是云定兴在外面跟野女人搞出来的私生女。

一个来路不正的私生女竟然想当我朝皇后，让我的儿孙们将来对她三拜九叩？想都不用想！

独孤皇后对杨勇的愤怒就此达到了顶点，不过到这时，还不足以影响杨勇的太子之位，毕竟废立太子最终得杨坚点头。

杨勇在不经意间得罪了自己的母后，不久，他又在无意之中得罪了自己的父皇。

时至冬至，有一些官员前往杨勇居住的东宫觐见，杨勇很高兴，便把这些官员留下来闲谈。为了助兴，便让属下奏乐助兴，没想到，奏乐声晃晃悠悠就传到了杨坚的宫中。

杨坚派属下一查，原来是东宫在奏乐，招待前去拜见的官员。

杨坚的眉头一下子皱了起来，太子这是想干什么？

为什么东宫奏乐会让杨坚如此不满呢？

这得从皇帝与太子的复杂关系说起。

在皇权唯一的中国古代，皇帝与太子的关系是最难处的。一方面皇帝与太子是父子关系，做父亲的无不希望儿子快快成长，早日成为有用之才；另一方面皇帝与太子是一线领导和二线领导的关系，在老皇帝没交权之前，太子就是身处二线的储备干部，老皇帝既希望太子成长，又不希望太子成长过快，一下子跑到自己的前头。

然而矛盾的是，只有一个皇位，如果太子占据了皇位，那么老皇帝只能去喝西北风，顺便打两瓶酱油。

有人说，老皇帝可以当太上皇嘛！

太上皇听着好听，实际却是谁当谁知道，太上皇就是聋子的耳朵，是一个可有可无的顾问，顾得上就问，顾不上就不问，不到万不得已，不到走投无路，没有哪个现任皇帝愿意当太上皇。（宇文赟年纪轻轻当太上皇，脑回路跟别人不一样）

东宫的奏乐触动了杨坚敏感的神经，在他看来，东宫这是急不可耐想抢班夺权！

按照杨坚的逻辑，如果是个别官员拜见太子，可以理解为个人行为，现在一批官员穿戴整齐拜见太子，而且还奏乐助兴，这就是集体行为了，而偏偏这个集体行为朕事先不知道。

莫非，你们觉得朕老了，你们想提前投到太子门下？

莫非，太子也觉得朕老了，想提前登基称帝？

你们也太心急了，难道不知道，朕不给，你不能抢吗？

大大咧咧的杨勇在不经意间得罪了父皇和母后，而他自己却浑然不觉，依然在东宫继续着自己的太子生活，却不知道，背后已经有人蠢蠢欲动。

风乍起

在杨勇身后，蠢蠢欲动的不是别人，正是他的二弟晋王杨广。

跟兄长杨勇相比，杨广是一个心机很深的人，这一点遗传他父亲的基因，而杨勇不知为何却没有深得父亲的遗传。

杨勇是个不拘小节的人，杨广却是一个小处也不随便的人。从小到大，他时刻注意自己的言行，他知道自己的一言一行，父母都看在眼里，记在心里；父母的一举一动，他也看在眼里，然后默默地记在心里。

渐渐地，杨广通过自己的观察有了一个惊人的结论：父皇和母后现在非常厌恶哥哥！

这个结论让杨广的内心豁然开朗，他一下子看到了争储的曙光，原来哥哥已经不再受父皇和母后宠爱，这意味着他的太子之位不再是不可动摇。

杨广动了心思，身为次子的他想当太子了。

从此之后，杨广更加用心，用心做好每一件事，让父母挑不出毛病，相比杨勇，他有天然的优势，这个优势就是与父母的距离。

身为晋王的杨广，他的总管府远在扬州，那个年月没有远程监控录像，只要做好面上的功夫，他的成绩就比哥哥杨勇好得多。太子的东宫离皇帝寝宫实在太近了，连冬至时奏个乐曲都被杨坚听得一清二楚，这种近，让人窒息！

从开皇十一年到开皇二十年，杨广和哥哥杨勇开始了长达 10 年的夺嫡赛跑。在这 10 年里，杨勇一直在减分，杨广则一直在加分，直至减到他只能眼睁睁看着杨广超越他冲过终点。

杨广的策略很简单，在父母面前用真情打动，在父母的随从面前以礼待人，以情动人，树立自己的嫡系，瓦解别人的嫡系，彼消此长，最后胜利就属于自己。

每次杨广从大兴城返回扬州时，他都要深情地与父母辞行，在朝中是君臣，下了朝则是父子，这个时候不谈国事，不谈工作，就得以情动人，这一招三国时曹丕就对曹操用过。给曹操远征送行，曹植作诗赠别，曹丕流泪相送，结果流泪的是父子，作诗的是君臣，最终曹丕靠真情流露压过了才华高于自己的曹植。

杨广深知父母的喜好，在这一点上做足了文章。每逢父母或者父母的随从到府，他便紧急疏散府中美女，代以老弱妇女，同时乐器也经过特殊处理，不仅琴弦断了，而且还落满灰尘，这是向父母表明自己从不沉溺于声色犬马，这一点又高出杨勇一筹。

有道是，到什么时候都不能得罪领导身边的人，这一点杨广和杨勇又是高下立见。杨勇对待父母的奴才也就当他们是奴才，公事公办，爱搭不理。

杨广呢，每逢听说有父母的随从受命到扬州，他必定亲自到扬州边界迎接。

试想，堂堂亲王屈尊迎接奴才，效果自然是“当场受宠若惊，回去广为传播”。遇到皇后的婢女探访，杨广的正妻萧妃则与钦差婢女同吃同住，同榻而眠，这是何等的待遇？这样做下来，效果也非常不错，钦差婢女被感动得无以为报，日后甘效犬马之劳。

回到独孤皇后最关心的子女问题，杨勇名下有 10 个儿子，都是由小妾而生，杨广的名下只有两个儿子，都是由他的正妃萧妃所生。两相对比，如果你是独孤皇后，你会更喜欢哪个儿子？（杨广的儿女做过人为控制，只为以此打动独孤皇后）

尽管没有大是大非，但细节决定成败，几项指标综合比较，杨广完胜，杨勇惨败，此时的天平已经悄悄向杨广倾斜，只要再加上一点砝码，杨广就将赢得这场比赛的胜利。

那会是什么砝码呢？这个砝码很简单，就是皇帝的安全感。

三人成虎

在争储的过程中，杨广并不是一个人在战斗，他的身后有一个团队。

这个团队的主力有三人，一位是隋朝名臣杨素，一位是杨素的弟弟杨约，一位是隋朝猛将宇文述，这三个人在杨广夺嫡过程中发挥的作用最大。

杨素是杨坚和独孤皇后面前的红人，他的加入让这场夺嫡大战彻底向有利于杨广的方向发展。

杨勇则是每况愈下，关于他的小道消息、大道消息、老道消息都源源不断地进入了杨坚的耳朵里，杨坚的耳朵空间是有限的，注定有爆炸的那一天。

前面我们已经说过，杨勇的过错根本没有什么大不了的，只是因为他小处过于随便，而这些小事积累起来就变成了大事。

说起来，杨勇的罪过实在都是一些提不起来的鸡毛蒜皮。

比如不知道节约，热衷于复杂的装饰，连铠甲都要精心装饰一番，这跟老皇帝杨坚的勤俭治国的理念相违背，作为储君怎么能失去勤俭节约的美德呢？

比如逢冬至的日子，群臣居然成群结队到东宫拜见，倘若只是三个两个去也就罢了，成群结队算怎么回事呢？而且还有正规的仪式和音乐伴奏，这是什么意思呢？

东宫里面上到国家大事，下到鸡毛蒜皮，各种八卦猛料都飞进了杨坚的耳朵里。

一个人喷口水擦擦也就可以了，可是晋王带领的团队加班加点向太子喷口水，光擦是擦不掉了，只能套救生圈了。然而救生圈也不会起太大作用，因为口水的温度太低，冷得让太子无法抵御。

皇帝和太子是一线和二线的关系，现在加上杨广，就构成了三线。

一线的杨坚，二线的杨勇，三线的杨广，三者的关系根本就和谐不了，不仅他们和谐不了，历朝历代都和谐不了。即便英明如康熙，神武如李世民，他们都解不开这道死结，因为皇帝本身就是这道死结的一个绳头，所以这注定是个死结。

在一线的挑剔下、三线的挤压下，处于二线的杨勇有些坐不住了，怎么办呢？他想到了一个办法——辟邪！

辟邪自古以来非常流行，尤其是皇宫之内，有玩诅咒的，就有玩辟邪的。杨勇既无法向老爹解释（老爹本身就多疑，越解释越多疑），又无法向老妈告状（老妈讨厌自己生那么多庶出的儿子），更无法拉大臣帮自己（那样就是拉帮结派），最后没办法只能求助神仙姐姐。

杨勇在府中建了一个平民村，房屋非常简陋，他经常穿着布衣，铺着草褥在里面睡觉，据说这样可以辟邪，抵御外来的诅咒。另外，他还设计了一些辟邪的物件，这些东西对杨勇最终没有起作用，而对杨坚却起了大作用："你辟了邪，老子怎么办？"

神仙不知，小鬼不觉，太子杨勇已经触上了高压线，这条高压线就是"占卜辟邪"，历代太子只要触上了这条高压线，后果……

得偿所愿

住在仁寿宫的杨坚想了解一下杨勇的动态，就让杨素回长安探听一下，这次探听让杨勇雪上加霜的日子又加了一层霜。

杨素到了东宫门口，故意在外面磨蹭了半天，东宫里面的杨勇穿戴整齐一直在耐心地等待。等待着，好几杯热茶都变成了凉茶，杨勇的耐心也随着茶的凉去磨没了，烦躁的表情溢于言表。

磨磨蹭蹭的杨素进来拜见时，杨勇已经烦到了极点。

杨素不是没有时间观念，他是故意磨蹭激怒杨勇，造成杨勇愤怒的事实。果不其然，杨素回去报告杨坚："太子面有怒色，似乎很不满！"

什么是小报告，这就是小报告，省略了前因，直接描述过程，最后夸大后果。

杨素的小报告果然起了作用，深感不安的杨坚开始行动。

杨坚在皇宫附近、东宫左右安插了很多眼线，这些眼线不是来旅游观光的，而是密切监视太子的行动。

接着东宫中军官以上的兵籍全部回归十二禁军府管理，这意味着这些军官以后不再归太子直接管理，而只是作为禁军派驻，这就等于解除了东宫的武装。

这还不算完，即使作为禁军派驻，杨坚还把精壮的士兵全部抽走，留下来守卫东宫的全都是老弱病残。将来有一天如果太子准备起事，就只能用这些老弱病残了，到那时候，明白人知道这是"太子在造反"，不明白的还以为是太子组织的"老弱病残运动会"呢。

到了这一步，杨坚还是没有下定废太子的决心，毕竟杨勇这个太子他已经培养了近二十年。

这一下急坏了杨广，急得杨广一方直挠墙。在快挠破一堵墙之后，他们又想了一招——"无间道"。

何谓"无间道"呢？就是策反东宫的官员。只要东宫的官员出来指证杨勇谋反，那么你杨勇还能往哪里逃呢？

只要有适当的恐吓加上适当的威逼利诱，总有一小撮要钱不要脸的人存在，东宫里一个叫作姬威的人就这样成了无间道。他的上书让杨勇与杨坚的矛盾不再是父子矛盾，而上升成敌我矛盾，他上书内容很简单，"太子谋反"。看到这几个字，地球人都知道接下来要发生什么了。

公元600年九月二十七日，杨坚主持朝会，废除太子杨勇之事进入司法程序。

在杨坚的主持下，太子杨勇被废，进而迅速地从“省优部优国优”变成了“假冒伪劣”。

杨勇被废了，杨广在这一场兄弟之争中笑到了最后，不过赢得也很辛苦。

公元600年十一月三日，杨坚立杨广为皇太子，值得一提的是这一天全国地震了。（“其夜，烈风大雪，地震山崩，民舍多坏，压死者百余口”）

不管怎样，对于杨广这个新太子，杨坚和独孤皇后充满了期待。

杨坚对杨广语重心长地说了一句话：“吾以大兴，公成帝业！”

在杨坚的心里，他将是儿子事业的铺路石，而他的这个儿子将成就比肩秦皇汉武的千古帝业。他一直都是这么想的，这个想法一直伴随着他入土为安。

事与愿违

很多事情，我们都愿意设想得非常美好，很多事情，到头来才发现，往往事与愿违。

公元556年新婚之夜的那句誓言原本是为了夫妻和睦，家庭圆满，然而夫妻和睦做到了，家庭圆满却成为空谈。

独孤皇后渴望没有异生子女便是为了手足兄弟亲密无间，但她的愿望最终没有实现，她的五个儿子尽管是同父同母所生，但他们依然没有逃出皇子互斗的怪圈。

斗来斗去，四个儿子都成为失败者。

长子杨勇，在杨坚驾崩后被杨广矫诏赐死。

三子杨俊，因为贪恋美色被嫉妒成性的妻子下了慢性毒药，公元600年毒发身死。

四子杨秀，因为被指证“图谋不轨”被杨坚软禁，江都政变时被宇文化及杀害。

五子杨谅，起兵对抗杨广，失败后被幽禁，最终在幽禁中死去。

四个失败者，四个凄凉的人生结局。

那么杨广呢？等待他的是什么呢？

以大隋帝国的国力，如果在杨坚的身后是一个守成的皇帝，大隋王朝的国祚还会很长，偏偏杨广不是一个甘于守成的皇帝，他雄心勃勃，他想成为比肩秦皇汉武的千古一帝。

人生有的时候在于折腾，有的时候要甘于不折腾。杨广接手的帝国地大物博、物产丰饶，其实不需要过于折腾，他恰恰喜欢折腾，这一折腾，就搞垮了一个帝国。

在折腾的同时，杨广没有想到，他的身上还背着一个定时炸弹，定时炸弹是母亲独孤皇后给他装上的，这个炸弹就是子嗣单薄。

正是为了迎合母后的三观，杨广一直小心翼翼，不敢有异生子女，只抚养萧妃生育的子女。其他小妾只要怀孕，便及时流产，如果来不及流产，便在生下后第一时间处理掉。

如此一来，他名下子嗣单薄，终其一生，只有三子。即便这三个儿子，一个也指望不上。

老大杨昭在他即位后的第三年，因病去世。

老二杨暕在杨昭死后得意忘形，劣迹斑斑，居然犯过与父皇抢女人的错误，终生不受信任，不得重用。

老三杨杲出生太晚，江都兵变时只有 12 岁，被乱军砍死在杨广的面前。

公元 616 年，三征高句丽失败的杨广意兴阑珊，于是收起千古一帝的梦想，第三次摆驾江都，这一去便再没有回头路。

在杨广动身之前，他对帝国重镇长安和洛阳做了如下安排：12 岁的皇孙杨侑镇守长安，13 岁的皇孙杨侗镇守洛阳，江山重地便如此轻率地交给了两个涉世未深的初中生。

一年后，在杨家屋檐下长大的表哥李渊起兵反隋，仅用半年时间便攻克杨侑镇守的长安。

两年后，江都兵变，杨广被杀，李渊踢开傀儡小皇帝杨侑，开创唐朝。

三年后，洛阳城内，16 岁的皇孙杨侗在王世充的逼迫下禅让皇位，隋王朝最后的希望就此破灭。

隋亡唐兴由诸多偶然因素促成，少了其中一个偶然因素，隋亡唐兴或许就不会发生。

假使杨广有众多子嗣，那么镇守长安和洛阳的不会是两个不谙世事的初中生。

假使镇守长安、洛阳的是足以独当一面的成年皇子，那么李渊反唐能否成功尚属未知，王世充能否篡夺隋室最后的江山也是一个未知数。

假使杨广广有子嗣，或许就会有一个睿智的皇子在关键时刻阻止他三下江都。

然而，历史终究是历史，永远是一条单行线，我们的假设也只能停留在设想之中，假设独孤皇后不是那么嫉妒，假设杨坚不是那般言听计从，那么隋朝的历史会不会被改写？

尾声：风流去

一直以来，隋朝都被严重低估，只需要对比几组数据，就可以看出大隋王朝曾经是何等的辉煌：

隋文帝杨坚登基时全国 400 万户，隋炀帝大业五年时全国已达 890 万户，人口 4600 万；唐高宗继位时，全国人口 380 万户，唐玄宗天宝十三载，全国 906 万户，人口 5200 万，此时距离隋炀帝大业五年已经整整 145 年。

隋朝开皇九年，全国已垦田地 1944 万顷，大业中期已垦田地 5585 万顷；唐天宝十四载已垦田地 1430 万顷。

1969 年在洛阳发现了一座隋朝粮仓——含嘉仓遗址，面积达 45 万多平方米，内探出 259 个粮窖。其中一个粮窖还留有已经炭化的谷子 50 万斤，由此可见隋朝的富裕与强盛。

毫无疑问，这是一个庞大的帝国，一个富裕的帝国，一个原本可以光耀千古的帝国，这部分源于公元 556 年那句刻骨铭心的誓言。

大隋帝国已经远去，但杨坚和独孤伽罗的形象依然鲜活，作为青史留名的夫妻，他们曾经精彩地活过，他们曾经为自己的理想奋斗过，他们达成了自己的目标，他们的后代又将一切丧失殆尽，这便是生活，这便是历史。

只是我们始终记得，那个叫杨坚的男子和那个叫独孤伽罗的女子为我们留下了一段余音绕梁的爱情罗曼史。

附　我给母亲写个小传

这一篇呢，写的不是历史上的名人，写的就是一个普通人，这个普通人就是我的母亲。

我的母亲李家华女士生于 1953 年 6 月，一辈子就是一个普普通通的农村妇女，年少时最大的愿望是跳出农门成为城里人，只可惜当机会来临的时候，她又因为自己的隐忍让机会从手边溜走了。

一套被褥

母亲从小酷爱读书，记忆力非常好，小学六年，每年成绩都名列前茅。1966 年，母亲小学毕业，那时的小学毕业考试只考两门，一门语文，一门数学，每门课她都考了满分。那时并没有严格的考试排名，但在我心目中，她就是全镇第一，严谨一点说，可能是并列第一。

小学毕业之后，母亲本可以进入初中学习，但上初中需要住校，住校需要带一套被褥，母亲向上的人生路就被这套被褥卡住了。

姥姥对她说："家里没有钱供你上学，也没有钱置办一套新被褥。"

母亲听后，默默无语，心中的委屈只能说给自己听。

母亲知道，家里困难是事实，但更要命的是，姥姥认为女子读书没有用，读再多的书，最终也不过是嫁出去到夫家洗衣做饭相夫教子而已。

更加不巧的是，与母亲同村的一位女生正好在这一年中学毕业，没能跳出农门，还是回到村里参加劳动。

姥姥正好拿那位女生举例："你那位姐姐，读了九年书，最后怎么样？还不是回来干农活了。"

母亲也不去辩解，默默地承受这一切。

母亲的一位小学女同学听说母亲的遭遇后，主动去做姥姥的思想工作，那位女同学在村里辈分比母亲高一辈，称呼姥姥为嫂子。

女同学对姥姥说："嫂子，家华的被褥不用带，我俩睡一个被窝就行了。"

姥姥平静地对女同学说："小妹啊，你俩一天两天可以凑合，时间长了怎么行？万一你俩之间发生矛盾呢？"

女同学还想帮母亲争取，但话说来说去，女同学也明白了，姥姥就是不想让母亲继续读书了。

女同学无奈，只能怏怏离开。

初中开学一个月后，母亲偶遇了自己的班主任老师。班主任老师问："你没能上初中，现在后不后悔？如果后悔了，我现在还能把你送进去。"

母亲叹了口气："谢谢老师的好意，我妈不让读了，那就不读了吧。"

比母亲幸运的那位女生读完初中后考上了师范学校，从师范学校毕业后成为一名人民教师，在工作岗位上表现优异，最终在烟台市某重点小学校长任上光荣退休。

原本，她的成绩还不如母亲。

原本，母亲可以走跟她一样的路，只需要再多读几年书而已。

原本，她们可以一起跳出农门成为城里人。

后来，她成了母亲口中那位令人羡慕的城里老师，而母亲可能成为她口中那位令人惋惜的同学。

姥姥晚年的时候，曾经对母亲说："我知道我对不起你，当年没有让你继续念书。那时家里穷，也是没办法。"

母亲回应说:“那时候，我哥和我姐已经到生产队干活了，家里是穷，但真到了供不起我的地步吗?”

姥姥说:“那你咋不哭不闹啊，你要哭闹，我是不是就同意了?”

母亲说:“哎，你闺女是那种人吗?”

姥姥说:“现在，即便你不孝顺我，我也不怪你。”

母亲说:“你闺女是那种人吗?”

一战成名

无书可读的母亲开始在村里参加劳动。

“文化大革命”正是从母亲毕业的1966年开始。

母亲在劳动之余喜欢看书，手边能找到带字的纸她都会认真读上一读，连别人只是应付一下的团课，她都当成学校上课。

村里给团员们开设团课，授课老师在课堂上讲述一些党团知识，课上要求大家记笔记，课后要求复习，到下一次上课时要在课堂上提问，查看一下大家的掌握程度。

母亲的认真让授课老师都感到“过分”了。

她居然能把每一道题的答案一字不漏地背诵下来。

授课老师听完母亲的回答后连连点头，同时又对母亲的认真有些哭笑不得:“团课啊，主要是给大家普及一下常识，这些题目简要背诵一下就可以了，不用一字不漏。”

下一次提问，母亲的回答还是一字不漏。

一个爱读书、能读书却无书可读的人没有了用武之地，于是便把团课当成了学校的课堂。

每每听母亲提及这段往事，我能读懂背后的无奈和苦涩。

读书只是母亲生活的点缀，劳动才是生活的主题。

母亲在村里参加劳动时，农村正处于火红的大集体时代，那是“人多力量大”的时代，也是“人多好偷懒”的时代。

村里的劳动多数都是大家一起参与，在参与过程中，有人全身心投入，有人得过且过，有人藏着心眼抓住一切机会藏奸耍滑。

母亲是第一种人，干起活来从来不惜力。

有一次村里组织到山上背柴火，母亲也参加了，这一次她一战成名，背出了一个全村第一。

母亲带着三姨一起上山背柴火，三姨体弱多病有轻微哮喘，生产队把三姨定为被照顾的人群，对于她的劳动不做要求。

姐妹俩一起从山上背下了柴火，三姨把自己背的柴火全放进了母亲背的那一堆，结果那一堆柴火的重量排名全村第一。

母亲自己背的那堆，可以在全村女劳力中排名第一，加上三姨的那一堆，母亲名下的那堆柴火重量超过了全村最能干的男劳力。

村里人不知道她们姐妹齐心，只当母亲天赋异禀而且干起活来不惜力。

渐渐地，母亲的名声传扬开来，成了村里的先进典型。

村里有几次开大会，主席台前的横杆上都会贴上几个大字——向贫下中农的好儿女李家华学习。

母亲回忆说：“那场面，就跟电影里拍的一样，我其实一点也不高兴，挺烦的。”

一句话定下的婚姻

1975年，母亲22岁，到了谈婚论嫁的年龄，她没有想到的是，她的婚姻被她的姥姥一句话就定下了。

太姥姥（母亲的姥姥）一生热衷于给人做媒，总计促成了一百多桩婚姻，母亲的这一桩应该也可以纳入她老人家的KPI考核。

太姥姥是一个热衷社交的人，没事的时候，爱往人多的地方去。

在20世纪70年代的胶东农村，供销社是全村的中心，太姥姥就是在供销社里说了那句给母亲定下终身的话。

太姥姥是对着我爷爷说的，我爷爷是供销社的售货员。

那时的供销社售货员是国家正式工作人员，有编制，拿工资，吃供应粮，属于令人羡慕的“八大员”之一。

我爷爷是个体面人，谈吐很有涵养，待人接物也有分寸，一来二去，我爷爷给太姥姥留下了很好的印象。

太姥姥心想，这么体面的老头，他的后人应该错不了。

太姥姥说出了那句话："老曲啊，你家里有没有年龄合适的儿子，我的第二个外孙女该找婆家了，她的事，我能说了算！"

我爷爷那段时间正在考虑我爸的婚事呢，没承想，好事自己送上门了。

我爷爷赶紧回应："有啊，我的二儿子年龄正合适。"（我爸生于1952年，比母亲大一岁）

就是这样一来一回，父亲和母亲的婚姻就有了眉目，再经过一次"看人"、一次"看家"，亲事就算定下了。

"看人"，双方约定一个地方见面，让男女双方彼此相看一下。

"看家"，女方到男方家里做客，看一看男方的住房条件以及家里的成员，女方表示满意后，男方家长要拿出一笔"看家"费，女方接了"看家"费，亲事就算定下了。

我爷爷拿出的"看家"费是60元，而当时的行情是80元。我爷爷有自己的解释："大儿媳妇来看家时就是60元，我得一碗水端平。"

几年后，我三婶和小婶过来"看家"，我爷爷拿出的就不是60元了，而是与当时的标准看齐。

一碗水还是没端平嘛。

母亲自始至终没有在我爷爷奶奶面前抱怨过，只是在我长大之后偶尔把这事当成笑话讲给我听。

两个生事的人

父亲和母亲的亲事定下之后，本以为一切会顺风顺水，不承想，中途还遭遇了两个生事的人。

1975年年底，母亲随着村里的青年突击队到我村参加冬季大会战，他们的任务是疏浚流经我村的河道。

母亲和另外一位女青年住到了一户王姓村民家里，几天接触下来，王姓村民家的女主人对母亲很是欣赏，竟然动起了心思，想把母亲发展为自己的儿媳。

女主人先是对母亲频繁示好，然后又装作不经意地透露自己家的家底，司马昭之心，昭然若揭。

女主人听说母亲已经定亲后，还不甘心，还在继续"努力"。

她开始造谣污蔑："唉，姑娘，你定亲那青年啊，以前生病住过院，劳动不行，一年只能挣一千多个工分。"

当时胶东的壮劳力每年要参加劳动三百余天，每天记十个工分，每年可以挣三千多个工分，每个工分根据年底村里的财务状况换算成人民币，好的年月，三千个工分等价于三百元钱。

母亲听了之后，心凉了半截。

在女主人之后，又一个生事的人出现了，此人在村里算是有头有脸的人物，没想到，瞎话张嘴就来。

暂且叫他老纪。

老纪告诉母亲："等村里的河发大水的时候，你在窗口看，你对象在房顶看。"

意思是说，父亲的精神不正常。

母亲的心态快崩了。

真实的情况是这样的：父亲在青年时期有一次在一户村民家里被主人哄骗喝醉了酒，醉酒反应非常大，而在醉酒之前，还受到过惊吓。醉酒之后，父亲脑神经受到损伤，被家人送到医院住院治疗。经过一段时间的治疗，父亲已经完全康复，但这段住院的经历，就给了好事之人造谣生事的口实。

一言既出，驷马难追

结束冬季大会战之后，母亲忧心忡忡地回到家里，如实向家里诉说了听到的情况。母亲对这门亲事感到后悔，她想退婚。

母亲退婚的想法得到了舅舅以及三姨的支持，他们都认为，无风不起浪，既然村里有这些说法，那还是要重视起来，干脆退婚了事。

母亲的想法，遭到了姥姥和太姥姥的反对。

太姥姥说，我说出的话，泼出去的水，不会收回的。

姥姥说，你姥姥跟人家定下的事，你悔婚就让你姥姥栽了面子。

母亲辩解说，他村里的人说他一年只能挣一千多个工分。

姥姥回应说，你爹一个工分都不挣，我和他还不是过了一辈子?!

姥爷年轻时腿脚微跛，但并不影响劳动。姥爷中年时被村里安排到山上喂猪，村里惨无人道地不允许在山上的房子里生火取暖，大冬天夜里只能在没有一丝热气的房子里硬扛，最后姥爷的腿被冻坏，丧失劳动能力。

姥姥接着说，“他（指父亲）好不容易定了亲，如果你退了婚，他可能这辈子就很难找了。万一受这个刺激，病复发了，你即便嫁到了别处，也会良心不安，一辈子也过不好！”

我姥姥这设身处地为别人着想的同理心啊，活菩萨啊！

母亲的抗争刚开了头就结了尾，姥姥和太姥姥用话拿住了她。

太姥姥坚持这门婚事，是因为她挑起了话头，她得对自己的话负责。

姥姥坚持这门婚事，是因为她有同理心，她“可怜”那个未来女婿。

母亲最终坚持这门婚事，是因为受到两位老人的影响，她在心里告诫自己，“稀里糊涂过吧！”

她本是一个头脑清醒的人，却因为三代人叠加到一起的善意，准备稀里糊涂地度过此生。

1976年初，父亲和母亲结婚。

婚后，父亲给母亲看了记工分的小本本，上面清晰地记录着，父亲一年能挣三千多个工分，而不是别人造谣污蔑的一千多个工分。

父亲和母亲相处融洽，同别的正常夫妻一样，并没有出现别人造谣污蔑的那种情况。

母亲的心安定了下来，就这样吧，这辈子跟着他过吧。

惊喜还是惊吓？

婚后，母亲渐渐发现了关于父亲的一些“真相”。

父亲虽然不像那两个生事的人说的那么不堪，但总体说来，不是一个灵光的人，他是一个标本式的山东农民，优点是勤劳肯干，缺点是头脑不够灵光，没有商业头脑，待人接物也是直来直去。

在六个兄弟姐妹中，他是最不灵光的一个。

在姥姥的四个女婿之中，他是最不灵光的一个。

跟直系亲属比起来，父亲和母亲过的日子是最艰难的。

即便如此，母亲也没有抱怨父亲，她还是处处包容他。

父亲的脾气急，有时会发火，发起火的样子挺吓人，但他俩吵不起来。

每当父亲发火的时候，母亲总会和颜悦色地对他说："你看你这人，有事说事，发什么火呢？"

一来二去，两人就吵不起来了。

并不是真的吵不起来，而是母亲不跟他一般见识，一直在委屈自己。

1977年2月，我出生了，带给他们的是惊喜还是惊吓呢？

我是先天唇腭裂。

我刚出生那几天，母亲天天以泪洗面，她担心的是："孩子以后怎么出去跟别的孩子玩，以后要受到别人多少嘲笑呢？"

住我们隔壁的一位长舌妇听说我是先天唇腭裂后，兴奋异常，坐在街边的石头上向过往行人传播这条爆炸性新闻，据说传播得非常投入，投入到都没有回家吃午饭。

天道有轮回，且看苍天饶过谁。

几年后，长舌妇的外孙出生，居然也是先天唇腭裂。这时长舌妇没了当年的兴奋，硬着头皮厚着脸皮走进了我们家，讪讪地问："你们孩子的唇部手术是在哪里做的啊？"

我过百天的时候，太姥姥来了。

太姥姥抱着我，端详了一番，对我父母说："这孩子如果十全十美，你们夫妇俩担不起。好好抚养吧，这孩子错不了。"

听了太姥姥的话，父亲和母亲心中略有安慰。

七岁那年，我在姥姥家遇到太姥姥一次。太姥姥看了看我的手说，是块读书的材料。也不知道太姥姥是信口而言，还是真看出了天机，幸运的是，我在读书方面确实还算可以，一路比较顺利，中考，高考，一直读到了研究生。

太姥姥正跟我父母说着话，我的一位奶奶进来，跟太姥姥打招呼："大婶来了。"这位奶奶手扶着门框，正要往屋里迈步。

太姥姥看了这位奶奶一眼，话脱口而出："你这人命中没有好儿媳妇。"

母亲心里一惊，哎，老人家怎么跟人刚见面就说这话呢。

这位奶奶闻言，心中不悦，面上也不悦。

多年后，这位奶奶与三个儿媳相处得都不太好，这位奶奶的老伴对母亲说："你姥姥会看麻衣神相。"

那些平淡也幸福的日子

大约在我两岁那年，母亲在娘家听说烟台毓璜顶医院可以做唇腭裂手术，她惊喜万分，她等这一天已经等了两年。

她不想再等了。

母亲跟姥姥借了几十元钱，一个人带着我去了医院，做了手术，据说手术的费用是 30 元。

小时候我听母亲提起过到毓璜顶医院做手术的事情，我以为做手术的时间很短，过程很稀松平常。等我长大后，有了在医院照顾病人的经历，我才体会到那一年母亲一个人带着我去医院做手术有多艰难。

做完手术后，我的唇腭裂问题基本解决，母亲的心总算放下了。

之后不久，原本居住在一起的大家族分家，父亲和母亲带着我开始分家单过，我们作为独立家庭从此开始。

至今我的脑海里一直印刻着一个画面：

冬日的清晨，外面的天还黑着，母亲早起，点燃蜡烛，然后端着蜡烛掀起门帘到外面的灶间做饭。我和父亲躺在炕上说话，透过墙上那小小的窗户，可以看到灶间映射过来的烛光。

分家单过最开始时，日子还是非常艰难的。

分家之前，大家族盖了六间新房，分家时，我们家分到了西边的三间新房，大爷一家分到了东边的三间。

新家几乎家徒四壁，窗户上的玻璃是用边角料拼到一起的，碗柜只有一个面，其余几个面都是墙面。院墙是用石头杂乱垒起的，院门则是一张铁丝网。

电表是两家共用的，安在了我们家；水缸也是两家共用的，放在了大爷家。

有一次，父亲应朋友之请赴宴，酒量不大的他喝醉了。回到家后，他口渴想喝水，当时已是夜里，父亲不想惊动大爷一家，便跟母亲说："你出去挖点雪给我吃吧。"

幸好，之前下了一场大雪，院子里还有雪可挖。

还有一次，父亲生病了，母亲问他想吃什么。父亲犹豫了半天，说：“你真舍得吗？我想吃葱花饼。”母亲平和地回应道：“家里的白面虽然不多，但一顿葱花饼还是吃得起的。”

我小的时候爱吃冰棍，母亲想了一个办法。冬天的晚上，吃完晚饭后，将热水倒入一个碗中，然后加上白糖搅匀，打开窗户，放到外面的窗台上。第二天，碗里的糖水结成了冰，母亲把冰取出来，敲成小块，一家三口就在冬日里吃起了冰块。

分家后的几年里，父亲和母亲建起了院墙，盖起了厢房，院门也由简易的铁丝网换成了时兴的木门。

这样的日子虽然艰苦，却也温馨。

这样的日子里，每年可以攒 100 元钱。

到 1984 年，母亲攒够了 500 元钱，托人到县城买了一台牡丹牌黑白电视机，这样我们就成了街坊四邻中少有的拥有电视机的家庭。

1991 年，父亲和母亲承包的果园大获丰收，收入超过了 5000 元，是分家以来的最高纪录，家里终于有了点富裕的感觉。

父亲和母亲以为从此就能过上富裕的日子，可惜没能如愿，富裕的日子，他们还要再等十年。

从 1992 年开始，果园开始走下坡路，收入一年不如一年，也是从 1992 年开始，我开始上高中，然后上大学，之后读研究生。

一直到我 2002 年研究生毕业，家里的日子一直紧巴巴的。

尽管如此，这些日子依然让我怀念，虽艰难，也幸福。

善良与同理心

回想我的求学路，母亲对我的影响最大。

我的记忆力比较好，这一点是来自母亲的遗传，虽做不到过目不忘，但在背诵方面，我还是有一定的天赋。

母亲还教给我一个绝招——默背，即背诵的时候不出声，我试过之后，发现效果不错，便一直沿用下来。

于我而言，母亲给我上的最好的课是关于善良与同理心。

我有两个姑姑，大姑排行最大，小姑排行第四，比父亲小一岁，跟母亲同岁。

小姑幼年时身体较弱，奶奶带小姑去找算命先生算命，算命先生问小姑："你想要大筐，还是小筐？"

筐是重要的农具，大筐的容量自然大于小筐，年幼的小姑也明白这个道理，便脱口而出："我要大筐。"

算命先生煞有介事地解析道："筐，诓也。你们这姑娘身子骨弱，不能让她嫁人，嫁了人可能也命不长，那就诓害了对方。"

这蹩脚的谐音梗，差点害了小姑一生。

奶奶听了算命先生的话，信以为真，在其有生之年，绝口不提让小姑出门嫁人的事情。

1977 年 6 月，奶奶因为突发脑出血去世，享年 57 岁。

在这之后，陆续有人给小姑提亲。

1980 年，小姑出嫁，那时她已经 27 岁，在当时属于大龄了。

小姑出嫁三天后回门，按照当地的风俗，需要从娘家带回一些抓果供婆家那边的亲朋好友、街坊四邻分享。

抓果是山东的一种面点，做法是把鸡蛋和白糖加入面粉中，将面发好，然后切成丁，下锅油炸。在物资匮乏的年代，抓果属于奢侈品，一般人家不舍得做，因为抓果费面、费油、费糖、费鸡蛋。

抓果应由女方的母亲准备，但奶奶不在了，没有人为小姑准备。

母亲担心小姑回婆家时别人向她讨要抓果遭遇尴尬，便默默地用自家的面和油做了一大包抓果让小姑带了回去。

小姑没有想到与自己同龄的嫂子居然考虑得如此周到，接过抓果时，感动到不知道说什么好。

过了一段时间，母亲担心小姑刚分家没有柴火烧，便让父亲推着自家的柴火走了几里路到邻村送给小姑。

我有一个远房叔叔，因为精神受了刺激，成了流浪汉，一日三餐靠乞讨，讨不到的时候便翻垃圾箱，翻到他认为能吃的东西就吃。

有一次这位叔叔因为乱吃东西，食物中毒，呕吐了几天后，奄奄一息。

母亲听说后，心里很不是滋味，她说："正常人病了，都有人探望，他这样的病了，连个探望的人都没有。"

母亲进到了叔叔那没了门窗的家，叔叔躺在炕上，他的老父亲正在一边照料。爷爷告诉母亲："我带过来几块桃酥，可他什么都吃不下。"（这位爷爷跟着大儿子一家生活，当不了家，不能给叔叔太多照顾，只能时而给叔叔一些食物。）

母亲听了，转身去了村里的小卖部买奶粉。

小卖部的工作人员问："走亲戚啊？"

母亲说："不是，那谁食物中毒后吃不下东西，我给他送包奶粉。"

工作人员很吃惊："啊，给他啊，拿这包最便宜的吧。"

母亲说："不，拿最贵的，让他好得快些。"

母亲拿着奶粉回到叔叔家，跟爷爷交代说："用热水给他冲一些奶粉，每次用勺喂他半碗。"

一包奶粉冲完了，叔叔康复了。

村里的人都说是母亲把流浪汉给救活了，母亲淡然地说："不，不，是他自己有命。"

某一年的除夕，家里刚下好饺子。母亲从窗户里看到那位叔叔正在四处游荡，叹了一口气："家家都在吃饺子，他呢？"

母亲打包了两碗饺子，让我给叔叔送去。

我将饺子递给叔叔，说："叔，过年了，吃饺子了。"

叔叔口中念念有词地接过了饺子，往家里走去。

母亲说，他看上去什么都不知道，其实心里明白着呢。

1992年正月初七，四姨一家在回家的路上遭遇车祸，一家三口只有九岁的表弟幸存下来。

此后的每个寒暑假，表弟都是在我们家度过的。

有一年暑假行将结束，母亲考虑表弟回到爷爷奶奶家离学校更近，更方便上学，因为第二天要开学，便让表弟当天下午回去。

表弟磨磨蹭蹭，坐在大门口，不肯走。

母亲见状，情难自已，眼泪哗哗地流了下来。她后来跟我说："我是可怜你表弟，但凡有自己的父母在，谁会在姨家磨蹭着不肯走？”

磨蹭到最后，表弟当天还是没有回去。

第二天一早，母亲给表弟做了一碗荷包蛋，做好之后，放了一些“白糖”。表弟一尝，差点吐了出来：“二姨，你放了多少盐啊！”

表弟结婚后，跟自己的爱人说：“我从小就是在二姨家长大的，我会对二姨报一辈子恩。”

表弟说到做到，如今像儿子一样孝敬我的母亲和父亲。

1995 年 8 月 3 日，我从同学家回到家里。

之前，我去学校查高考分数，后来便到同学家里玩，有几天没有跟家里联系。

爷爷在几天前突然病重，接到我家时，已经不能说话了。街坊四邻来看望了爷爷，都说老爷子在等人。

那天下午，我和母亲到爷爷睡的炕上，我牵着爷爷的左手，母亲牵着爷爷的右手，陪着爷爷。

我和母亲陪着爷爷说话，我们在说，爷爷在听。

我告诉爷爷，我高考考得不错，可能要去南京大学读书，爷爷听了，点了点头。

我发现爷爷的眼角有泪。

我告诉母亲：“爷爷流泪了。”

母亲说：“你爷爷是为你高兴。”

我说：“也有可能是，我爷爷觉得，我都这样了，你们还不嫌弃我，感动的。”

母亲对我说：“以后我不要求你对我有多好，我对你爷爷什么样，你能对我什么样就可以了。”

我说：“我可能做不到，我觉得你对爷爷是真好。”

从我记事起，家里有了金贵的东西，母亲都会让爷爷与我们分享。有时母亲会上山劳作，出门前会嘱咐我，一定让爷爷吃某样东西，有时是时令水果，有时是糕点。每次从山上回来，母亲还会追问：“让你爷爷吃东西了没有？”

某年某月的某一天，母亲一行几人去邻村探望出院不久的大姑，被留下吃晚饭。爷爷当月在我家吃饭，到了吃晚饭的时候，我爸对我爷爷说："我大姐生病了，你怎么不告诉我们？"爷爷说："我不是怕你们担心吗？"我爸没有好气地说："我不会做饭，今天没有晚饭。"爷爷没吃上晚饭，失望地回到了小叔家。（爷爷长住在小叔家，按月轮流在三个儿子家吃饭。）

母亲从大姑家回来，听说我爸没给爷爷准备晚饭，马上就着急了："你啊，他爷爷一点都不挑饭，你哪怕给他热点中午的剩饭啊！"

母亲拿出从大姑家带回的饺子，点上液化气灶，火速给爷爷做了一份煎饺子，连跑带颠给爷爷送了过去。

后来爷爷在大姑和小姑面前念叨："那天我回来吃了几块点心都躺下了，老二媳妇又给我送了一盘煎饺子，不吃还不行，她这个人啊，心是真好。"

有一次，大姑亲口对我说："你妈对你爷爷那孝顺啊，比亲闺女都强。"

母亲说："我就是觉得啊，男方抚养了儿子，女方抚养了女儿，都是一样的，进了人家的门，就应该像对待自己的父母一样对待公婆。"

那天，我和母亲从中午开始，一直坐到夕阳西下，陪爷爷说了一下午话。

当天夜里，爷爷去世。

母亲恍然大悟："哦，你爷爷原来一直在等你。还好，咱俩陪他说了一下午话，你爷爷走得也不孤单。"

善良与同理心，究竟是与生俱来，还是后天培养，我说不好。

总之，在母亲的影响下，我也成了一个善良并且有同理心的人。

且行且珍惜

2002年，我毕业了，不再需要家里供养，反过来能供养家里，这样家里的日子才逐渐好了起来。

这一年，母亲终于将1984年买的那台黑白电视机淘汰了，换成了一台屏幕超大的彩电。

2003年春节时，亲朋好友过来拜年，都被超大的电视机惊艳了，有一位叔叔感慨地说："有什么都不如有一个好后人啊！"（他们都认为电视机是我为父母购置的。）

供我读书时，母亲能想到最美的事就是我能成才，然后在他们衰老时能对他们有所供养。村里人“恭维”母亲说：“等你把孩子供出来了，每个月坐在炕头上，汇款就来了。”

幸好，我不辱使命。

平淡而幸福的日子从2002年开始，延续了十来年，到2015年，遇到了一道坎。

2015年初，母亲患病住院，经过检查，确诊为卵巢癌。

我让母亲坐到医生办公室外，关上了门，我和父亲留下来听医生的讲解。

当医生告知确诊结果时，我的眼泪夺眶而出，在那一刻我才知道，人的眼泪真的可以夺眶而出，不受控制。

父亲一如既往沉着脸，木在原地。

我做了最坏的打算，当地经常有确诊几个月便去世的病例，我听了太多。

当我和父亲相处时，父亲少有地有了情感流露：“你妈这个人啊，一辈子都为别人着想。怎么病偏偏得到她身上，哪怕得我身上也好啊！”

这是我第一次听他说这样动感情的话。

还好，我们够幸运。

母亲到烟台毓璜顶医院住院，住进了我高中同学李增辉大夫负责的病区。

李同学对母亲照顾有加，病区的主任医师亲自为母亲做了手术，手术很成功。

2018年，母亲的病复发，一度危重。

病痛折磨下的母亲对姥姥颇有微词：“我现在就恨你姥姥，当初不让我读书，一辈子在农村出苦力，现在得上这样的病。”

我安慰母亲说：“这两者没有必然关系，没必要埋怨姥姥了。”

毓璜顶医院的对面就是毓璜顶小学，比母亲幸运的那位同学曾经在那所小学当校长。

我和母亲会谈起她的那位同学，我安慰母亲说：“没事，想开点，她现在未必比咱们强嘛。”

母亲叹口气说：“人家夫妻俩都是退休的，有退休工资，不像我们，还需要你供养。”

我安慰母亲说：“没事，正因为你们没有退休工资，才能显出我的价值。”

我继续“大言不惭”地说：“再说，他们的孩子可能没有你儿子优秀。”

母亲的脸上露出了笑意：“是，我儿子是最优秀的。”

2021 年 5 月，母亲做了肺部手术，术后感觉还不错。

生病的这些年，母亲一直有心理负担，觉得自己生病花钱很多，是儿子的累赘。

我安慰母亲说：“当儿子的能为母亲花钱，不是负担，而是难得的幸福。你活着，我就有家，你不在了，我就没家了。”

我知道，无论我多用心，无论我有多不舍，终究会有与母亲分别的那一天；

我也知道，亲人之间血脉相连，心有灵犀，终究有一天会重逢。

想到分别的那一天，我的心会被揪住，我想这一天来得越晚越好；

想到重逢的那一天，我又释然了，是的，我们终会重逢。

未来的每一天，我们且行且珍惜；

重逢的那一天，我会对母亲说：“妈，好久不见！”